Der Frankenweg
– Via Francigena –

REINHARD ZWEIDLER

Der Frankenweg
– Via Francigena –

Der mittelalterliche Pilgerweg
von Canterbury nach Rom

THEISS

Bibliografische Information Der Deutschen Bibliothek
Die Deutsche Bibliothek verzeichnet diese Publikation in der
Deutschen Nationalbibliografie; detaillierte bibliografische
Daten sind im Internet über http://dnb.ddb.de abrufbar.

Kartografie: Peter Palm, Berlin

Umschlaggestaltung: Atelier Reichert, Stuttgart, unter Verwendung
von Abbildungen von Fulvio Zanettini/laif, Köln (Petersplatz, Rom), Sandro Vannini,
Viterbo (Via Cassia/Via Francigena zwischen Montefiascone und Viterbo), aus
dem Musée du Moyen-Age, Paris (Pilgerabzeichen, Hl. Petrus, 15. Jh.; © Photo R.M.N./
Gérard Blot) sowie aus der Biblioteca Nazionale Marciana, Venedig (Rückseite:
Stadtplan Roms, 15. Jh.)

© Konrad Theiss Verlag GmbH, Stuttgart 2003
Alle Rechte vorbehalten
Lektorat: Volker Held, Ludwigsburg
Gestaltung und Satz: DOPPELPUNKT Auch & Grätzbach GbR, Leonberg
Druck und Bindung: Offizin Andersen Nexö, Zwenkau
ISBN 3-8062-1755-6

Inhaltsverzeichnis

Pilger auf der Via Francigena — Geschichte und Alltag

Zur Geschichte des Pilgerwegs

Der Pilgeralltag

Die Via Francigena — Der Weg von Canterbury nach Rom

Der Weg von Canterbury nach Reims

Der Weg von Reims nach Besançon

Der Weg von Besançon durch den Jura nach Lausanne

Der Weg von Lausanne über die Alpen nach Aosta

Der Weg von Aosta nach Lucca

Der Weg von Lucca nach Rom

Anhang

Quellentexte

Die Via Francigena

Nordsee

Ostsee

Stade

London

Canterbury

Calais

Bruay

Arras

Köln

Rhein

Mainz

Weser

Elbe

Oder

Weichsel

Tschenstochau

Prag

Krakau

Reims

Paris

Seine

Châlons-sur-Marne

Straßburg

Donau

Augsburg

Wien

Donau

Bar-sur-Aube

Tours

Loire

Besançon

Bodensee

Salzburg

Ofen

Pest

Pontarlier

Genfer See

Lausanne

Chur

Brenner

Graz

Plattensee

Lyon

Gr. St. Bernhard

Aosta

Trient

Drau

Ivrea

Vercelli

Santhia

Pavia

Piacenza

Po

Venedig

Save

Fidenza

Bologna

Rhône

Cisapass

Aulla

Lucca

Ravenna

Luni

Florenz

Toulouse

San Genesio

San Gimignano

Avignon

Siena

Marseille

San Quirico

Bolsena

Adria

Viterbo

Sutri

Rom

Korsika

Mittelmeer

Baleares

Neapel

Bari

Sardinien

Finis Terrae

Messina

Sizilien

- - - - Die Via Francigena von Canterbury nach Rom

· · · · · Andere wichtige Pilgerwege nach Rom

Pilger auf der Via Francigena — Geschichte und Alltag

Zur Geschichte des Pilgerwegs

Vorbemerkung

Die Rekonstruktion der Via Francigena stützt sich heute im Wesentlichen auf Angaben des Erzbischofs Sigeric von Canterbury, der im Jahre 990 nach Rom pilgerte, um dort vom Papst sein Pallium zu erhalten, zum Beweis, dass er der rechtmäßige Bischof sei. Das Itinerar des Sigeric ist jedoch weder das erste noch beschreibt es die einzige historische Route. Dennoch werden wir Sigeric auf unserer Romreise immer wieder begegnen und manchmal mag es scheinen, als sei sein Werk die Referenz für den richtigen Weg.

Dazu sei aber eine Warnung vorweggeschickt: Den „richtigen Weg" nach Rom gibt es nicht. Es gibt ein ganzes Wegesystem, doch auf welchen Wegen die Pilger nach Rom gelangten, war von verschiedensten Faktoren abhängig: von den aktuellen politischen Verhältnissen, den Berichten über gefährliche Straßenräuber, dem Straßenzustand, aber auch von der Art der Fortbewegung, die die Romreisenden wählten. Wer zu Fuß oder Pferd unterwegs war, konnte ganz einfach den kürzesten Weg wählen oder sich einen Abstecher zu einem besonders wundertätigen Heiligtum leisten, während die wohlhabenderen Personen von Stand, die mit Wagen und viel Gepäck reisten, auf fahrbare Straßen angewiesen waren. Wer kein Geld hatte und nicht um sein Gut fürchten musste, konnte allein oder in kleinen Gruppen den Weg suchen, während die Furchtsameren sich lieber an den Pilgersammelplätzen einfanden, wo sich größere Gruppen bilden konnten, die oft unter kundiger Führung den gefährlichen Weg unter die Füße nahmen. Hin und wieder wurde der Weg auch bewusst verlegt, etwa wenn es ein Kloster für gut befand, die Pilgermassen zu sich umzuleiten und die Dankesgaben für die genossene Gastfreundschaft entgegenzunehmen. Besondere Tüchtigkeit in dieser Hinsicht legten die Mönche von Cluny an den Tag. So finden wir heute ein ganzes Wegesystem, teilweise mit mannigfachen Varianten, das wir summarisch mit Via Francigena benennen können. Gemeint ist damit nichts anderes als die alte römische Hauptverkehrsachse von Rom nach England, die im Mittelalter von den Franken für ihre Pilgerfahrt nach Rom benutzt wurde.

Vieles mag sich im Leben der Menschen im Laufe der Jahrhunderte verändert haben, die Realität der Pilgerfahrt nach Rom blieb vom späten Römerreich bis zum Bau der ersten Massentransportmittel im 19. Jahrhundert praktisch die gleiche. Erst mit dem Aufkommen der Eisenbahn, der Automobile und der Flugzeuge verschwanden die Fußpilger und mit der Fußpilgerei schwand auch die Kenntnis über den alten Weg.

1994 deklarierte der Europarat auf Antrag des italienischen Tourismusministeriums die Via Francigena, den Pilgerweg von Canterbury nach Rom, zu einer Kulturstraße des Europarats. Im Sommer 1996 ist eine italienische Kommission von Pilgern

Kathedrale von Canterbury; zerstörte Gebäude des Kapitels.

und Fachleuten mit Unterstützung der *Rivista del Trekking,* ausgerüstet mit neuen Karten und alten Urkunden, den alten Weg in 56 Etappen selbst gegangen und hat ihre Erfahrung detailliert beschrieben. Gestützt auf diese Arbeit kann der Weg in Italien mit Hilfe vieler Freiwilliger wieder rekonstruiert werden. Die entsprechenden Arbeiten für die Schweiz und Frankreich fehlen noch, während der englische Weg wieder gut beschrieben ist. Einige wenige haben auch das Pilgern zu Fuß auf der Via Francigena wieder aufgenommen, und insbesondere die Aktivitäten zum Heiligen Jahr 2000 haben viel zur Wiederentdeckung der alten Pilgerstraße beigetragen.

Stufen des Römerwegs beim Aufstieg auf den Großen Sankt Bernhard.

Die frühen Pilgerfahrten nach Rom

Als mit dem Edikt von Mailand im Jahre 313 Kaiser Konstantin das Christentum im Römischen Reich als Religion zulässt, setzt sofort ein mächtiger Strom von Pilgern an das Grab des Apostels Petrus ein. Diese ersten Pilger können eine perfekte Infrastruktur nützen: das römische Straßennetz mit seinen Xenodochien oder Mansiones, den antiken Herbergen. Und auch die Thermen, die im römischen Großreich überall anzutreffen sind, helfen den ersten Pilgern, den müden Körper zu pflegen und den Staub des Weges wegzuwaschen. Bald reichen die alten Unterkünfte nicht mehr, um alle Pilgerscharen aufzunehmen. Schon im Jahre 400 muss in Ostia eine neue Herberge, ein Xenodochium, errichtet werden, um die zahlreichen Pilger zu beherbergen, die über das Meer nach Rom reisen. Und dann wissen wir z. B. von Papst Hilarius, der im Jahr 461 zum Wohl und Unterhalt der Pilger auf der Tiburtina ein Kloster, eine Basilika, zwei Bibliotheken und eine Therme errichten lässt.

Erst mit der Völkerwanderung wird das Leben der Pilger sehr viel komplizierter. Nicht nur dass Straßen und Brücken zerfallen, dass manche der Herbergen nicht mehr betrieben werden, oft ist es ganz einfach wieder gefährlich, den christlichen Glauben zu bekennen. So berichtet eine Chronik vom Schicksal von 40 gallischen Pilgern, die in Oberitalien von den neuen und heidnischen Landesherren, den Langobarden, gezwungen werden sollten, an einem Ritual für ihren Gott Thor teilzunehmen. Als sie sich weigern, werden sie geköpft.

Wie riskant und mühsam die Reise nach Rom in jener Zeit war, ob der Pilger je sein Ziel erreichen würde – geschweige denn, ob er je wieder nach Hause zurückkehrte –, ob Unwetter, wilde Tiere, Räuberbanden, Hungersnot oder Seuchen ihm nach Leib und Leben trachteten – die Ängste vieler Pilgergenerationen können wir heute nur schwer erahnen. Auf allen Stationen der Reise durch unerschlossene, wilde, von Barbaren bevölkerte Gegenden bis hin zum Wallfahrtsziel lauern tödliche Gefahren.

Einer der ältesten englischen Reiseberichte stammt von dem englischen Mönch Gildas dem Weisen (ca. 500–570), einem Heiligen und Historiker, der in seiner Chronik *De Excidio et Conquestu Britanniae* die Eroberung Britanniens durch die Angeln und Sachsen beschreibt. Gildas unternimmt um das Jahr 530 eine Pilgerreise nach Rom. Auf seinem Rückweg gründet er in Ruys in der Bretagne ein Kloster, in dem er das berühmte Pilgergebet schreibt *Pro itineris et navigii prosperitate* – Für Sicherheit zu Lande und auf dem Meer:

*Möge ich geschützt sein
vor Feinden und Räubern, vor allen Piraten
und Freibeutern dieser Welt.*

*Mögen nicht die Wellen
des Meeres oder mächtige Flüsse oder alle Wasser
mich gänzlich vernichten.*

*Mit prallen Segeln
und immer günstigen Winden
Möge ich geschützt sein
vor allen Gefahren des Ozeans.*

*Möge Christus, mein Führer,
bezwingen die erbarmungslosen
todbringenden Tiere
der Erde und des Wassers,
bezwingen ewiglich
den Ausbruch der Donner,
bezwingen auch
das Gift der Schlangen,
bezwingen die üblen
Listen aller Giftmischer dieser Welt:
Dass keine Gefahr,
von der ich hier künde,
Schaden tun möge
an mir oder meinen Gefährten.*

*Gesund möge ich
mit meinen Gefährten
sicher ankommen
ohne Schaden oder Wunde.*

*Möge mein Boot sicher sein
in den Wellen des Ozeans,
mögen meine Pferde sicher sein
auf den Landstraßen der Erde,
unser Geld sicher sein,
wie wir es mit uns tragen*

*zu zahlen in gebührender Sorgfalt
für unsere armseligen Bedürfnisse.*

*Mögen unsere Feinde
uns nicht schaden können,
wie übel auch immer
der Rat, der sie bewegt.
Im ewigen
Namen Christi, unseres Herrn.*

*Mögen meine Wege
offen vor mir liegen,
ob ich ersteige
zerklüftete Bergeshöhen
oder hinabziehe
in die hohlen Tiefen der Täler
oder mich schleppe über endlose
Straßen im offenen Land
oder mich kämpfe durch
das Dickicht dunkler Wälder:*

*Möge ich immer schreiten
aufrecht und strahlend,
hin zu den ersehnten Orten ...*

Wir hören hier schon alles, worum es im Pilgeralltag geht: Da gibt es auf der einen Seite das große Ziel, die Wallfahrt zum Heiligtum, aber was den Alltag bewegt, ist die Sorge um die eigene Sicherheit. Und dass man sich sorgen muss, das beweisen gar manche Urkunden.

Gut dokumentiert sind etwa die Gefahren, die der heilige Wilfried durchstehen muss auf seinen beiden Pilgerfahrten nach Rom: Die Reisen des großen Kirchenlehrers, Missionars und Heiligen sind von seinem Biographen, dem Mönch Eddius, ausführlich beschrieben. Da gibt es die erinne-

Wissant, Cap Blanc Nez. Gut zu sehen ist der Naturhafen von Wissant.

rungswürdige Schilderung eines Piratenangriffs, als Wilfried mit seinen Leuten aus Rom zurückkehrt, wo er gerade (im Jahr 666) zum Bischof geweiht worden ist. Wilfried ist mit seiner Reisegesellschaft sicher im Hafen von Boulogne angekommen und geht an Bord eines Schiffes, um den Kanal in Richtung England zu überqueren. *„Während sie das britische Meer von Gallien aus überquerten und die Priester ihre Psalmen und Hymnen zu Gott richteten und den Ruderern damit den Schlag angaben, kam auf offener See ein gewaltiger Sturm auf und die schaumgekrönten Wellen warfen sie an die unbekannte Küste des fremden Landes Süd-Sachsen"* – weit südöstlich von Sandwich, dem angestrebten Hafen in England. Da taucht plötzlich eine große Armee von Heiden auf, die das Schiff kapern, die Passagiere ausrauben und alle Gefangenen töten wollen. Es kommt zum Wortgefecht, schließlich zum Kampf und die Lage wird kritisch, da *„knieten Wilfried und seine Leute nieder und hoben die Hand zum Himmel um Gottes Hilfe, und Er befahl der Flut, sofort und vor ihrer Zeit zu kommen"*. Gerade in jenem Moment, als die Kräfte des Bösen unter ihrem König zum vierten Angriff auf das Schiff ausholen, *„strömte der Ozean herein und bedeckte das gesamte Ufer und trieb Wilfrieds Schiff ab in tiefes Wasser"*. Ein Südwestwind kommt auf und bläst das Schiff der guten Männer sanft nach Sandwich.

Und der Bericht des Eddius lässt uns auch bei Wilfrieds zweiter Romreise um dessen Leben zittern. Wilfried muss nämlich im Jahr 673 ein weiteres Mal nach Rom reisen, um den Papst zu bitten, ihn vom Bannstrahl der Exkommunikation zu befreien. Wieder rettet ein Wunder Wilfried für die zukünftigen Geschichtsschreiber. Da seine Feinde in England annehmen, dass ihn sein Weg nach der

Römerweg bei Notre Dame du Buis.

Landung in Etaples – südlich von Boulogne – weiter durch Frankreich führen würde, schicken sie ihm Boten voraus, um den neustrischen König der Franken, Theoderich III., und den verruchten Herzog Ebrion zu bestechen. Die sollen den durchreisenden Bischof berauben und ermorden oder mitsamt seinen Begleitern ins Exil verbannen, je nachdem, was sich zuerst anböte. Wie das Glück jedoch spielt, reist zur selben Zeit ein zweiter englischer Bischof, Winfried von Lichfield, ebenfalls auf dieser Route nach Rom. *„So war er es, der in die Höhle des Löwen geriet, er wurde ergriffen, ausgeraubt und nackt in schreiendem Elend zurückgelassen, und viele seiner Gefährten wurden getötet."*

Die Merowingerkönigin Brunhilde ist die erste, die gegen Ende des 6. Jahrhunderts in ihrem Reich mit gewaltigem Aufwand das römische Straßensystem wieder herstellen und, wo es der Weg erfordert, ganz neu anlegen lässt. Heute noch gehen wir in Frankreich lange Strecken auf den *Voies Brunehaut*, den Brunhilde-Straßen.

Die Wallfahrt im frühen Mittelalter

Bis zum Beginn des 8. Jahrhunderts bevorzugen die englischen und irischen Geistlichen und Laien für ihren Weg nach Rom die Strecke durch das heutige Frankreich. Denn die Gegend entlang dem

Rhein ist weitgehend von noch nicht christianisierten germanischen Stämmen beherrscht und birgt so die größere Gefahr. Eine tragische Ausnahme ist die Reise der britischen Prinzessin Ursula, die im 5. Jahrhundert mit ihrer Reisebegleitung von elf Jungfrauen – aus denen die Legende 11000 macht! – den Rhein herunter reist. Sie kommen gerade aus Rom und fahren flussabwärts gen Norden ihrer englischen Heimat entgegen, als sie bei Köln von den Hunnen ermordet werden.

Bereits im 7. Jahrhundert gibt es für die Heiligen Stätten in Rom einen richtigen Reiseführer, das *Salzburger Reisebuch*, das sämtliche Sehenswürdigkeiten auflistet, die ein Pilger in dieser Zeit besichtigt haben muss: *„Zuerst in der Stadt Rom, wo die Körper der Märtyrer Johannes und Paulus in einer großen, stattlichen Kirche liegen. Wenn du die Stadt von Norden aus betrittst, stößt du auf das Flaminische Tor, wo der Märtyrer St. Valentin liegt ... in einer großen Kirche. Dann gehst du nach Osten zur*

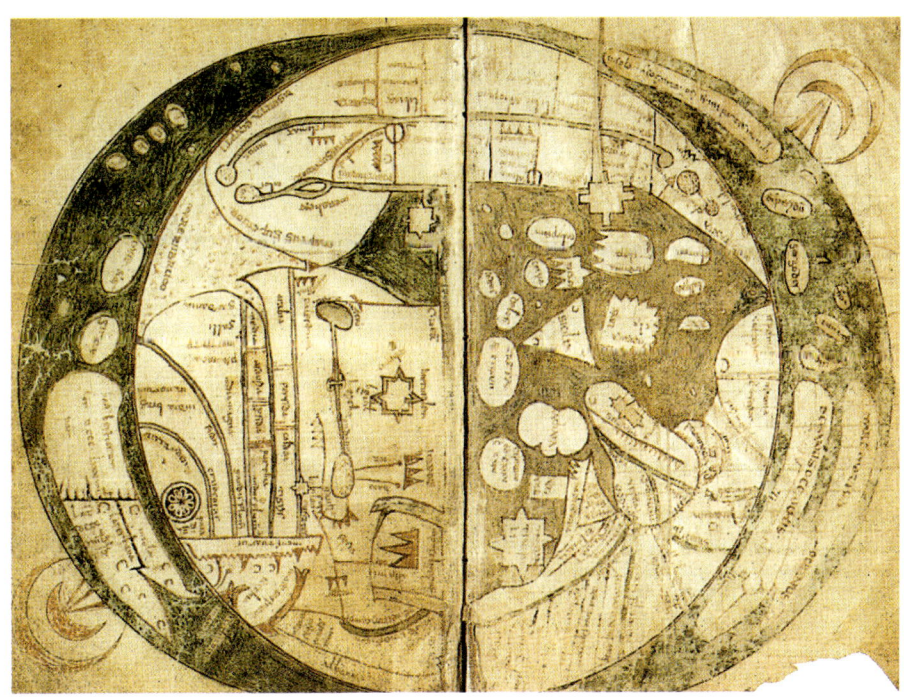

Oben: Weltkarte aus der Enzyklopädie des Hl. Isidor von Sevilla („De rerum natura", entstanden um 630).

Stadtplan von Rom aus dem Einsiedler-Manuskript (von 750, Rekonstruktion aus dem Jahre 1907).

Karolingisches Kapitell in der Kirche von Jougne.

Kirche von St. Johannes dem Märtyrer in der Via Salinaria, wo der Märtyrer Diogenus beigesetzt ist und in einer anderen Gruft Bonfazianus. Unter der Erde sitzt Sixtus der Märtyrer, unter der Erde liegt ebenfalls Blastus der Märtyrer. Dann hältst du dich auf der Via Salinaria gen Süden, bis du zu der Kirche St. Ermes kommst. Dort sind beigesetzt erstens Basilissa, Jungfrau und Märtyrerin, in einer anderen Gruft tief darunter die Märtyrer Maximus und Ermes, ..." und so weiter.

Im 8. Jahrhundert sind es schon nicht mehr bloß die christlichen Reliquien, die einen Rombesuch nahe legen, sondern auch die antiken Sehenswürdigkeiten: Im *Einsiedler Manuskript* von 750 wird nach dem Besuch der Kirche St. Laurentius ein Abstecher ins Theater des Pompejus empfohlen, und nach dem Besuch der Kirche des St. Sergius *"sollte das Pferd des Konstantin besichtigt werden."* Das *Einsiedler Manuskript* ist eine schier unerschöpfliche Quelle für das Studium des alten Rom. Dem interessierten Pilger werden 10 touristische Spaziergänge empfohlen: angefangen mit dem Spaziergang Nr. 1 vom Petersdom zur Kirche Santa Lucia bis zum Spaziergang Nr. 10 von der Porta Appia bis zur Schola Graeca. Insgesamt finden sich in diesem Manuskript 110 Sehenswürdigkeiten, die die Romreisenden aufgesucht haben müssen.

Einer der großen Romreisenden dieser Zeit ist der Hl. Bonifatius. Von 716 bis zu seinem Tod 754 ist der Heilige pausenlos unterwegs. Dreimal zieht er nach Rom, sonst arbeitet er in Friesland, in Bayern und Thüringen, stets auf dem Weg, stets auf Mission. In dieser Zeit entsteht auch der Name Via Francigena – die Frankenstraße. Im *Itinerarium Sancti Willibaldi* von 725 heißt der Weg noch *Iter Francorum*, doch seit dem *Actum Clusio* des toskanischen Klosters Monte Amiata bleibt bis heute der Name Via Francigena erhalten.

In der Zeit der Herrschaft Pippins des Kurzen ist erstmals ein Papst auf der Via Francigena unterwegs. Stefan II. reist im Jahre 753 nach Frankreich, um das Bündnis zwischen dem Papsttum und dem Frankenreich zu bekräftigen und dafür vom König die Unterstützung für die Eroberung der Lombardei zu erhalten. Mit Pippin umwirbt der Papst einen Herrscher, der ein Herz für die Pilger hat. Bereits 725 hatte der eine Synode einberufen und verkündet, dass *"Pilger, welche aus Liebe zu Gott nach Rom oder sonst wohin reisen, niemals an Brücken, Wegen oder Fähren aufgehalten, noch wegen des Gepäcks belästigt oder mit irgendeinem Zoll belegt werden sollen."*

Unter Karl dem Großen erlebt die Pilgerbewegung einen großen Aufschwung. Schon sein Lehrer Alcuin hatte sich als eifriger Pilger auf der Francigena hervorgetan. – Des Kaisers Biograf Einhard schreibt: *"Der Kaiser liebte die Pilger und hatte große Fürsorge, um sie gut aufzunehmen."* Und der Kaiser ist selbst auf dem Pilgerweg unterwegs. Einmal lässt er auf dem Col de Jougne eine Kirche bauen, die wir heute noch besichtigen können. Ein andermal sind es Herbergen, die neu errichtet werden. Und immer wieder sind es Dekrete zur Befreiung von Zoll und Abgaben, die das Pilgern erleichtern sollen.

Der Verfall des karolingischen Reichs zieht auch einen Verfall der Pilgerwege und Handelsstraßen nach sich. Eine der größten Bedrohungen sind die Sarazenen, die sich in Freixenet festgesetzt haben und im ganzen Alpenraum operieren und die Reisenden ausrauben.

846 sind die Sarazenen so stark, dass sie mit ihren Schiffen den Tiber hochfahren und die beiden wichtigsten christlichen Basiliken, San Pietro und San Paolo fuori le Mura, zerstören. Beide liegen außerhalb der aurelianischen Stadtmauer und können kaum geschützt werden. Kaiser Lothar lässt nach diesem Schrecken in ganz Europa Geld sammeln, damit der Vatikan ummauert werden kann. Dank dieser Mauer entsteht die *civitas leonina*, benannt nach dem damaligen Papst Leo IV.

Im Jahre 972 gelingt den Sarazenen, die oft mit lokalen Räuberbanden zusammenarbeiten, ihr größter Coup. Bei Orsières im Wallis setzen sie den berühmten Hl. Mayolus, den Abt von Cluny, der eben über den Großen Sankt Bernhard von Rom zurückkommt, in einem engen Erdloch gefangen und erpressen ein immenses Lösegeld von tausend Pfund Silber.

Erst gegen Ende der Herrschaft von Kaiserin Adelheid, die regelmäßig über den Großen St. Bernhard zieht, um von ihrer Residenz in Italien nach St. Maurice oder Orbe zu gelangen, kann der

Alpenweg wieder als gesichert gelten. Die Empörung über die Gefangennahme des Hl. Mayolus bei Orsières war so groß gewesen – und wohl auch der finanzielle Schaden, den das Lösegeld anrichtete – dass sich genügend christliche Krieger fanden, die die Sarazenen aus Fraxinetum verjagten.

Eine Schwierigkeit, die seit Beginn der Völkerwanderung das Pilgern erschwert, ist die Herausbildung der europäischen Sprachenvielfalt. Die Pilger der ersten Generation hatten es einfach: Sie sprachen Latein und wurden überall verstanden. Dieses Privileg genießen aber bald nur noch Personen geistlichen Standes, wenn sie unter ihresgleichen verkehren. Schon im 9. Jahrhundert werden deshalb in Frankreich und Deutschland Übersetzungshilfen geschrieben, in denen die wichtigsten Sätze, die ein Pilger in seinem Alltag braucht, in die Sprachen der Völker übertragen sind, durch deren Länder man ziehen musste. Kann der Pilger nicht lesen, so ist er in fremden Ländern dennoch nicht verloren. Es bildet sich bald eine Zeichensprache heraus, mit der auf dem ganzen Weg um ein Stück Brot, einen Teller Suppe oder ein Dach über dem Kopf gebeten werden kann.

Pilgern zur Zeit von Bischof Sigeric von Canterbury

Im Jahre 990 reist Bischof Sigeric von Canterbury nach Rom, um vom Papst sein Pallium zu erhalten. Das Pallium, ein Band aus weißer Wolle mit sechs schwarzen Kreuzen, ist der Ausweis seiner rechtmäßigen Bischofswürde. Sigeric wird in seinem Itinerar den Verlauf der Via Francigena festlegen. Für den Hinweg braucht er 79 Etappen. In Rom angekommen, logiert er in der Schola Anglorum. Er bleibt bloß zwei Tage, speist einmal mit dem Papst, besichtigt 23 Kirchen und ist nach wiederum 79 Tagereisen wohlbehalten in Canterbury zurück.

Der Pilgerweg nach Rom wird auch in dieser Zeit bedroht, allerdings von einer anderen Gefahr: Die Entdeckung des Apostelgrabes von Jakobus in Galicien bei Iria Flavia nimmt Rom plötzlich die Exklusivität, das einzige Apostelgrab in Europa zu besitzen. Nicht einmal die Exkommunikation der Bischöfe von Compostela, die dadurch von der Behauptung von der Echtheit des Apostelgrabes abgebracht werden sollen, vermag die Popularität des neuen Pilgerziels zu beeinträchtigen. Im Gegenteil: Zu Beginn des 12. Jahrhunderts wird mit Calixtinus II. ein Geistlicher zum Papst gewählt, der durch die Schule von Cluny gegangen ist und mit seinem *Codex Calixtinus*, einem eindrucksvol-len mittelalterlichen Reiseführer, zu den besonderen Förderern der Wallfahrt nach Compostela gehört.

Und dann sind es die politischen Verhältnisse, die während einiger Jahrhunderte der Pilgerfahrt nach Rom zusetzen: 1083 wird die Heilige Stadt von Kaiser Heinrich IV. erobert, im Jahr darauf vom Normannen Robert Guiscard geplündert. In den Jahren 1117 und 1165 wird Rom erneut von deutschen Kaisern erobert. In der Zeit der Konflikte von Kaisertum und Papsttum rät die weltliche Herrschaft oft ab, eine Pilgerfahrt nach Rom zu unternehmen, so etwa König Heinrich II. von England oder Kaiser Friedrich II.

Um der Anarchie auf den Straßen, dem Raubrittertum, das sich auch an frommen Pilgern vergeht, zu begegnen, entsteht um die Jahrtausendwende die „Gottesfriedensbewegung". Der Gottesfrieden, der 1083 in Köln verkündet wird, erklärt alle Lehnsherren ihrer Ländereien für verlustig, die sich an Pilgern, Klerikern, Mönchen, Frauen, Kaufleuten, Bauern und Juden vergehen oder Kirchen, Klöster, Mühlen plündern oder Tiere vom Feld fremder Bauern rauben. Dieser Bann allein macht die Straßen allerdings nicht sicherer, er sorgt bloß dafür, dass sich das Banditentum internationalisiert. So hausen auf den spanischen Straßen bald vorwiegend englische Straßenräuber, während es in Italien deutsche Räuber sind, die wohlhabenden Pilgern auflauern. *„Die Straßen Norditaliens sind von deutschen Räubern verseucht"*, heißt es in einem zeitgenössischen Bericht.

Natürlich werden Strafen angedroht. Der Mord an einem Pilger kostet den Täter am Hof des Langobardenkönigs von Italien im Jahre 786 60 Soldi Wergeld, ein Blutgeld, das von der Familie des Opfers eingeklagt werden muss. Für Mord und Raub an Geistlichen sind die Strafen strenger. Politische Unsicherheit und ein marodes Justizsystem sorgen jedoch dafür, dass viele dieser Untaten ungesühnt bleiben.

Isländer auf dem Pilgerweg nach Rom

Im 12. Jahrhundert erscheint eine neue Kategorie von Pilgern, die sich von den Aktivitäten der deutschen Kaiser und von politischen Querelen nicht beeindrucken lassen: junge Isländer, für die die Romreise ein gesellschaftliches Muss darstellt. Eine Urkunde der isländischen Nationalbibliothek berichtet, dass es schon zu Zeiten der großen Wikingerzüge einem jungen Mann gut angestanden habe, nach Italien zu fahren und zu plündern. Nachdem nach dem Willen Gottes die Isländer nun zu Christus gefunden hätten, könne man dieser Sitte einen neuen, frommen Sinn geben. Oft ist es das Althing, das bestimmt, wer die Reise antreten soll, und das Abreiseritual in Island ist so gestaltet, dass der Pilgersegen im Thing erteilt wird.

Berühmt ist das Itinerar des isländischen Abtes Nikulas von Munkathvera, der 1154 über Strassburg und Basel die Francigena erreicht und seine Reise detailliert beschreibt. Um für seine Landsleute besser verständlich zu sein, skandinavisiert er die Ortsnamen, wobei man sich fragen kann, ob ein Isländer wohl eine Pilgerstation wie Etroubles gefunden haben mag, wenn sie in Nikulas' Reiseführer *Throelaborg* heißt. Und wer sich nach Aquapendente durchschlagen muss und in dem Itinerar bloß die Ortsbezeichnung *Matilldas Spitalr* findet, muss in der Geschichte der frommen Stiftungen schon so beschlagen sein, dass er weiß, dass dort die toskanische Herrscherin Mathilda von Canossa ein Pilgerhospiz errichten ließ. In Vevey (Vifis) kommen, so der isländische Abt, *„die Straßen der Südfranken, der Engländer, der Deutschen und der Skandinavier zusammen"*, um sich zu einem gemeinsamen Wege nach Rom zu vereinigen. Er verweist damit darauf, dass sich hier am Genfer See die Via Francigena mit dem Weg nach Santiago de Compostela kreuzt.

Im übrigen hat der Abt scharfe Augen für die Dinge, die dem Pilger wichtig sind. So bemerkt er etwa, dass die Deutschen viel freundlicher seien als die Skandinavier, die in punkto Gastfreundschaft noch viel zu lernen hätten. Und auch für anderes hat er Augen, wenn er etwa zur Pilgerstation Siena meint: *„Hier sind die Frauen sehr schön."*

Die guten Hirten; Fresco im Gang eines Privathauses in Aosta.

Die Erfindung der Jubeljahre

Im Jahre 1300 erfährt das Interesse am Pilgerweg nach Rom einen ungeahnten Aufschwung. Schon 1299 war in ganz Europa gemunkelt worden, der Papst werde ein Heiliges Jahr verkünden und den Pilgern einen vollständigen Ablass gewähren. Das muss etwas Unerhörtes gewesen sein, denn bisher hatte es vollständigen Ablass nur für die Kreuzfahrer gegeben. Dazu noch den Portiunkula-Ablass, den Papst Honorius dem Hl. Franz von Assisi im Jahre 1216 gewährt hatte, von dem aber, wohl um ihn nicht allzu bekannt zu machen, keine Urkunden vorhanden sind. Zwar berichtet Nikulas von Munkathvera schon 1154 davon, dass allen Pilgern, die die Peterskirche besuchen, der vollständige Ablass gegeben werde. Doch dies ist Volksglauben und findet keine urkundliche kirchenrechtliche Stütze.

Das Bedürfnis nach vollständigem Ablass aller Sünden ist groß. Eine Unzahl von Bittschriften erreicht den Papst vor dem Jahr 1300, ein Heiliges Jahr zu verkünden. Viele erwarten die Verkündigung für den Weihnachtsgottesdienst 1299. Doch der Papst schweigt. Und obwohl der Papst schweigt, beginnen, vor allem in Italien, die Menschen nach Rom zu pilgern, um ein Heiliges Jahr zu feiern, das es offiziell gar nicht gibt. Kardinal Jacopo Stefaneschi, der erste Chronist des Heiligen Jahres, schreibt: *„Die Jahrhundertwende 1300, die wir damals erwarteten, stand kurz bevor, als an das Ohr des Bischofs von Rom, Bonifatius' VIII., ein Gerücht gelangte, unbestimmt und eigentlich fast ohne jede Glaubwürdigkeit; es versprach, dass dieses besondere Jahr eine Eigenschaft haben werde, dass jeder, der sich als Pilger zur Kirche des heiligen Apostelfürsten Petrus nach Rom begebe, vollständigen Ablass all seiner Sündenstrafen erhalten werde. ... Aus diesem Grund befahl Bonifatius VIII., die Beweise hierfür in den alten Büchern zu suchen, doch fand man darin nichts zu diesem Thema."*

Erst am 22. Februar 1300 erklärt Papst Bonifatius VIII. vor der Menge der herbeigeeilten Pilger das Heilige Jahr und gewährt den Pilgerablass rückwirkend auf den 1. Januar 1300. Der Ablass ist aber an Bedingungen geknüpft. Den vollständigen Ablass aller Sünden soll jeder Pilger erhalten, der nach erhaltener Beichte an 15 aufeinander folgenden Tagen die Kirchen San Pietro und San Paolo be-

Papst Bonifaz VIII. verkündet das Jubeljahr (Giacomo Grimaldi, „Instrumenta translationum"; Kopie des Frescos in der Loggia della Benedizione in San Giovanni in Laterano, Ende 16. Jh.).

sucht, während die Römer diese Kirchen 30 mal besuchen müssen. Die päpstliche Bulle *Antiquorum*, die den Ablass verkündet, liest sich heute wie eine Werbeschrift: *„Jetzt ist es Zeit, und das ist der wahre Tage der Erlösung..., um alle Flecken der Sünde von Euren Seelen wegzuwaschen und Euer kümmerliches Erdenleben für die ewige Herrlichkeit auszutauschen... Kommt und betet und tut Buße für Eure Sünden, ohne Zögern, Ihr, die ihr gerufen seid, schiebt von Euch, das Euch kümmert und ablenkt."*

Kardinal Stefaneschi, der Chronist, schildert, wie es im ersten Jubeljahr weitergeht. *„Große Menschenmengen kamen in Rom an aus Italien, Un-*

Rom und das Heilige Jahr 1300; Miniatur aus Giovanni Sercambi (1347—1424), „Croniche".

garn und Deutschland, wo die Möglichkeit der Pilgerfahrt zu den Aposteln zur Erlangung des Ablasses am bekanntesten war, weil die Nachricht von der Ausrufung des Heiligen Jahres sich dort am weitesten verbreitet hatte. Die Pilger waren so zahlreich, dass sie sich beim Einzug in die Stadt wie ein Heer, wie Schwärme stauten und dass sie inner- und außerhalb der Stadtmauern lagern mussten. Viele Pilger wurden einfach erdrückt, da der Zustrom von Tag zu Tag stärker wurde.“

Der Florentiner Villani versichert, dass in diesem ersten Heiligen Jahr nie weniger als 200.000 Besucher in Rom anwesend waren; insgesamt seien in diesem Jahr wenigstens 2 Millionen Pilger nach Rom gekommen. Ein Chronist aus Siena schreibt: *„Es gingen soviel Pilger durch die Straßen, dass es kaum zu glauben war... und es gingen der Ehemann, die Ehefrau und die Kinder. Sie ließen ihre Häuser verschlossen zurück und gingen in vollkommener Einfalt, den versprochenen Ablass zu erlangen, und manche starben auf dem heiligen Weg,* denn es war ein großes Sterben.“ Das erste Jubeljahr ist noch beinahe ein rein italienisches Ereignis. Dennoch kommen auch Pilger aus anderen Ländern, wie etwa der fromme Roman *El libro del Caballero Cifar* für eine spanische Pilgergruppe berichtet. Auch aus Deutschland, England und Frankreich kommen schon im ersten Heiligen Jahr große Pilgermassen. In den Annalen des Hospizes auf dem Großen St. Bernhard sind für das Jahr 1300 insgesamt 20'000 Übernachtungen verzeichnet!

Das Heilige Jahr ist auch wirtschaftlich ein grandioser Erfolg. Zwei Priester sind Tag und Nacht an den Altären der Peterskirche damit beschäftigt, mit großen Harken die Haufen Gold und Silber zusammenzukehren, die die Pilger spenden. So kommen allein im Petersdom Spenden von insgesamt 30'000 Goldflorins zusammen.

Die Blüte Roms ist zunächst von kurzer Dauer. 1305 wird der Erzbischof von Bordeaux, Bertrand de Got, ein Parteigänger des französischen Königs, als Clemens V. zum Papst gewählt. Als williges Werkzeug des Königs verlegt er den Papstsitz nach

Avignon und ernennt sieben Verwandte des Königs zu Kardinälen. Damit beginnt die siebzigjährige „Babylonische Gefangenschaft der Päpste." Rom wird den Fraktionskämpfen seines Adels überlassen und versinkt im Chaos. Es ist der italienische Dichter Francesco Petrarca, der den Papst ab 1342 zu bewegen sucht, nach Rom zurückzukehren. Dieses Ziel erreicht er nicht, doch er bringt es fertig, dass 1350 zu einem neuen Heiligen römischen Jahr deklariert wird, einem Heiligen Jahr ohne Papst. Dazu kommen wieder Pilgermassen aus ganz Europa.

Mit dem Wiederaufleben der Rompilgerfahrt entsteht aber wieder das Bedürfnis, für den Schutz der Pilger zu sorgen. Das Wichtigste ist der Schutz der Alpenwege. Auf dem Großen St. Bernhard entsteht unter der Herrschaft der Savoyer eine ganz eigenartige Institution zum Schutze der Pilger: Die *maroniers* oder *soldats de la neige*, eine Truppe, die erst von Mussolini aufgehoben werden wird. Diese *soldats de la neige* haben das Exklusivrecht, Führerdienste über den Großen St. Bernhard anzubieten, dafür sind sie verpflichtet, den Weg bei jeder Witterung gangbar zu halten und Unterkunft für weltliche und geistliche Würdenträger bereitzustellen.

Die Via Francigena im Spätmittelalter

Zum Heiligen Jahr 1400 erscheint eine neue Pilgergruppe: die *Bianchoni* aus der Provence, Büßer und Geißler, die sich in weiße Säcke kleiden und ihren nackten Oberkörper mit Peitschen schlagen. Sie singen Litaneien und fordern alle, denen sie begegnen, zu Frieden und Barmherzigkeit auf. Diese spontan entstandene Bewegung vermag auch hohe weltliche und geistliche Herren in ihren Bann zu reißen. Nicolò d'Este, Carlo Malatesta und Erzbischof Fieschi von Genua schließen sich den Zügen der Bianchoni an und in der Tat hören alle Feindseligkeiten auf, wo dieser Pilgerzug durchzieht. Als er in Rom ankommt, ist er auf 120'000 Geißler angewachsen. Und dennoch steht das Jubeljahr 1400 unter einem unheiligen Stern. In Rom bricht die Pest aus, Bürger und Pilger sterben in großer Zahl und der Papst flieht nach Assisi.

1450 soll, nimmt man das Jahr 2000 aus, das erfolgreichste Jubeljahr aller Zeiten gewesen sein. Papst Nikolaus V. nimmt soviel Gold ein, dass er eine spezielle Jubiläumsmünze prägen lässt, die drei normale Goldstücke wert ist. Mit dem Rest des Geldes beginnt der Papst den Neubau des Petersdoms und erwirbt in der ganzen Welt die seltensten Manuskripte, was die Vatikanische Bibliothek

Oben: Stadtplan Roms; Fresco von Taddeo di Bartolo, 15. Jh. (Siena, Palazzo Pubblico).

Links: Stadtplan Roms, aus dem „Dittamondo" von Fazio degli Uberti (1447).

Einsame Pilgerkapelle bei La Fère.

heute zu einer wahren Schatzkammer für die Gelehrten macht und dem Papst den Ehrentitel „Patron der neuen Gelehrsamkeit" einbringt.

Die Menschenmassen in Rom sind 1450 so riesig, dass viele Pilger im Gedränge zu Tode getrampelt werden. Als am 19. Dezember das Schweißtuch der Veronika öffentlich gezeigt wird, ist der Andrang so groß, dass der Maulesel, auf dem Kardinal Piero Barbo zur Messe reitet, in Panik gerät und auszuschlagen beginnt, wodurch einige Pilger ihr Leben verlieren und Dutzende weitere über die Brücke in den Tiber geschleudert werden, wo sie,

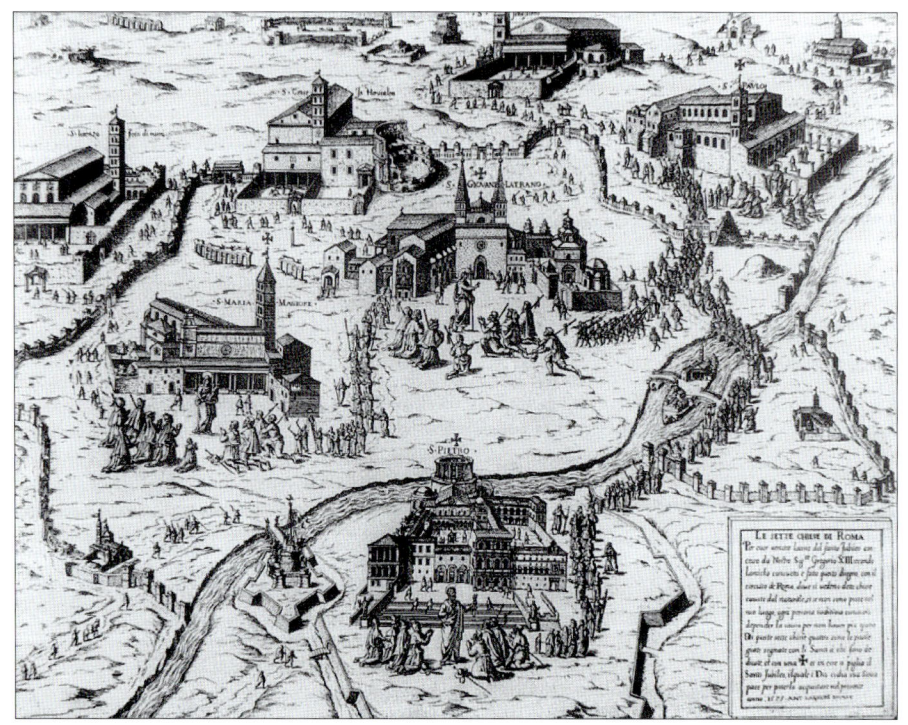

Rom, die sieben Kirchen (Stich von A. Laféry, 1575).

wenn sie nicht schwimmen können, jämmerlich ertrinken. Bei diesem Vorfall sterben nach zeitgenössischen Chroniken insgesamt 200 Pilger, 3 Pferde und auch der Maulesel des Kardinals. 1464 wird Kardinal Barbo als Paul II. selbst zum Papst gewählt und er ist es, der 1470 die Tradition begründet, von nun ab alle 25 Jahre ein Jubeljahr abzuhalten. Als erstes wird eine neue Brücke über den Tiber gebaut, damit nicht wieder ein gleiches Unglück sich ereigne. Das Jubeljahr 1475 ist dann aber kein vergleichbarer Erfolg.

Dass Pilgerfahrten sich in dieser Zeit schon zu Weltreisen auswachsen können, zeigt das Beispiel des armenischen Bischofs Martiros von Arzendian, der am 29. Oktober 1489 im Kloster Norkieg aufbricht um seinen sehnlichsten Wunsch zu erfüllen, nämlich das Grab des Apostelfürsten Petrus in Rom zu sehen. Er geht zu Fuß nach Konstantinopel, nimmt dort ein Schiff nach Venedig und gelangt von dort in 33 Tagen nach Rom. Hier bleibt er 5 Monate, zählt 2774 Kirchen, von denen er, wie er stolz bemerkt, täglich mehr als 20 besucht, und findet über 8000 Heiligengräber. Dreimal trifft er sich mit Papst Innozenz VIII., der ihn für seine Weiterreise mit Empfehlungsschreiben ausstattet. Denn nun will der armenische Bischof weiter nach Santiago und sodann muss er auch Jerusalem sehen, bevor er gegen Ende des Jahres 1491 wieder in sein armenisches Bistum gelangt.

Wenige Jahre später reist der deutsche Ritter Arnold von Harff nach Rom, der vom Weg nach Santiago de Compostela eine der lebendigsten Beschreibungen liefern wird, samt einem Übersetzungsbuch, in dem für das Alltagsleben der Pilger

wichtige Sätze in die exotischen Sprachen übertragen sind.

Über Rom schreibt er: *„In Rom gibt es sieben Hauptkirchen, die wir vier- oder fünfmal besuchten, da dort großer Ablass zu verdienen ist. Die erste heißt St. Johann im Lateran. Diese Kirche war ehedem ein Palast des Kaisers Konstantin. Hier befindet sich eine der goldenen Pforten, die man nur im gnadenreichen Jahr öffnet. Es stehen dort noch drei weitere Pforten nebeneinander, man geht durch alle drei. Wer das mit Andacht und Reue tut, dem werden alle Sünden vergeben. Man kann auch für die armen Seelen durch sie hindurchgehen, um diese zu erlösen. Über dem Hauptaltar befindet sich ein eisernes Gitter, dahinter sind die beiden Häupter von St. Petrus und St. Paulus, den Aposteln. Unter dem Hochaltar liegt das Grab des Evangelisten Johannes; dort gibt es Vergebung aller Sünden. Nahebei steht ein Altar, geweiht zur Ehre Sta. Maria Magdalenas. Drüber hängt ein purpurnes Gewand, das Christus trug, als Pilatus sprach: Ecce homo!, und der Schleier, den ihm seine liebe Mutter umlegen ließ, als er vom Kreuz genommen wurde. Auch ein Hemd Christi und die Handtücher sind da, womit er seinen Jüngern am Gründonnerstag zu Jerusalem auf dem Berg Sion die Füße abtrocknete, und viele andere Heiligtümer von Sta. Maria Magdalena. In der Sakristei steht der Altar, an dem St. Johannes die Messe las. Bei der goldenen Pforte gingen wir in eine Kapelle. Darin steht ein Altarstein, auf dem um die Kleider Jesu Christi gespielt wurde. Man sagt auch, dass Unsere Liebe Frau darauf saß, als ihr der heilige Leichnam vom Kreuz gebracht wurde. In dieser Kapelle sind drei Pforten, durch die Christus in Jerusalem zu seiner Marterstätte schritt. Wer dadurch mit Andacht geht, erlangt die Vergebung aller Sünden."*

Im Jahre 1500 ist die Zahl der Pilger recht bescheiden. Und dennoch hat dieses Jahr für die Rompilger eine spezielle Bedeutung. Papst Alexander VI., ein Papst zweifelhaften Charakters, aber mit Sinn für Zeremonien, erfindet den Ritus der Öffnung der Heiligen Pforte, der seit Weihnachten 1499 bis heute in gleicher Weise gefeiert wird. Kaum jemand will sich jedoch nach Rom begeben, weil wieder einmal die Sicherheit auf den Straßen nicht gewährleistet ist. Der berühmteste Rompilger dieses Jahres ist sicher Nikolaus Kopernikus, der Begründer des heliozentrischen Weltbildes.

Stadtplan Roms; Miniatur aus dem Stundenbuch des Duc de Berry (Anfang 15. Jh.).

Rompilger in der Zeit von Reformation und Gegenreformation

Mit der Institution der Heiligen Jahre, die im 25-Jahres-Rhythmus aufeinander folgen, angereichert durch spezielle Heilige Jahre, die der Papst aus aktuellem Anlass verfügen kann, hat die Pilgerschaft nach Rom immer wieder einen ungeahnten Aufschwung nehmen können, bis die Reformatoren und Aufklärer dem „Romlaufen" ein Ende bereiten wollen. Martin Luther, der selbst als junger Mönch nach Rom gepilgert war, fordert das Verbot aller Pilgerfahrten, denn sie böten *„unzählige Möglichkeiten zu sündigen und die Gebote Gottes zu missachten"*. Im übrigen verursache die Pilgerfahrt nach Rom bloß unnötige Kosten: *„Es kommt vor, dass ein Mann auf der Pilgerschaft nach Rom fünfzig oder hundert Taler ausgibt, manchmal mehr, manchmal weniger, ohne dass es ihn jemand geheißen hätte, und er lässt seine Frau, seine Kinder, seine Nächsten im Elend zurück."* Zwingli, der selbst in den Jahren 1517/1518 Kaplan im Pilgerort Einsiedeln gewesen war, lässt als eine der ersten Handlungen nach Einführung der Reformation in Zürich 1524 die Pilgerfahrt nach Einsiedeln verbieten und überhaupt jegliches Pilgern einstellen.

Das Tridentinische Konzil (1545–63) versucht, das Pilgerwesen von seinen schlimmsten Auswüchsen zu befreien und theologisch neu zu rechtfertigen. Obwohl Jesus Christus als einziger Erlöser bezeichnet wird, sei es *„gut und nützlich"* die Heiligen anzurufen und ihnen die *„Ehre und Verehrung zu geben, die ihnen geschuldet sind."* In einem anderen Dokument wird bekräftigt, dass die Kirche die Macht hat, Ablässe zu gewähren; gleichzeitig wird das *„unehrliche Geldschachern" verurteilt,* das oft mit dem Ablasswesen verbunden ist.

In den Jahren 1525 und 1550 findet aber kaum jemand den Weg nach Rom. Doch die Zahlen von 1575 und 1600 zeigen die Kraft der gegenreformatorischen Bewegung: 400'000 Fremde für das Heilige Jahr 1575 und 500'000 Pilgerinnen und Pilger im Jahr 1600 sind enorme Zahlen für eine Stadt, die damals höchstens 100'000 Einwohner zählt. Neue Herbergen müssen gebaut werden, Straßen und Brücken sind zu verbreitern, und auch die Kirchen, manche baufällig und aus der Zeit der ersten Christen wie der Petersdom, der eine Basilika des Kaisers Konstantin war, brauchen eine Erneuerung. Es sind diese Pilgermassen, die die Notwendigkeit, aber auch das Geld liefern für die großartigen Prunkbauten von Bernini und Borromini.

Der Geist der Aufklärung und die staatlichen Pilgerverbote

Rom lebt zwar im Baufieber, doch abseits der großen Ideen, die die Welt allmählich verändern. Schon im 17. Jahrhundert, im absolutistischen

Frankreich, beginnt der Minister Colbert gegen jede Form der Müßiggängerei zu wettern, gegen das Almosengeben und gegen das Pilgern. Der Sonnenkönig Ludwig XIV. beunruhigt sich über die *„Unordnung, die sich unter dem Deckmantel von Devotion und Pilgerei in sein Königreich eingeschlichen hat. Der Missbrauch ist dergestalt, dass viele so genannte Pilger ihre Eltern und ihre Familien gegen deren Willen verlassen, ihre Frauen und Kinder ohne jede Hilfe zurücklassen, ihre Meister bestehlen, ihre Lehrstellen aufgeben und – dem Geist der Libertinage folgend – auf ihrem Weg als Pilger eine Ausschweifung nach der anderen begehen. Es geschieht sogar, dass die Mehrheit der Vagabunden und Heimatlosen sich als Pilger ausgeben, um im Pilgergewand von Provinz zu Provinz zu ziehen, sich in ihrem Müßiggang aushalten zu lassen und in aller Öffentlichkeit ihrem Beruf als Bettler nachzugehen.“*

Vorbei sind also die Zeiten, als die Christenheit die Regel des Hl. Benedikt beachtete, alles daran zu setzen, die Pilger gut aufzunehmen, *„weil man vor allem in ihnen Jesus Christus aufnimmt.“* Für Pilger – wie für andere Vagabunden – ist jetzt und erst recht in der aufgeklärten Gesellschaft des 18. Jahrhunderts kein Platz mehr. So werden die Hospize und Pilgerhospitäler in Spitäler für die ansässige Bevölkerung oder in Armenhäuser verwandelt und ihre Einkünfte schon lange vor der Französischen Revolution von der allgemeinen Staatskasse vereinnahmt. Im Heiligen Römischen Reich geht es

nicht anders zu. Kaiser Joseph II. lässt die meisten Pilgerfahrten verbieten, damit die Leute durch das „Pilgerlaufen“ nicht von nützlicher Arbeit abgehalten werden. Sein Bruder Leopold, der spätere Kaiser, lässt als Großherzog der Toscana durch den Generalvikar der Diözese Florenz, Scipione de Ricci, eine Kirchenreform durchführen, die die Frömmigkeitsübungen strikt auf die eigene Pfarrei beschränken soll, was oft regelrechte Volksaufstände nach sich zieht.

Von solchen Dekreten bis zum Verbot jeder Pilgerei durch Napoleon ist kein weiter Weg.

Die Wiederbelebung der Rompilgerfahrt nach der Französischen Revolution

Inmitten der nachnapoleonischen Restauration entscheidet Papst Leo XII., aus Rom wieder einen Anziehungspunkt für die ganze Christenheit zu machen und ein Heiliges Jahr zu feiern. Am 26. März 1825 beginnt er mit nackten Füßen den Besuch der Basiliken, begleitet von 72 ausgewählten Pilgern, die jeder eine Nation repräsentieren, und von 12 Kardinälen. Jeden Tag empfängt der Papst die fremden Pilger, jeden Tag serviert er 12 ausgewählten Pilgern eine Mahlzeit und dreimal in der Woche besucht er die Gefängnisse. Wie in den großen Zeiten der Pilgerschaft beherbergt das Hospiz Trinità dei Monti täglich 7000 Pilger, und dennoch mangelt es an Platz. Viele Pilger müssen auf den

Kirchentreppen schlafen. Die meisten von ihnen tragen noch das traditionelle Pilgergewand: die Pelerine aus gewachstem Tuch, den Pilgerhut, den Pilgerstab und die Kalebasse. Die eleganten römischen Damen wetteifern darum, arme Pilger zu beherbergen und ihnen die Füße zu waschen. Am Ende des Jahres hat man wieder 400'000 Pilger gezählt.

Das nächste Heilige Jahr 1850 steht im Zeichen der italienischen Einigung. Immer sind die Pilgerfahrt nach Rom und das Heilige Jahr ja auch ein Politikum gewesen. Der Papst, der den Kirchenstaat an das geeinigte Italien verloren hat, ist im Exil in Gaeta und begnügt sich damit, für Rom einen Ablass in Form eines Jubiläums zu gewähren. Für den Rest des Universums deklariert er 1851 zum Heiligen Jahr. 1870 exkommuniziert Papst Pius IX. die Verantwortlichen des italienischen Staates für die Wegnahme seiner Stadt und verbietet mit einem *„Non expedit"* den Katholiken die Teilnahme an den allgemeinen Wahlen. Zum Heiligen Jahr 1875 öffnet der Papst die Heiligen Pforten der vier Basiliken nicht. Wieder kommen Pilger, einige sogar mit Geld für den bedrängten Papst, wie der Generalvikar Morel von Nantes, der 200 Pilger nach Rom führt und dem Papst 100'000 Francs überreicht. Im Wesentlichen ist 1875 aber ein Jubiläum des Protestes, mitten im heißesten Kulturkampf.

Papst Leo XIII. braucht 12 Jahre, bis er ein erstes Tauwetter gegenüber dem italienischen Staat erlaubt. 1893 deklariert er ein außerordentliches Jubiläum zur 50-Jahrfeier seiner Ernennung zum Bischof. Diese Heilige Jahr wird nun mit allen Mitteln des beginnenden Massentourismus gefeiert. Viele Pilger können von den günstigen Pauschalangeboten mit Eisenbahn und Kutsche der spezialisierten Reisebüros profitieren. Sogar für die Beförderung in Rom ist gesorgt. Für zwei Lira können 4 Pilger von der neuen Bahnstation zum Petersdom gefahren werden. Alle diese Erfahrungen aus dem Extrajubeljahr kommen der perfekten Organisation des Jubiläums von 1900 zugute.

Die neuzeitliche Romwallfahrt

Die große Neuigkeit sind die Arbeiterwallfahrten nach Rom, die vor allem von Frankreich aus organisiert werden. Schon 1879 empfängt Leo XIII. 23 Mitglieder des berühmten *Cercle Montparnasse*, eines der ersten katholischen Arbeiterzirkel, die 3 Jahre für ihre Pilgerfahrt nach Rom gespart haben. 1885 führt der Fabrikant Léon Harmel aus Val-des-Bois seine Arbeiter erstmals nach Rom; 1887 hat er den Kardinal Langénieux gewonnen, 100 weitere Patrone für seine Idee begeistert und zieht mit ihnen, mit 1400 Arbeitern und 300 Priestern erneut nach Rom. 1889 ist die Gruppe auf 10'000 Personen angewachsen, und 1891 begleitet Harmel aus Dankbarkeit für die Enzyklika *Rerum Novarum*, die gegen den revolutionären Sozialismus Stellung nimmt, 20'000 französische Arbeiter auf ihrer Pilgerfahrt.

1925 stellt Achille Ratti, Papst Pius XI., das Jubiläum ganz ins Zeichen des Weltfriedens und der Versöhnung der Völker. Ein dichtes Programm von Heiligsprechungen und Seligsprechungen sorgt dafür, dass sich Pilger aus allen Teilen Europas einfinden. Allein im Monat Juni zählt man über 1000 Pilgergruppen mit insgesamt 580'000 Pilgern. Und doch liegt ein Schatten über dem Jubiläum: In Italien herrscht schon Mussolini. 1929 werden sich der italienische Staat und die römische Kirche in den Lateranverträgen aussöhnen, zugleich findet ein außerordentliches Jubeljahr zum Priesterjubiläum des Papstes statt. Und jetzt, wo der Papst in der Welt wieder als Staatsoberhaupt anerkannt ist, wird deutlich, was Pius XI. will: Wir sehen es am deutlichsten in der Enzyklika *Mit Brennender Sorge*, die in aller nur wünschbaren Deutlichkeit mit der faschistischen und nazistischen Ideologie ins Gericht geht. Dass dieser Papst im Februar 1939 stirbt, ist ein eigenes Kapitel, zu dem die Geheimakten des Kardinals Tisserand beredtes Zeugnis ablegen.

Das Jubiläum von 1950 wird gerühmt wegen seiner Organisation, jenes von 1975 ist das erste des Fernsehzeitalters: ein beinahe perfektes Medienereignis, in der die Kritik von Papst Paul VI. an der neuen Möglichkeit der Segensspendung per Post, die ein übereifriger Kardinalstaatssekretär erfunden hat, beinahe untergeht.

Die Spektakel für das Heilige Jahr 2000 scheinen alles Frühere in den Schatten zu stellen. 25 Millionen Pilgerinnen und Pilger sind bis zum 6. Januar 2001 gezählt worden, der Rekord aller Rekorde. Es ist festzustellen, dass die Pilgerfahrt im Zeitalter von Handy, Internet und Gentechnologie eine ungeahnte Renaissance erlebt.

Dabei mag zwar Jerusalem aus spiritueller Sicht das bedeutendere Heiligtum sein, Santiago eigentümlicher: Rom aber bietet für die Pilger aus ganz Europa seit zwei Jahrtausenden einen einfachen Zugang. Spezialzüge, Charterflüge, Autocars machen heute die Reisen schneller und billiger. Und die nicht enden wollende Abfolge von Kongressen, Seligsprechungen und Heiligsprechungen wie auch die großen liturgischen Feste Weihnachten und Ostern bringen jedes Jahr mehr Menschen nach Rom.

Neben diesen Massenveranstaltungen aber gibt das beschauliche Unterwegssein auf der alten Via Francigena die Möglichkeit, mit menschlichem Maß und menschlichem Rhythmus in die zweitausendjährige Geschichte der Pilgerbewegung einzutauchen und selbst etwas vom Lebensgefühl vergangener Zeiten zu erahnen.

Der Pilgeralltag

Wer ist unterwegs — Motive für eine Pilgerfahrt

Das erste, mächtigste und zweifellos am weitesten verbreitete Motiv ist die Frömmigkeit, die Sorge um das Heil. Manchen muss vieles verziehen werden oder sie glauben es wenigstens, wenn sie wortgewaltigen Predigern anhängen wie etwa jenem berühmten Abt Guglielmo di Volpiano in Dijon, der den Gläubigen in seinen Brandreden so deutlich die Qualen von Hölle und Fegefeuer ausmalt, dass seine Kirche St. Bénigne bald aus allen Nähten platzt und der junge, feurige Abt einen Neubau errichten muss, der die reuigen Massen fassen kann. Er hat kein Geld für den Kolossalbau, der da errichtet werden muss, aber eine geniale Idee: nämlich die römischen Ruinen in Chalons-sur-Saône in Einzelteile zu zerlegen, besonders die Säulen, dieses Material nach Dijon zu flößen und daraus die neue Kirche zu bauen. Ein neuer Stil ist geboren, der ebenso Furore macht, wie die Reden des Abtes: die Romanik. Dieser Baustil des auch als Guillaume de Dijon bekannten Abtes gibt den kulturellen Rahmen, der die eigentliche Hochblüte der Wallfahrtsbewegung kennzeichnet. Der Kanzelredner wird mit seiner Erfindung zum gesuchten Architekten und Klosterleiter. Am Ende seiner Karriere wird er 70 kirchlichen Institutionen vorstehen, die er selbst gebaut hat, darunter so berühmte wie Saint-Germain des Prés in Paris, der Klosterberg Mont Saint-Michel in der Normandie oder das Pilgerkloster Fruttuaria auf dem Rompilgerweg bei Turin, das auch zum Mutterhaus der mächtigen Abtei St. Blasien im Schwarzwald wird, die den ganzen süddeutschen Raum beherrscht. In all diesen Institutionen werden den Gläubigen die Sündenstrafen beschrieben, wie es der Abt und Architekt vorgemacht hat. Predigten wie jene des Guglielmo di Volpiano sind es, die einen steten Fluss von Pilgern garantieren und dafür sorgen, dass Menschen mit dem Wundlaufen ihrer Füße Vergebung und Heil zu erlangen hoffen.

Dies sind die Pilger *devotionis causa*, jene, die in aufrichtiger Absicht unterwegs sind.

Aber es gibt auch andere aufrichtige Pilger auf dem Weg; sie erhoffen Heilung von ihren Leiden.

Szene aus dem Jüngsten Gericht; Figurengruppe über dem nördlichen Seitenportal der Kathedrale Notre-Dame, Reims.

Musizierende Engel; aus einem Fresco („Krönung Mariens", um 1470) in der Chiesa San Fiorenzo, Bastia.

So mischen sich Sonderlinge unter die Büßer, Geistesgestörte und Tobsüchtige. Letztere glaubt man im 13. Jahrhundert an ihrem verzerrten Lachen zu erkennen, an ihrem Zähneknirschen und bei der Untersuchung an ihrem hämmernden Puls und ihrem hellen Urin. Keinesfalls darf man sie mit den Opfern dämonischer Besessenheit verwechseln, die zuweilen das gleiche Verhalten an den Tag legen. Und da sind auch die körperlich Behinderten und Kranken: die Lahmen, Hinkenden und Buckligen, die unterwegs mit größerer Inbrunst beten als die anderen Pilger. Abends, am Ort der Rast, stärken sie sich an den Berichten von Heilungen ebenso wie an Brot und Wein.

Einen solchen Bericht liefert der Heilige Gregor von Tours (ca. 538–594), der in seiner *Geschichte der Franken* im Jahr 580 die Pilger-Route beschreibt, die von Angers entlang den großen Strömen bis an die Riviera und dann über das Mittelmeer nach Italien führt:

Ein Diakon aus der Gegend von Angers wird vom Bischof nach Rom geschickt, um für seine Kirche Reliquien zu holen – ein Unternehmen, das damals noch viel von sich reden macht. In der Gegend gibt es einen Jungen, der seit seiner Geburt taubstumm ist. Als seine Eltern von der geplanten Reise hören, eilen sie zum Diakon und sichern sich einen Platz in seinem Pilgerzug. In Rom, am Grab des Apostels, erhoffen sie sich sichere Heilung für ihren Sohn. Gregor schildert, wie die Pilger in Südgallien von Dorf zu Dorf ziehen und in alle Klöster am Weg einkehren, wo man sie mit offenen Armen aufnimmt. In Nizza angekommen, geht der Diakon zum Kloster des berühmten Heiligen Hospizius, um Schiffe für die Überfahrt nach Rom zu besor-

gen. Genau zu jener Zeit fühlt der Heilige Hospizius, wie eine wunderbare Kraft in ihm aufsteigt: *„Zeigt mir bitte den leidenden Menschen, der mit euch reist."* Überrascht, dass der Heilige von dem Kranken und seinem Leiden weiß, bringt der Diakon den Jungen schnell zu ihm. Der Kranke leidet an hohem Fieber, und als er in die Nähe des Hospizius' kommt, macht er Zeichen, dass er ein gewaltiges Klingen in den Ohren verspürt. Der Heilige ergreift die Zunge des kranken Jungen mit der linken Hand, gießt mit der rechten geweihtes Öl in seinen Hals und salbt ihm damit auch das Haupt. *„Im Namen des Herren, mögen deine Ohren entsiegelt und dein Mund geöffnet werden. Sage mir deinen Namen."* Als Hospizius die Zunge des Jungen loslässt, ist dieser geheilt, und eifrig erzählt er allen von dem Wunder, das ihm widerfahren ist. Am nächsten Tag setzen die Pilger Segel auf dem Schiff, das der heilige Schiffsagent besorgt hat, und brechen nach Rom auf. Dergestalt sind die Wunder, auf die die Kranken hoffen.

Es kann sein, dass den Pilgern am Weg aber auch Leute begegnen, die zu einer Wallfahrt verurteilt wurden, zur Strafwallfahrt. Sie wird als kanonische oder zivile Strafe verhängt und in der Regel weltlichen Strafe vorgezogen. Der von einem Bischof begangene Mord zum Beispiel, der Vatermord, die Ausschweifung, der Diebstahl von Kirchengütern werden mit Pflichtwallfahrten bestraft, deren Länge und Schwierigkeit der Schwere des Vergehens entsprechen. Die *Gesta Conwoionis* berichten über einen vornehmen Franken namens Frotmund, der im 9. Jahrhundert wegen Vatermordes dazu verurteilt wird, mit Ketten beladen nach Rom und dann nach Jerusalem zu ziehen. Vielfach sind es Konzile, die diese Strafe vorsehen, oft aber auch die Landesherren. So wird die Strafe einer Wallfahrt an ein Apostelgrab z. B. für Brandstifter im Jahre 1186 durch Friedrich Barbarossa aufs Neue in Kraft gesetzt. Denn dieses Verbrechen wiegt schwer in einer Gesellschaft, in der die meisten Städte aus Holz gebaut sind.

Manche Schuld kann auch nur vom Papst absolviert werden, etwa der Kindsmord oder der Mord an Geistlichen. In diesen Fällen ist die Wallfahrt nach Rom obligatorisch, es sei denn, der Sünder werde vorher von einem weltlichen Gericht verurteilt, und dies meist viel härter. Als Strafe ist so eine Bußwallfahrt dem Gevierteiltwerden, dem Hängen, Rädern, Pfählen oder einer der anderen abschreckenden mittelalterlichen Strafen bei weitem vorzuziehen.

In den Bußbüchern des ehrwürdigen Beda (673–735) wird dem Priester, der die Strafe verhängt, geraten, die Bußen unterschiedlich zu bemessen. Er solle jedes Mal abwägen über Dauer, Ziel und Auflage für „*Reiche, Arme, Freie, Bürger, Sklaven, Kleinkinder, Knaben, junge Männer, alte Männer, Dumme, Kluge, Laien, Geistliche, Mönche, Bischof Presbyter, Diakon, Subdiakon, Lektor, geweiht oder nichtgeweiht, verheiratet oder ledig, Pilger, Jungfrauen, Stiftsdamen oder Nonnen, die Schwachen, die Kranken und die Gesunden. Denn nicht alle sind mit ein und derselben Waage zu wiegen, obwohl sie mit demselben Vergehen behaftet sind. In der Erteilung der Buße soll der Priester einen Unterschied machen zwischen dem Charakter der Sünde und dem Charakter des Menschen.*"

Oft erkennt man verurteilte Verbrecher daran, dass sie am Fußgelenk eine Eisenkugel mit sich schleppen, die ihnen angeschmiedet wurde. Ist die Kette von Schweiß und Rost zerfressen, so gilt auch die Strafe als vergeben, denn es ist der Himmel, der den Pilger vom sichtbaren Zeichen der Strafe befreit hat. Auch heute noch können wir auf dem Pilgerweg Menschen antreffen, die von einem weltlichen Gericht zur Wallfahrt verurteilt wurden. Wir treffen sie nicht auf der Via Francigena – noch nicht –, aber mit Sicherheit auf dem Weg nach Santiago de Compostela. Diese Verurteilten sind nicht mehr mit Eisenkugeln kenntlich gemacht, sondern reisen in Gruppen, begleitet von Sozialarbeitern. Das ist eine der Strafen für Drogendelinquenten in Holland und Belgien, die sich offenbar bewährt hat.

Und noch eine Kategorie von Pilgern gibt es auf dem Weg: die Stellvertreterpilger. Das sind jene, die für das Pilgern Geld erhalten von Menschen, die selbst keine Zeit haben auf den Weg zu gehen, die zu alt oder zu krank sind oder die vor ihrem Tod im Testament verfügt haben, dass für ihre Seele eine Pilgerfahrt an einen Heiligen Ort zu unternehmen sei. Von solchem Wallfahren für andere kann man ehrbar leben. Und die Institution der Berufspilger hält sich lange. In Frankreich ist die letzte berufsmäßige Pilgerin noch Ende der Fünfzigerjahre tätig.

Wir können also frommen Menschen begegnen, Leidenden oder Verurteilten, aber es gibt auch noch andere auf dem Weg: Jene, die vor dem Feudalherrn ausgerissen sind, jene, die die Gelegenheit wahrnehmen, ein zänkisches Weib zu Hause zu lassen, eine übergroße Kinderschar oder einen drückenden Schuldenberg. Auch desertierte Soldaten können uns auf dem Pilgerweg begegnen und schließlich sind noch die Coquillards unterwegs: Tagediebe und Taugenichtse im Pilgergewand, die davon profitieren, dass man auf diesem Weg von Almosen gut leben kann, Straßenräuber, Schwarzhändler mit gefälschten Dispensen und eingeschleuste Häretiker. Die einen vergreifen sich an den Geldbeuteln, die anderen an den Seelen.

Es ist schwer zu wissen, in welche Gesellschaft man auf den Pilgerstraßen geraten wird. Jedenfalls ist der Gang nach Rom ein gefährliches Unternehmen. Wer seine Familie und seine Freunde verlässt, verlässt sie vielleicht für immer. Es ist daher gut sich vorzubereiten.

Vorbereitungsritual und Aufbruch

Wer aufbricht, soll sich auf das einstimmen, was er vorhat. Immer wieder sind es die Pilgerlieder, die ganz praktische Anleitungen geben, was zu tun ist: Das erste ist die innere, die spirituelle Vorberei-

Josse Lieferinxe, Pilgerszene am Grab des Hl. Sebastian (Gemälde 1487—99).

Erhard Etzlaub, Karte für die deutschen Pilger auf dem Weg nach Rom, ca. 1490 (Rom erscheint am oberen Rand, Hamburg und Lübeck am unteren).

der Pilgerbrief, der die richtigen Pilger unterscheidet von Tagedieben, Coquillards, Straßenräubern und Häretikern. Er wird von Priestern und Bischöfen ausgestellt – allerdings nur wenn die Steuern bezahlt sind und bei wehrpflichtigen Männern ein Dispens des Militärkommandanten vorliegt.

Als nächstes gilt es, die Ausrüstung zu besorgen. Sie ist viele Jahrhunderte hindurch die gleiche. Die Pilger sind kenntlich an ihrem herkömmlichen Pilgergewand. Es ist die Bekleidung des armen Fußwanderers: ein langes, an der Hüfte gegürtetes Gewand und ein zwecks besseren Gehens vorn aufgeschlitzter Überhang. Männer und Frauen sind ungefähr gleich gekleidet, die Kopfbedeckung ausgenommen. Die Frauen tragen einen Schleier, die Männer einen Hut; sein Rand ist über den Kragen heruntergeschlagen. Im 15. Jahrhundert wird das Gewand der Männer kürzer, der Mantelkragen verbreitert sich und bedeckt jetzt die Schultern – der Pilgermantel formt sich heraus; er wird allmählich immer breiter und bildet schließlich einen Umhang, der gegen Wind und Regen schützen soll. Er ist aus nicht entfetteter Wolle und kann auch als Schlafdecke dienen. Aus diesem Gewand wird unsere Pelerine, die zunächst nichts anderes ist als ein übergeworfenes, gewachstes Tuch. Zu gleicher Zeit ändert sich die Hutform; zahllose Pilgerdarstellungen haben uns mit dem *sombrero bello* vertraut gemacht. Er ähnelt einem großen, vorn über der Stirn hochgerückten Rad. Doch je nach Gebiet und Hutmacher können die Hüte anders aussehen.

An den Füßen trägt der Wallfahrer kräftige Schnürstiefel oder Sandalen. Einige Pilger haben die Auflage, barfuß zu gehen, doch ist das wohl eine Ausnahme. – Die wahren Kennzeichen des Pilgers sind aber Pilgertasche und Wanderstab. Die Pilgertasche, in den Manuskripten *pera* genannt, wird um den Hals gehängt und enthält den Proviant, die Pässe und die anderen Ausweise des Wanderers. Ursprünglich ist sie nichts anderes als eine Art lederner Brotbeutel. Beim Pilgerstab, dem *bordone*, handelt es sich um eine starke Holzstange von fast zwei Metern Länge mit einer Eisenspitze am Ende. Dieses geistliche Schwert dient auch zur Verteidigung gegen Wolf und Hund. Gewöhnlich hat der Pilgerstab über dem Griff eine oder zwei Ausbuchtungen, an denen die Kürbisflasche, die *Kalebasse,* festgemacht wird. Sie wird durch Trocknen und Aushöhlen der Kürbisfrucht hergestellt und dient als einfachste und billigste Feldflasche für etwas Wasser oder Wein auf dem Weg.

Schließlich bleibt noch eines zu tun, um die Ausrüstung zu vervollständigen: an den Umhang, auf die Tasche, an den Hut das Zeichen aller Zeichen zu heften, das den Rompilger von andern Pilgern

tung. Man muss zunächst seine eigene innere Mauer durchbrechen, wie es das Lied von den Pflichten eines Pilgers singt:

Avant que je m'en aille il faut penser à moi
Je romprai la muraille qui me retient en moi
C'est le temps de l'offense où je suis renfermé
Tant que par pénitence sois en bien confirmé.

Bevor ich aufbreche, muss ich über mich nachdenken.
Ich werde die Mauer durchbrechen, die mich in mir
selbst zurückhält.
Es ist die Zeit der Sünde, in der ich eingeschlossen bin.
Solange ich Buße tue, bin ich wohl bewahrt.

Und dann ist – wie bei einem Ritual – eine festgelegte Reihe ganz bestimmter Handlungen notwendig. Als erstes muss man sich die Papiere besorgen, die den *homo viator* als Pilger ausweisen. Das ist unterscheidet. Denn das Pilgergewand ist für alle gleich, wohin sie auch gehen mögen, aber an den Abzeichen kann man unterscheiden, wohin sie unterwegs sind. Im *Liber Sancti Jacobi* ist zu lesen: *„So wie jene, die aus Jerusalem zurückkommen, den Palmzweig tragen, so haben die aus Compostela die Muschel."* Und die Rompilger? Die haben das Symbol Roms, die Schlüssel Petri. Meist sind sie aus billigem Metall gegossen und werden an den Hut oder den Mantel genäht. Oft ist es auch ein Medaillon mit dem Schweißtuch der Veronika.

Hohe Herrschaften reisen natürlich anders. Ihre Pilgerfahrten brauchen erheblich längere Vorbereitung, und auch unterwegs muss immer wieder auf die speziellen Bedürfnisse eines exotischen Gefolges Rücksicht genommen werden. Den Gipfel aller Exklusivität auf der Via Francigena dürfte wohl Kaiser Friedrich II. erzielt haben: Er reist mit 25 Kamelen, 5 Leoparden und einem Elefanten. Manchmal wird es die einfachen Leute nicht nur gefreut haben, wenn die Herrschaften derart auf Reisen gehen. Denn es sind nicht nur die Kosten der Gastfreundschaft, auf die die durchreisenden Würdenträger Anspruch haben; in Frankreich erfindet man sogar eine eigene Pilgersteuer und zwar so, dass die Herrschaft von den Untertanen eine Spezialtaxe einfordern darf, wenn sie geruht, auf Pilgerfahrt zu gehen.

Doch zurück zu den Pilgern, die die große Masse ausmachen.

Wenn die Ausrüstung beisammen ist, sollen die Pilger ihr Testament machen, denn der Weg ist gefährlich und sie wissen nicht, ob sie zurückkom-

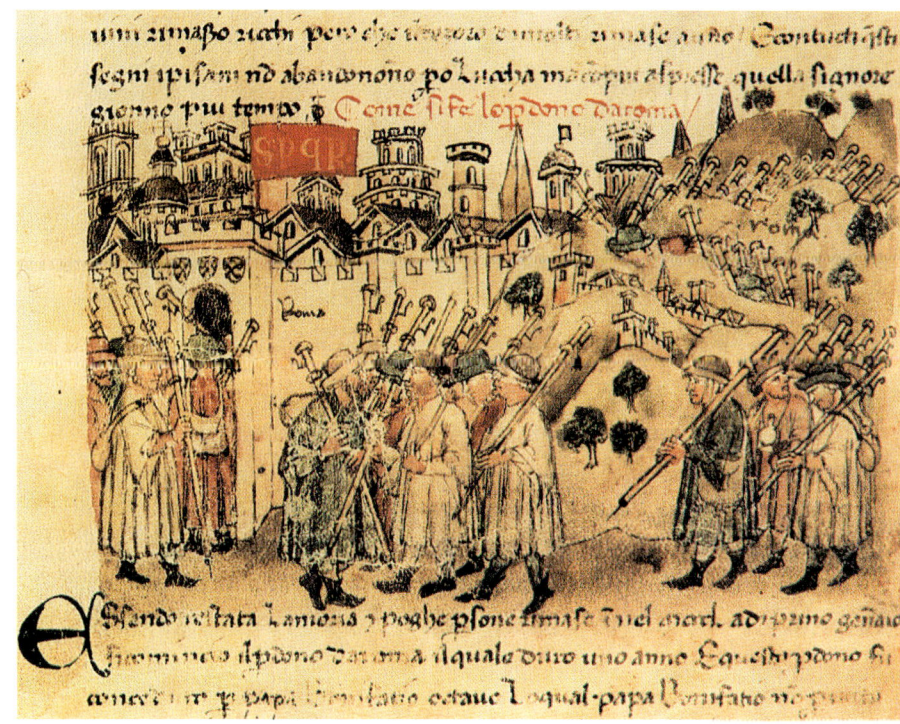

men. Im *Codex Calixtinus* von 1130 steht genau, wie Pilger vorzugehen haben:

„Rechtmäßig begibt sich zum Heiligtum des Apostels, wer vor Beginn seiner Reise denen, die ihm Unrecht zugefügt haben, vergibt, wer alle Vorwürfe, die andere oder sein Gewissen ihm machen, möglichst beilegt, wer von seinen Geistlichen, seinen Untergebenen, seiner Frau oder mit wem er sonst verbunden ist, eine rechtmäßige Erlaubnis einholt, wer, wenn möglich, zurückgibt, was er unrechtmäßig besaß,

Rom und das Heilige Jahr 1350; Miniatur aus Giovanni Sercambi (1347—1424), „Croniche".

Drei Pilgerabzeichen aus Blei: links: Der Hl. Petrus (Rom, um 1400); Mitte und rechts: Die Schlüssel Petri (Rom, 1. Hälfte 15. Jh.).

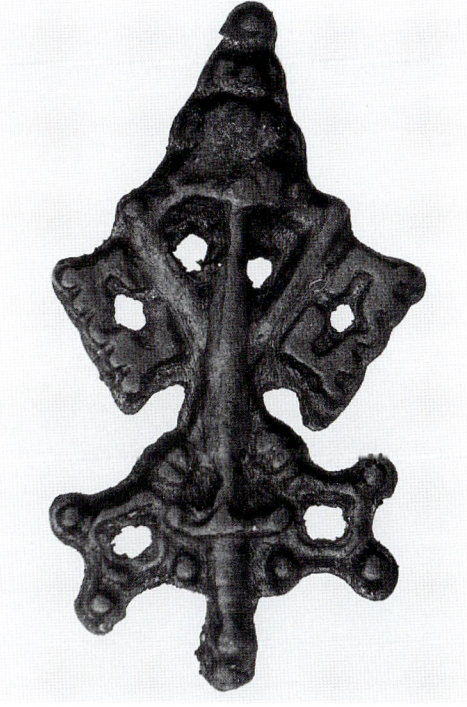

Links: Die Heiligen Petrus und Paul und die „Veronica"; Pilgerabzeichen aus Blei (Rom 1. Hälfte 15. Jh.).

Rechts: Darstellung der „Veronica" aus den „Mirabilia Urbis" (ca. 1475).

Unten links: Was man als Pilger tun und was man lassen soll; Miniatur aus Giovanni Sercambi (1374—1424), „Croniche".

Unten Rechts: Ein Pilger begegnet der Habgier, dem Verrat und der üblen Nachrede; Miniatur aus Guillaume de Deguile-ville, „Le pèlerinage de la vie humaine" (Mitte 14. Jh.).

wer Meinungsverschiedenheiten in seinem Herrschaftsbereich bereinigt, wer die Buße aller annimmt, wer sein Haus in Ordnung zurücklässt und über seine Güter nach Rat seiner Verwandten sowie der Priester als Almosen für seinen Todesfall verfügt. Wer darauf den Weg antritt, gebe, wie wir bereits sagten, bedürftigen Pilgern, was diese für Leib und Seele benötigen, oder er gebe es, soweit er kann, seinen Brüdern, er sage keine überflüssigen Worte, sondern rede über die Vorbilder der Heiligen, er meide Trunkenheit, Streit und Begierde, er höre, wenn nicht täglich, so doch wenigstens an Sonn- und Festtagen die Hl. Messe, er bete ohne Unterlass, ertrage geduldig alle Anfechtungen."

Manchmal ist die Rechtsordnung allerdings nicht besonders pilgerfreundlich. So wird in England und in einigen Gegenden von Frankreich ange-

nommen, dass ein Pilger, der länger als ein Jahr und einen Tag nach Antritt seiner Pilgerfahrt nicht nach Hause kommt, verstorben sei, und das Testament wird eröffnet und das Erbe verteilt. Viele begeben sich daher erst in hohem Alter auf Pilgerfahrt oder versehen das Testament mit einer Nutznießungs- oder gar einer Rückfallklausel, wie etwa Graf Alermic II. von Frézenac, der seine Güter den Kanonikern von Auch vermacht, sich aber vorbehält: *„Wenn ich lebendig zurückkehre, bekomme ich die Mühlen zurück bis zu meinem Tode."*

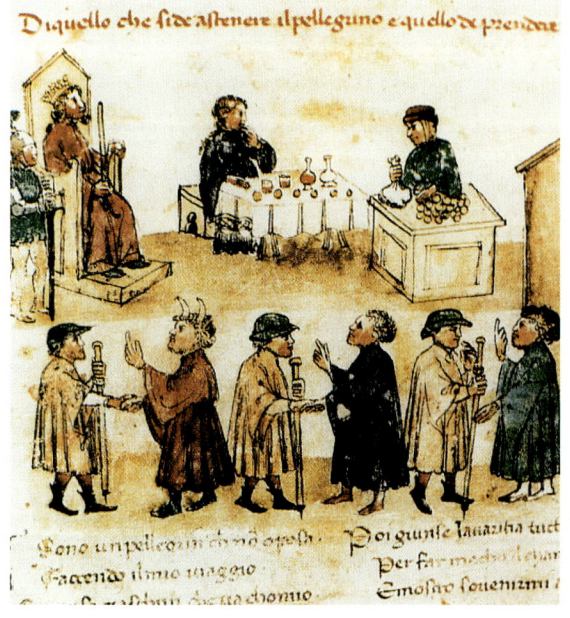

Ist das Testament also gemacht, das Empfehlungsschreiben vom Pfarrer oder Bischof eingeholt, das Geld da und das Gewand des großen Weges beschafft, so bleiben noch zwei Dinge zu tun: Beichten und die Seele durch ein beispielhaftes Almosen reinigen. Das Almosen stempelt die Pilger sinnbildlich zu einem jener Armen, denen das himmlische Jerusalem verheißen ist. Beichte und Almosen sind im Detail im *Codex Calixtinus* geregelt. Wer nicht sein ganzes Hab und Gut schon vor der Pilgerfahrt verschenkt, kann des Heiles auch dann teilhaftig werden, wenn er seine Reichtümer mit auf den Weg nimmt und sie unterwegs verteilt, bis er, geläutert und geübt in Demut, an seinem Ziel ankommt.

Die letzte Zeremonie ist die Segnung von Beutel und Stab. Die Pilger knien und beten: *„Demütig und ergeben bitten wir, diesen Beutel und diesen Stab zu segnen."* Der Pfarrer segnet den Pilger: *„Empfang diesen Beutel als Zeichen deiner Pilgerschaft, damit du durch deine Buße dein Heil verdienest und an das Ziel deines Pilgergelübdes gelangest. Empfange diesen Stab; er verleihe dir die Kraft, die Schlingen des bösen Feindes zu überwinden und das Ziel zu erreichen."*

Schon im 11. Jahrhundert nimmt die römische Liturgie die Gebete für abreisende und heimkehrende Pilger – *pro fratribus in viam dirigendis et pro redeuntibus de itinere* – in den Kanon der Amtskirche auf. Im Missale von Vich aus dem Jahr 1083 finden wir eine spezielle Pilgermesse zur Einsegnung

der aufbrechenden Pilger, die *missa pro fratribus in viam dirigendis*, bald auch in Laon und in Limerick in Irland. Große feierliche Pilgermessen werden regelmäßig an den Pilgersammelplätzen abgehalten: in Köln, in Tschenstochau, in Reims, in Utrecht oder in Einsiedeln.

Frauen auf dem Weg

Unter den Pilgern, die nach Rom ziehen, gibt es seit der Spätantike auch immer wieder Frauen. Diese sind unterwegs noch stärker als Männer gefährdet. Es ist bezeichnend, dass sogar eine Äbtissin den Hl. Bonifatius in Sachen Romwallfahrt um Rat angeht. Wie so viele ihrer Angehörigen und Verwandten, schreibt Äbtissin Eangyth um 720 dem Reiseexperten, verspüre sie das Verlangen, *„die einstige Herrin der Welt, Rom, aufzusuchen und dort Verzeihung für unsere Sünden zu erlangen wie viele andere getan haben und noch tun und ich am meisten, die ich schon älter bin und weit mehr in meinem Leben gefehlt und gesündigt habe."* Und zwei Jahrzehnte später wendet sich ihre Tochter und Nachfolgerin mit der gleichen Frage an den Heiligen. Dieser wagt nicht, *„Dir von mir aus die Pilgerfahrt zu verbieten, aber auch nicht, sie Dir unbedenklich anzuraten."* Schließlich rät er abzuwarten, bis die Sarazenengefahr vorbei sei und die Alpen wieder sicher begangen werden können.

Oben: Segnung von Beutel und Stab des Pilgers; aus dem „Pontificale Romano" (Frankreich 15.Jh.).

Links: Der Hl. Eldradus erhält den Pilgerstab und den Pilgerbeutel; Fresco in der Abtei Novalesa, Kapelle des Hl. Eldradus (Ende 11. Jh.).

Hochzeitsszene; San Gimignano, Museo Civico.

Rechts: Pilgerszene; aus Guillaume de Deguileville, „Les pèlerinages de la vie humaine" (Mitte 14. Jh.).

Links: Betendes Paar; Fresco in der Chiesa Santa Maria del Parto, Sutri (1. Hälfte 14. Jh.).

747 wird der Hl. Bonifatius deutlicher. In einem Brief an Erzbischof Cudberth von Canterbury schreibt er, er wolle ihm seine Sorgen bezüglich weiblicher Pilger nicht verhehlen und ihm dringend nahe legen, durch Synoden und königliches Gebot verheirateten Frauen und Ordensfrauen das Reisen nach Rom zu untersagen, denn die Rompilgerinnen gingen zum größten Teil zugrunde und nur die wenigsten blieben rein: „ *Es gibt nämlich nur sehr wenige Städte in der Lombardei, in Franzien oder in Gallien, in der es nicht eine Ehebrecherin oder Hure gibt aus dem Stamm der Angeln. Das ist aber ein Ärgernis und eine Schande für Eure ganze Kirche.*"

Frauen sind in der Tat seltener auf dem Pilgerweg unterwegs als Männer. Sind es Herrscherinnen oder geistliche Damen, wie die Hl. Brigitta von Schweden oder Königin Ina von Wessex, so reisen sie im Gefolge und die Gefahr ist geringer. Doch es gibt auch das Phänomen der allein reisenden Pilgerin. Allerdings landen nicht alle in römischen Etablissements, die den männlichen Pilgern am Ziel des Wegs ein bisschen Liebe versprechen.

Wege und Brücken

Für die ersten Pilgergenerationen ist der Weg kein Problem. Man muss ihn gehen und die körperliche Strapaze auf sich nehmen, aber er ist da und einfach zu finden, denn das römische Straßennetz ist nicht zu übersehen.

Nach der Völkerwanderung ändert sich das Bild. Die barbarischen Völker, die sich im römischen

Reich breit gemacht haben, haben zwar die römischen Straßen als Einfallsrouten benutzt, doch selbst wollten sie eine weitere Invasion nicht erleben und so wurde vielerorts die bestehende Römerstraße demontiert und als Steinbruch verwendet. Die Straßenbauten der Merowingerkönigin Brunhilde sind in dieser Welt eine solche Ausnahme, dass sie bis heute als *Voie Brunehaut* nach ihr benannt sind.

Für die Pilger ergab sich daraus die Notwendigkeit, ein neues Wegesystem zu entwickeln, das nun nicht mehr den römischen Straßenbauidealen folgte, sondern der praktischen Notwendigkeit der einfachsten Verbindung von einem Ort zum andern.

Die Pilgerstraßen des Mittelalters werden selten oder schlecht instand gehalten. Sobald es regnet, verwandeln sie sich in eine Schlammgrube. Und wenn die schweren Rollwagen die zum Bau der Kirchen und Schlösser benötigten Steine über diese Straßen herankarren, durchbrechen sie den planlos hingeschütteten Straßenunterbau und graben tiefe, dauerhafte Furchen in die Wege.

In Frankreich wird erst 1715 die *Direction des ponts et chaussées* errichtet. Vorher ist der Straßenunterhalt den lokalen Fürsten oder den Gemeinden überlassen, die ihn je nach Mittel und Einsicht betreiben oder auch nicht.

Nicht immer ist es einfach, sich in fremden Landen zurechtzufinden. Die Karten, soweit sie überhaupt tauglich sind, verbleiben in den Skriptorien der Klöster. So tut der einfache Pilger gut daran,

Donnas, Via Consolare; die Straße wurde von Augustus im Jahre 12 v. Chr. erbaut und unter Kaiser Claudius verbreitert und für Wagen befahrbar gemacht.

sich einer Pilgergruppe anzuschließen, die unter Leitung eines schriftkundigen Pilgerführers steht, der sich eines der vielen Pilgeritinerare abgeschrieben hat. Ist niemand in der Pilgergruppe des Lesens kundig, kann man das Itinerar, nach dem man pilgern will, auch auswendig lernen. In der Praxis kommt man aber insofern nie sehr weit, als

Weltkarte, mit einer Miniatur der Heiligen Facundus und Primitivus (8. Jh.; Kopie für Ferdinand I. von Kastilien und Sancha von Aragon).

die meisten Itinerare höchstens die Orte der Tagesetappen angeben. Und während eines ganzen Marschtages gibt es in fremder Gegend immer unzählige Möglichkeiten, sich zu verirren. Wegweiser, wie sie heute von den Wanderwegvereinigungen an jeder Ecke aufgestellt werden, gibt es damals noch nicht. Dafür etwas anderes: Die *Montjoies* (=Freudenberge), Steinhaufen, die die Pilger für nachfolgende Pilgergruppen entlang dem Weg errichten und die anzeigen, dass man sich immer noch auf dem richtigen Weg befindet.

Diese *Montjoies* funktionieren aber nur, wenn man sie auch sehen kann. Bei Nebel, Schnee, Regen oder Dunkelheit irren die Pilger umher, ohne den nächsten Steinhaufen zu finden, und in den gefährlichen Bergen bezahlen sie die Unkenntnis des Weges oft mit dem Leben. So haben viele Hospize an exponierten Stellen die fromme Pflicht, bei Schnee, Nebel oder Dunkelheit unablässig die Pilgerglocke zu läuten, damit die armen

Verirrten den Weg zur rettenden Herberge finden. Die *Domus* von Altopascio, das Spital der Gräfin Mathilda von Canossa, erhält eine besonders große Glocke, die *Smarrita,* mit der die Mönche eine Stunde nach dem Eindunkeln unablässig läuten, damit die Pilger den Weg nicht verfehlen.

Eines der Hindernisse, die sich dem Pilger regelmäßig entgegenstellten, ist die Überquerung der Flüsse. Dort, wo Brücken stehen, hat man, auch wenn dies obrigkeitlich verboten ist, mit teuren Zöllen zu rechnen; fehlt eine Brücke, muss man sich eine Furt suchen oder sich dem guten Willen und Können der Fährleute anvertrauen, die manchmal auch auf nichts anderes aus sind als auf das Geld, das die Pilger bei sich tragen.

Dort, wo die Pilger Brücken finden, dürfen sie beileibe nicht immer damit rechnen, auch heil über den Fluss zu kommen. Muss eine zweifelhaft aussehende Brücke überquert werden, erzählen sich die Pilger gerne ein Wunder aus dem Leben der Hl. Bona von Pisa: Eines Tages macht ein starkes Hochwasser einen Flussübergang besonders gefährlich. Die Heilige führt eine Gruppe von tausend Pilgern, doch niemand wagt sich auf den gefährlichen Brückensteg. So tritt Bona als Erste auf die Brücke, erhebt ihre Arme flehend zum Himmel und alle Pilger gelangen heil ans andere Ufer. Die Pilger werden nach ihrer Heimkehr berichten, die Heiligen hätten den wackligen Steg gestützt, während Bona für ihrer Pilgergruppe betete.

Eine Brücke an einem gefährlichen Fluss zu errichten, ist ein frommes Werk, das immer eine besondere Erwähnung wert ist. So berichtet Irenco Affò in seiner *Storia di Parma*, dass im Jahre 1170 ein Eremit am Fluss Taro bei Fornovo gehaust habe, *„entflammt von Nächstenliebe und tief bewegt vom Schicksal der Unglücklichen, die auf ihrer Pilgerreise beim Überqueren unseres Flusses ihr Leben verloren hatten. So begann er überall Almosen zu sammeln für die Errichtung einer Brücke und tat dies mit solchem Eifer, dass er ein stabiles Bauwerk errichten konnte, ein frommes und nützliches Werk, das in anderen Zeiten die Aufgabe eines Königs gewesen wäre...“.*

Schützende Ritterorden

Das Schutzbedürfnis der Pilger, die den Gefahren des Wegs, dem Wetter, den Räubern oder feindlichen Volksstämmen ausgeliefert sind, führt im 12. Jahrhundert zu einer neuen Institution, die sich der frommen Reisenden annimmt: zu der der Ritterorden. Diese Orden, die im Umfeld der Kreuzzüge nach Jeruralem entstehen, sind direkt darauf orientiert, den Pilgern zu helfen und den Glauben zu verteidigen. Templer und Johanniter haben ihre Hospize in allen wichtigen Etappenorten der Via Francigena, besonders dort, wo der Weg schwierig ist. Bei Conflans im Val di Susa finden wir sowohl ein Johanniter- als auch ein Templerhospiz.

Der erste dieser Orden ist jener vom Hospital des Hl. Johannes in Jerusalem: der der *Milites hospitales Sancti Joannis Hierosolymitani*, die Johanniter, auch Hospitaliter und später Malteser genannt. 1070 ist von christlichen Kaufleuten in Jerusalem für die dort tätigen Christen ein Johanneshospital gegründet worden. Der französische Ritter Raymond du Puy lässt im Jahre 1113 eine erste Ordensregel aufzeichnen und diese von Papst Paschalis II. bestätigen. Aufgabe des Ordens ist es zunächst, die kranken Christen in Jerusalem zu pflegen und sie, auch wenn sie arm sind, wie Herren zu behandeln. Die Kreuzzüge nach Jerusalem verwandeln aber den Charakter des reinen Kran-

kenpflege-Ordens. Nun wird es auch nötig, die Transporte von verletzten und kranken Pilgern und von verletzten und kranken Kreuzfahrern militärisch zu sichern, und so organisiert der Orden einen richtigen militärischen Geleitschutz auf der Straße von Akko nach Jerusalem. Genaue Vorschriften regeln die Pflege der Kranken bis ins Einzelne und der Kontakt mit der arabischen und der klassischen Medizin bringt die Johanniter-Ärzte

Die Ponte della Maddalena (erbaut um 1300) über den Fluss Serchio.

Mittelalterliche Pilgerbrücke bei Equi Terme.

Pilger auf dem Weg; Fresco in der Chiesa Santa Maria del Parto, Sutri (1. Hälfte 14. Jh.).

auf einen medizinischen Stand, der jenem in Europa teilweise um Jahrhunderte voraus ist. Namentlich Hygiene und Sterilität sind die Markenzeichen der Johanniterspitäler.

Nach der Eroberung Jerusalems durch Sultan Saladin im Jahre 1187 verlegt der Orden seinen Sitz nach Akko, dann nach Zypern und schließlich ab 1310 nach Rhodos. Hier erleben die Ritter die enorme Vermehrung ihres Vermögens durch die Einverleibung der Besitztümer des Templerordens. Der Orden hält sich gut 200 Jahre in Rhodos; er wird 1522 von Sultan Suleiman dem Prächtigen von seiner Insel vertrieben. Nach langer Irrfahrt erhält er von Kaiser Karl V. gegen den Lehnszins von jährlich einem Jagdfalken die Insel Malta, auf der die Ritter nichts finden außer Steinen und Tempelruinen aus unbekannter Vorzeit. Und auch diese Insel aus lauter Steinen ist gefährdet, gefährdet durch den alten Feind Suleiman den Prächtigen, den es im hohen Alter reut, dass er die Johanniter von Rhodos einfach hatte ziehen lassen und nun Jahr für Jahr zusehen muss, wie seine Handelsschiffe von den seeräubernden Ordensrittern gekapert und seine Leute auf den christlichen Schiffen als Galeerensklaven gehalten werden. Der Großmeister Jean de la Vallette ist es, der im Jahre 1565 die Insel mit wenigen Rittern gegen eine riesige türkische Übermacht verteidigen und die christliche Seefahrt im Mittelmeer sichern kann.

Erst 1798 vertreibt Napoleon die Malteserritter auf seinem Ägyptenfeldzug von Malta. Nach einem Zwischenspiel mit dem russischen Zaren als Großmeister der Malteser gelangt der Orden wieder in geistliche Hände. Heute ist er ein völkerrechtliches Kuriosum: souveräner Staat, akkreditiert bei der UNO und durch Diplomaten bei allen wichtigen Staaten der Erde vertreten, allerdings ein Staat ohne eigenes Staatsgebiet, regiert aus dem Palazzo di Malta in Rom. Er wird, wie es die Tradition eines adeligen Ordens verlangt, geleitet von einem Großmeister, der sich mit seinem Stammbaum als direkter Nachkomme der Maria Stuart ausweisen kann, und ist, ganz in der Tradition der ersten Ordensregel, hauptsächlich in der Krankenpflege tätig. Im Jubeljahr 2000 hat der Malteserorden die aufwendige medizinische Betreuung der 25 Millionen Rompilger übernommen und seine helfende Arbeit zur Zufriedenheit aller verrichtet.

Die Johanniterhospize des Mittelalters finden wir in Chimonte, Conflans, in der Toscana bei Massa Carrara (die *Casa a San Leonardo al Frigido*), in Poggibonsi (das Hospiz *Santa Croce a Torri*), in San Gimignano (*San Giovanni*), in Siena (das *Hospitale Sancti Leonardi de Senis*) und dann eine einträgliche Niederlassung in Rom.

Den Hospitalitern folgen die Templer als zweiter Ritterorden der Kreuzzugszeit. Die *fratres militiae templi* werden 1119 während des ersten Kreuzzugs von den französischen Rittern Hugues de Payen und Godefroy de St. Omer gegründet. Der Orden macht sich den Schutz der zu den heiligen Stätten wallfahrenden Pilger zum Ziel. Seinen Namen gibt er sich nach dem Sitz des Großmeisters auf dem Platz des ehemaligen Tempels des Königs Salomo. Papst Honorius II. bestätigt 1128 den Orden und verleiht im die ersten Statuten. Darin wird der Zweck des Ordens insofern erweitert, als die Mitglieder nach Ablegung des Gelübdes der Keuschheit, des Gehorsams und der Armut ihr Leben dem Kampfe gegen die Ungläubigen zur Bewahrung des Hl. Grabes widmen sollen. An der Spitze des Ordens steht der Großmeister, ihm zur Seite das Generalkapitel, das die höchste Gewalt des Ordens ausübt. Ordenskleid der Ritter ist ein weißer Mantel mit achtspitzigem rotem (Templer)-Kreuz auf der rechten Brustseite; die geistlichen Ritter tragen weiße, die dienenden Brüder schwarze oder graue Kleidung. Papst Alexander III. bestätigt und erweitert 1172 die Privilegien des Ordens, der von allen Zehnten, Abgaben und Zöllen befreit ist. So gelangen die Templer, stets reich versorgt durch die Spenden reuiger Sünder und dankbarer Pilger, zu einem unermesslichen Reichtum.

Dieser Reichtum weckt Neid, und mit dem definitiven Verlust von Jerusalem im Jahre 1291 an die Mohammedaner stellt sich die Frage, ob ein solcher Orden überhaupt noch eine Berechtigung habe. Schließlich ist es der französische König Philipp IV., der Schöne, der dem Orden den Todesstoß versetzt. Er zwingt den von ihm in Avignon gefangen gehaltenen Papst Clemens V. im Jahr 1306, den Prozess gegen die Templer zu eröffnen. Sie werden der Korruption beschuldigt, widernatürlicher fleischlicher Ausschweifungen und des Götzendienstes an einem Wesen namens Baphomet. Und da sie auf der Folter ihre Delikte gestehen, ist auch der Beweis rechtsgültig erbracht. 1312 hebt Papst Clemens V. den Orden auf, 1314 wird der letzte Großmeister Jeacques de Molnay in Paris öffentlich als Ketzer verbrannt und nun geht es ans Verteilen der unerhörten Reichtümer. Die französische Krone erhält alle Besitzungen der Templer auf französischem Gebiet – als Vergütung für die Auslagen für die Templerprozesse –, während die übrigen Besitztümer des Ordens den Johannitern übergeben werden, mit Ausnahme jener in Portugal. Denn der portugiesische König hatte sich an der Templerjagd nicht beteiligt und löst das Problem 1318 auf seine Weise, indem er die in Portugal verbliebenen Reste des Templerordens in Christusorden umbenennt.

Templer finden wir zur Zeit ihrer Hochblüte im Val die Susa (*Santa Maria del Tempio*), in Ivrea (*San Nazario*), in Pavia (*San Donnino de Templo*) und gleich nochmals in dem Hospiz *Sant Eustachio* in Verzaro. In Testona besitzen sie die Brückenrechte über die wichtige Brücke, die über den Po führt. Sodann haben sie Häuser in Piacenza (*Sancta Maria de Templo*), in Borgo San Donino, wo zwei Hospize *sub Templo de Ultra mare* verwaltet werden. In der Toscana sitzen die Templer in Lucca (*Domus Mansionis Templi*), in San Gimignano (*San Jacopo al Tempio*), in Poggibonsi (*San Giovanni al Ponte*), in

Siena (*Hospitale Mansionis Templi Senensis*). In Latium verwalten sie schließlich Häuser in Viterbo (*Santa Maria di Carbonara*), in Sutri (*Madonna del Tempio*) und natürlich in Rom, wo sie verschiedene Institutionen leiten. Mit der Auflösung des Ordens gehen diese Einrichtungen nicht einfach unter. Sie werden von den Johannitern übernommen und zum Wohle der Pilger weiter betrieben.

In Altopascio in der Toscana, dort, wo schon Gräfin Mathilda von Canossa ihr bekanntes Spital errichtet hatte, entsteht aus dieser Institution der Orden der Ritter des Hl. Jakobus, die „Brüder des Tau", benannt nach ihrem Zeichen, dem Abtstab in Form des griechischen Buchstabens Tau. Dieser Orden unterhält Häuser entlang der ganzen Via Francigena, aber auch bis weit nach Spanien hinein auf dem *camino real*.

Die Wege in den Alpen

Die Wege durch die Alpen waren der Stolz des römischen Straßennetzes. Während der Völkerwanderungszeit war jedoch mancher Landbewohner froh, dass die antiken Aufmarschstraßen verfallen waren und die Alpen wieder wirkliche Hindernisse darstellten. Erst im Spätmittelalter müht man sich wieder um den Ausbau der Alpenstraßen. Es locken die von Händlern zu erwartenden hohen Abgaben. Zu den neuen Bauten gehören etwa der Stiebende Steg in der Schöllenenschlucht, der den

Pilgerweg bei Liddes.

Alter Römerweg bei der
Combe des Morts wenige
Wegstunden vor dem
Hospiz.

Gotthard um 1200 für den Warenverkehr öffnet,
oder die Anlage eines Karrenwegs am Septimer im
Jahre 1347.

Die Täler, die zu diesen Alpenübergängen führen, kanalisieren den Verkehr. Hier lassen sich Rei-

Die Überquerung der Alpen
beim Italienzug Heinrichs VII.
(Miniatur Anfang 14. Jh.).

sende leicht überwachen und man kann, wenn die
militärischen Mittel zur Verfügung stehen, auch
ganzen Heeren den Weg verbauen. So versuchen
die Langorbarden ab dem 8. Jahrhundert den Verkehr zwischen den Franken und den Päpsten über
die Alpenpässe zu unterbinden. Oft reichen schon
einzelne Lehnsmänner, wie etwa der Graf Malaspina in Pontremoli am Cisa-Pass oder die Grafen
von Quart am Jupiterberg, die eine strategisch
wichtige Talsperre kontrollieren, und ein Kaiser
wie Heinrich IV., der in Begleitung seines Erzkanz-
lers, des Bischofs Burkhard von Hasenberg nach
Canossa unterwegs ist, kann die Via Francigena
nicht benutzen.

In dieser Situation wählt der Kaiser, der nur die
Wahl hat, sich entweder bis zum 15. Februar 1077
vom päpstlichen Bann lösen zu lassen oder aber
seiner Krone verlustig zu gehen, die Alternative
über den Mont-Cenis. Lampert von Hersfeld, ein
Biograf, der dem Kaiser nicht sehr gewogen ist, hat
die winterliche Alpenüberquerung eindrucksvoll
beschrieben: *„Der Winter war äußerst streng, und
die sich ungeheuer weit hinziehenden und mit
ihren Gipfeln fast bis in die Wolken ragenden Berge,
über die der Weg führte, starrten so von ungeheuren
Schneemassen und Eis, dass beim Abstieg auf den
glatten, steilen Hängen weder Reiter noch Fußgänger ohne Gefahr einen Schritt tun konnte.“* Heinrich
mietet Ortskundige, die seinem Gefolge über Felsen und Schneefelder vorausgehen. *„Als sie unter
deren Führung mit größter Schwierigkeit bis auf die*

Scheitelhöhe des Berges vorgedrungen waren, gab es keine Möglichkeit weiterzukommen, denn der schroffe Abhang des Berges war, wie gesagt, durch die eisige Kälte so glatt geworden, dass ein Abstieg hier völlig unmöglich schien. Da versuchten die Männer, alle Gefahren durch ihre Körperkraft zu überwinden; sie krochen bald auf Händen und Füßen vorwärts, bald stützen sie sich auf die Schultern ihrer Führer, manchmal auch, wenn ihr Fuß auf dem glatten Boden ausglitt, fielen sie hin und rutschten ein ganzes Stück hinunter, schließlich aber langten sie doch unter großer Lebensgefahr in der Ebene an." Dies ist das Schicksal der Männer. Im Gefolge reisen aber auch Frauen, allen voran die Kaiserin. Sie wird in Rinderhäute eingenäht und von den Führern hinabgezogen. Vor Angst soll sie so laut geschrieen haben, dass es kein Führer länger als eine halbe Stunde in ihrer Nähe ausgehalten hat. Schlimmer noch geht es den Pferden. Einige versucht man, an Seilwinden hinunterzulassen, andere werden mit zusammengebundenen Beinen hinabgeschlcift; dabci gehen viele ein oder werden verstümmelt, *„nur ganz wenige konnten heil und unverletzt der Gefahr entrinnen."*

Wo immer es geht, nimmt man ortskundige Führer in den Alpen, denn die Gefahr ist groß, sich zu verlaufen, auf unbekannter Straße in einen Wetterumschwung zu kommen und elendiglich zu Grunde zu gehen. Doch auch das Mieten von Füh-

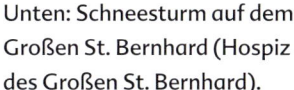

Musikanten des kaiserlichen Heeres; Detail aus dem Fresco „La Fontana della Giovinezza — Der Jungbrunnen" (ca. 1420); Manta, Castello.

Unten: Schneesturm auf dem Großen St. Bernhard (Hospiz des Großen St. Bernhard).

rern ist nicht immer ungefährlich. Da wird gerüchteweise berichtet, die Bergführer würden sich mit Sarazenen und Räuberbanden zusammenschließen und reiche Pilger in eine Falle locken, wo man sie bequem ausrauben kann. Wer diese Gefahr fürchtet, meidet die Alpen, nimmt den Weg die Rhone hinunter und über das Meer. Doch auch dort lauert für die Romfahrer eine spezielle Gefahr, und zwar auch noch nach der Schlacht von Lepanto: die Gefahr, von einer türkischen Galeere aufgebracht zu werden und dann – als Mann – in Ketten als Galeerensklave zu dienen oder – als Frau –

Links: Miniatur des Hl. Bernhard de Menton.

39

Aufstieg auf den Großen St. Bernhard bei Liddes.

die die Hauptlast tragen, wird die Verköstigung der Pilger bald reglementiert.

Wie viel Wein abgegeben wird, muss immer wieder festgelegt werden, denn er soll kräftigen und nicht betrunken machen. Im Konzil von Aix wird bestimmt, wie viel die Geistlichen trinken dürfen und was sie ihren Gästen abzugeben haben: *„Jeden Tag fünf Pfund Wein, wenn die Gegend genügend Wein produziert; wenn wenig produziert wird, erhalten sie drei Pfund Wein und drei Pfund Bier, und wenn in der Gegend gar keinen Wein angebaut wird, soll man ihnen täglich ein Pfund gekauften Wein geben und dazu fünf Pfund Bier.“* Man bemerke dazu, dass die Rationen für einen Menschen gemeint sind.

Fehlt es an Wein, so soll also Bier ausgeschenkt werden. Dies kommt Pilgern aus vielen Ländern entgegen, denn nicht alle mögen Wein. Dagegen haben die Franken sich nach der Völkerwanderung umgestellt, das Germanenbier aufgegeben und Geschmack am gallo-römischen Wein gefunden. Zu dieser kulinarischen Konversion der Franken wird den Pilgern in den Schenken an der Via Francigena folgende fromme Geschichte erzählt. Der Hl. Remigius, Bischof von Reims, der auf Betreiben der Königin Chrodechildis den Frankenkönig Chlodwig getauft hatte, gab diesem vor der Schlacht gegen die ketzerischen Arianer unter Alarich eine Flasche Rotwein, damit er sich stärke und Kampfesmut antrinke. Der König trank aus dieser Flasche, nach ihm die ganze königliche Familie und das ganze königliche Gefolge, und nie ging der Wein in dieser Flasche aus. Kaum nötig zu sagen, wer in der Schlacht siegte.

Andere Stämme sind beim Biertrinken geblieben. In den irischen Klöstern Bobbio bei Piacenza und Sankt Gallen wird allen Bier gegeben, die an die Türe klopfen, zur besonderen Freude der irischen, schottischen und englischen Pilger, die sich in ihren Itineraren diese guten Adressen weiterreichen.

Je südlicher die Pilger kommen, desto rarer wird aber das Bier. Hingegen nehmen die frommen Stiftungen zu, die den durstigen Pilgern ihr Getränk garantieren. Einige dieser Stiftungen sind nur für bestimmte Pilgergruppen reserviert, so die Stiftung des Königs Eric Svendson von Dänemark, der, wie uns Abt Nikulas von Munkathvera berichtet, in Lucca eine Trinkstube stiftet, in der Pilger skandinavischer Sprache so lange gratis Wein trinken können, bis sie genug haben.

Nun zum Brot. Das Brot für die Herren und Prälaten ist ein gut gebackenes, weiches Weißbrot, jenes für die armen Pilger ein dunkles, das vielleicht nur noch in der Asche des Ofens mit Wärme in Be-

je nach Schönheit in ein Harem zu gelangen oder als Sklavin dienen zu müssen. Manche Lieder aus der Gegend von Luni künden davon, dass sogar Menschen, die entlang dem Meeresufer marschierten, dieses Schicksal erleiden mussten.

Pilgermahlzeiten

Die Basis des Pilgermenus sind die eucharistischen Speisen Brot und Wein. Und es ist die christliche Gastfreundschaft, die normalerweise den Pilger nährt: Klöster, fromme Stiftungen, aber auch immer wieder einfache Menschen nehmen die Umherziehenden bei sich auf. Oft sind dies ehemalige Pilger, die selbst erfahren haben, dass eine warme Suppe oft das größte Wunder an einem Pilgertag sei kann. In den kirchlichen Institutionen,

Links: Die Beköstigung der Pilger; Miniatur aus dem „Liber regulae hospitalis S. Spiritus" (Rom 1. Hälfte 15. Jh.).

und teilt mit ihm bei der nächsten Rast die Suppe, die dieser aus den Zutaten in der Pilgertasche behutsam köchelt. Odon, der die raffiniertesten Küchen Europas kennen gelernt hatte, ist begeistert und spricht zum Pilger: *„Mein Freund, in meinem ganzen Leben habe ich nie so etwas Schmackhaftes gegessen. Deshalb segne ich Deine Speise und werde meinen Mönchen auftragen, sie den hungrigen Pilgern zu servieren, die an unsere Klostertüren klopfen."*

Diese Suppe wird nun je nach Saison und Region abgewandelt. Einmal kommen Bohnen dazu, ein andermal Krautstiele, vielleicht fehlt der Kohl, ein andermal reduziert sich das Rezept auf einige Hülsenfrüchte, die zusammen mit Knoblauch und Olivenöl gekocht werden, wie die *Mesciua*, die *Mescolata*, die den Pilgern in Ligurien vorgesetzt wird.

Eine Legende berichtet von der Entstehung der berühmten *Zuppa pavese*, die ursprünglich aus einer armseligen Pilgersuppe hervorgegangen sein soll. Im Jahre 1191 kehrt der französische König Philipp II. August auf der Via Francigena von seinem Kreuzzug nach Frankreich zurück. In Pavia macht der Herrscher Halt und verlangt nach Speise. Der Wirt setzt ihm vor, was er andern Pilgern auch serviert: eine dünne Fleischbrühe, die er über ein Stück altbackenes Pilgerbrot gießt. Dieses armselige Essen soll den hochmütigen König so erzürnt haben, dass er in die Küche stürmt, sich zwei Eier holt und diese in die Suppe schlägt. Und flugs ist die Spezialität von Pavia geboren.

Kulinarische Toleranz verlangt die Froschsuppe, welche die armen Pilger in Vercelli erhalten. Aus den Fröschen wird eine Art Bouillon bereitet, die ähnlich sättigend ist, wie die alltägliche Pilgersuppe, aber einen besonderen Geschmack hat. Die Spezialität soll beliebt gewesen sein. Des Öfteren

rührung kam. Das dunkle Brot hat aber große Vorteile: es ist nahrhafter, hält sich länger und wird vielerorts in der Pilgersuppe eingeweicht und so bis zum letzten Krümel verzehrt, während das herrschaftliche Weißbrot schon lange vorher verdorben ist. Ist der Weizen knapp, wird es schwierig, den Geboten der Gastfreundschaft nachzukommen. Manche Berichte sprechen davon, dass das Brot mit Roggen und Spelzen gestreckt wird; wo das fehlt, sogar mit weißem Sand. Gibt es Kastanienbäume, kann in Notzeiten das Brot auch aus Kastanienmehl gebacken werden, wie überhaupt sich die Kastanie zu vielfältigster Zubereitung eignet.

Die sättigende Grundlage des Pilgermenüs ist die Pilgersuppe. Und wie man sie zubereitet, davon berichtet die Legende vom Hl. Odon, dem großen Abt von Cluny. Odon war oft auf der Via Francigena nach Rom gereist, hatte mit Päpsten konferiert, Klöster reformiert und Gutes getan. Ein letztes Mal reist der greise Abt im Jahre 942 auf Einladung von Papst Johannes XI. nach Rom. Als er mit seinen Begleitern nach Cluny zurückkehrt, begegnet er einem armen Pilger, der eine schwere Pilgertasche trägt, voll von einfacher Speise wie Lauch, Knoblauch, Zwiebeln, hartem Brot, etwas Schinken und nicht mehr ganz frischem Käse. Giovanni, der Sekretär des Abtes und wie er aus nobler Familie, erträgt nicht einmal den Geruch, den diese Pilgertasche verströmt. Doch der heilige Abt lässt den armen Pilger auf seinem Pferd aufsitzen

Die Mäßigkeit; Fresco in der Kirche San Vincenzo in Gaglione (Ende 15. Jh.).

Pilgerwunder; Fresco von Pierantonio Mezzastris (ca. 1477) im Oratorio dei Pellegrini, Assisi.

Die Heiligen Franziskus und Maria Magdalena (Ambrogio Lorenzetti, 1. Hälfte 14. Jh., Siena).

wird von Pilgern berichtet, die sich ihre Pilgertasche vor Vercelli mit Fröschen füllen, damit in den Herbergsküchen immer für Nachschub gesorgt ist.

Überhaupt sind es oft die Pilger selbst, die sich die Nahrung beschaffen. Sie fangen Hasen, Kaninchen, aller Art Vögel oder Fische, Forellen oder Aale, die sie in die Herbergen bringen oder selbst am Wege zubereiten.

Pilgerheilige

Der bekannteste Pilgerheilige auf der Via Francigena ist der Hl. Rochus. Ende des 13. Jahrhunderts in einer noblen Familie in Montpellier geboren, begibt sich Rochus – wie die Legende erzählt – eines Tages auf der Via Francigena nach Rom. Als er in Aquapendente bei Viterbo vorbeikommt, grassiert die Pest. Es gelingt dem Pilger, einige der Kranken zu heilen, indem er das Kreuzzeichen über ihrer Stirn macht. Als er erfährt, dass die Pest auch in der Romagna wütet, verschiebt er die Weiterreise nach Rom und begibt sich über den Appennin nach Cesena und Rimini, wo er ausharrt, bis die Epidemie abgeklungen ist. Endlich erreicht er die Heilige Stadt und betet für die guten Werke der Hospitäler. Auf seiner Heimreise nach

Frankreich wird er 1320 in Piacenza selbst von der Pest befallen und während seiner Krankheit in einer Waldhütte vor der Stadt vom Hund eines Bürgers mit Brot versorgt. Ein Engel heilt ihn schließlich a...

Au...
ter P...
ein u...
tiag...
spr...
hei...
ter...
di...
w...
F...
r...

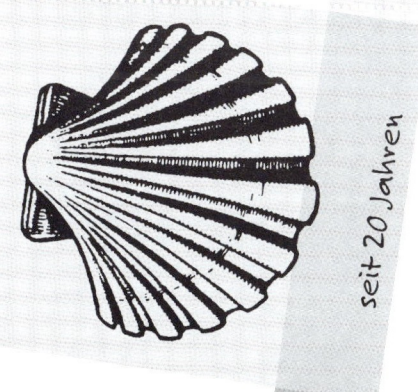

Hl. Maria ...
Martha, Marcelle und Cendo...
gende nach von den Ungläubigen auf ein Sch...
gesetzt, das die Heiligen wunderbarerweise nach Marseille bringt. Dort kündet sie nicht nur den neuen Glauben, sondern sie zähmt vor allem

KULTURHISTORISCHE STUDIENREISEN

Manfred Hartmann

70597 Stuttgart
Löwenstrasse 61

Planung • Organisation • Durchführung

Telefon 0711 – 760066
Telefax 0711 – 762050
e-mail: hartmann-kulturreisen@t-online.de

seit 20 Jahren

VIA FRANCIGENA – DIE FRANKENSTRASSE

Der mittelalterliche Pilger- und Krönungsweg nach Rom mit mehrtägigem Besichtigungsprogramm in Rom

11. X. - 26. X. 2003 (16 Tage - Bus)

Der Zusammenbruch des Weströmischen Reiches hatte schwerwiegende Folgen für das bestens ausgebaute antike Verkehrsstraßennetz. Ehedem wichtige Fern-

Marienstatue in Mouthier-Hautepierre.

Madonnenbildnis in Schloss Fenis (Aostatal).

Fresco der Madonna, in der Kirche von Isola Farnese.

43

Anbetung des Kindes;
Fresco an einer Hausfassade
in Viterbo.

Werke der Barmherzigkeit;
Fresco aus der Schule des
Ghirlandaio in der Chiesa di
San Martino dei Buonomini,
Florenz.

den bösartigen Drachen Tarasc bei Tarascon und macht so die Rhone endlich schiffbar. Nach ihrem Tod werden ihre Reliquien nach Vézelay überführt. Einige Reliquien sind vom Herzog Gerhard von Burgund aber schon vorher auf die Isola Martana auf dem Bolsenasee verbracht worden, wo sie seit 534 in der Kirche San Valentino verehrt werden.

Wer statt der Via Francigena lieber die Via Aurelia nimmt, kann einer ganz besonderen Pilgerheiligen die Reverenz erweisen, der Hl. Bona von Pisa. Bona, geboren in der Mitte des 12. Jahrhunderts, ist Tochter einer regimentsfähigen Pisaner Familie. Ihr Bruder ist Patriarch von Jerusalem, also einer der höchsten Führer der Christenheit. Als junge Frau unternimmt sie selbst eine Pilgerfahrt nach Jerusalem und besucht ihren Bruder. Auf der

Heimreise jedoch gelangt sie in die Gefangenschaft der Sarazenen und wird 3 Jahre lang unter widrigsten Bedingungen gefangen gehalten. Den Kaufleuten von Pisa gelingt es schließlich, die junge Frau freizukaufen. Bona stellt von diesem Moment an ihr ganzes Wirken in die Betreuung von Pilgern. Mehrfach führt sie große Pilgergruppen von Pisa nach Rom und ganze zehn Mal leitet sie Pilgerzüge nach Santiago de Compostela. Auf dem letzten, den sie als alte Frau kurz vor ihrem Tod im Jahre 1207 anführt, hat sie für nicht weniger als 13'000 Leute zu sorgen.

Alle diese Pilgerheiligen können angerufen werden, wenn auf dem Weg Gefahr droht. Und wenn sie wieder ein Wunder wirken, wird es der Pilger in der nächsten Herberge erzählen und so zur Geschichte der Pilgerfahrt beitragen.

Unterkunft auf dem Weg – Herbergen, Hospize, Hospitäler

Die Privatunterkunft

In den ersten christlichen Jahrhunderten werden die Gemeinden aufgerufen, vor allem Glaubensgenossen zu beherbergen. Die Gläubigen sollen Boten, die Briefe und heilige Bücher von Gemeinde zu Gemeinde tragen, Pilger, die die heiligen Stätten aufsuchen, Abgesandte, die zu Synoden eingeladen sind, bei sich aufnehmen – selbstverständlich unentgeltlich. Da dieses Recht bald missbraucht wird, schränkt man es ein: Der Fremde soll sich mit einem Empfehlungsschreiben ausweisen und – will er länger als drei Nächte bleiben – arbeiten. Das Empfehlungsschreiben sagt oft genau, auf welche Art von Gastfreundschaft der Reisende Anspruch hat. So erhält etwa der Hl. Bonifatius 723 vom Papst ein Empfehlungsschreiben, in dem die Angesprochenen angewiesen werden, sie sollten den Germanenmissionar mit allem Nötigen versehen, *„ihm Begleiter für seine Reise mitgeben, ihn mit Speise und Trank und was ihm sonst fehlen könnte, versorgen."* Wer den Heiligen auf seiner Reise behindert, wird vom Papst mit ewiger Verdammnis bedroht. Wenn man die vielen Empfehlungsschreiben anschaut, die Bonifatius in den 40 Jahren seiner Wanderschaft erhalten hat, so schließen sie alles ein, was man in der Fremde brauchen kann: Nahrung, Futter für die Pferde, Kleidung, Wohnung, Heizung, Heilmittel, Geleit von Rast zu Rast, Geleit bei besonderen Gefahren (Räuber, Sümpfe, Wälder, Schneefall, Gebirge, Nebel), Befreiung von Zöllen und Abgaben, Anweisung an Fährleute etc. Solche Gastfreundschaft ist bares Geld wert. Sie

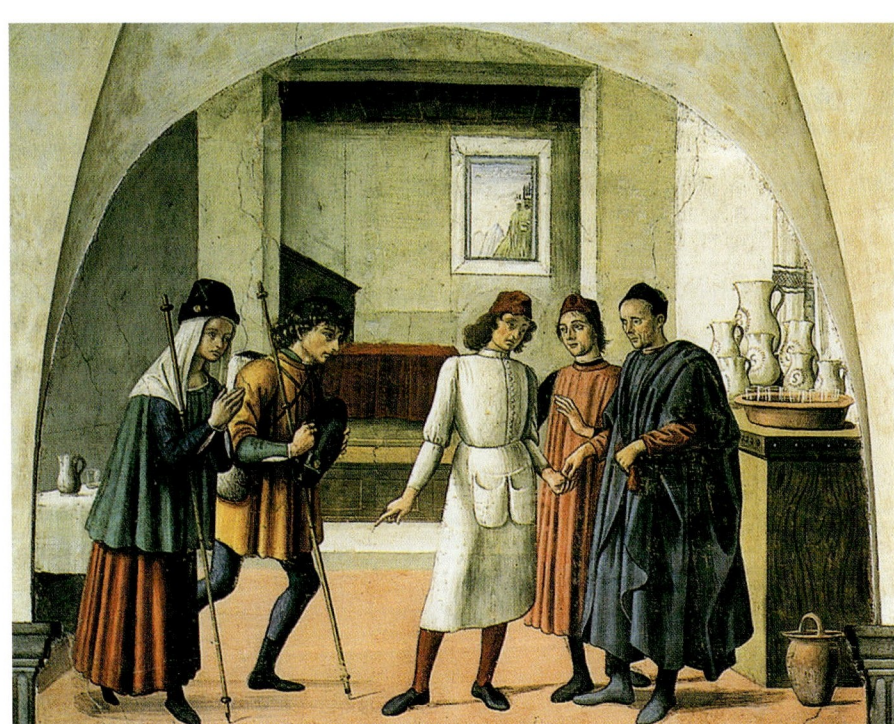

entbindet den Inhaber des Empfehlungsschreibens davon, Geld mitzunehmen, und so bietet er auch wenig Angriffsfläche für Wegelagerer und Räuber, die mit Geschriebenem herzlich wenig anzufangen wissen.

In der Zeit der Karolingerkaiser, von Pippin über Karl den Großen bis zu Karlmann, ist die Pflicht, Gastfreundschaft zu gewähren, auch staatliches Gebot. Alle Reisenden genießen den speziellen Schutz des Kaisers. Alle Untertanen sind verpflichtet, aus Liebe zu Gott und um des Schutzes der Seele willen ein Bett, Feuer und Holz zum Heizen, Wasser, Futter und Stroh für die Pferde einem jeden Reisenden zu gewähren, sei er nun arm oder reich, ein Kirchenherr oder ein Laie, ein Bischof oder ein Abt, sei er unterwegs an den Königshof oder auf ein Schlachtfeld, sei er mit Kaufmannsware unterwegs oder als Pilger zu den heiligen Stätten.

In südlichen Regionen, also in Südfrankreich und Italien, müssen ein Dach und ein Bett dem Reisenden aber nur bei schlechtem Wetter und im Winter angeboten werden.

Die Unterkunft in Klöstern und kirchlichen Institutionen

Die großen heiligen Werke am Wege sind die Hospize, die zum Schutz der Pilgerscharen an gefährlichen Stellen des Weges errichtet werden, an Flüssen oder auf den todbringenden Bergen.

Grundlage der klösterlichen Gastfreundschaft ist die Regel des Hl. Benedikt von Nursia, die 530 für das Kloster Monte Cassino erlassen wurde. Sie ist bis in den heutigen Tag Vorbild für die Gastlichkeit der Klöster und hat im Mittelalter eine ganze Herbergsindustrie angeregt:

„Alle Gäste, die kommen, sollen wie Christus aufgenommen werden; denn er wird einst sagen: ‚Ich war fremd, und ihr habt mich aufgenommen‘. Und allen erweise man die ihnen gebührende Ehre, besonders den Glaubensgenossen und den Pilgern." Ist ein Gast gemeldet, so sollen ihm der Obere und die Brüder *„in vollkommener Erfüllung christlicher Liebespflicht"* entgegengehen: nach dem gemeinsamen Gebet sollen sie einander den Friedenskuss geben. *„Bei der Begrüßung selbst zeige man vor allen Gäste große Demut: Wenn sie kommen, wenn sie gehen, neige man vor ihnen das Haupt oder werfe sich ganz zur Erde nieder und verehre so in ihnen Christus, den man in ihnen ja auch aufnimmt ... Ganz besonders gewissenhafte Sorge zeige man jedoch bei der Aufnahme von Armen und Pilgern, weil in ihnen Christus im wahrsten Sinne aufgenom-*

men wird: denn das gebieterische Auftreten der Reichen erzwingt sich die Ehrerbietung ja von selbst."

Die Klöster und Hospize sind immer Stätten, an denen sowohl für das seelische als auch für das leibliche Wohl der Pilger gesorgt wird. Oft bestimmt die Regel, dass die „Herren Armen", die auf dem Pilgerweg unterwegs sind, im Hospiz Anspruch darauf haben, mit einer Fußwaschung empfangen zu werden. Geregelt ist dann auch, wie lange ein gesunder Pilger in einem Hospiz bleiben darf und auf welche Gratismahlzeiten er Anspruch hat. Das Pflichtenbuch des Rektors des Hospizes von Fontintes-Hospitalet am Jupiterberg nennt folgende Obliegenheiten:

A) *Den armen Pilgern, die über den Berg gehen, soll er eine Flasche Wein und genügend Brot geben;*
B) *Den Säumern soll er acht Viertel Wein und acht Brötchen geben;*
C) *Beim Dunkelwerden soll er die Pilger auf dem Wege aufnehmen und jedem eine Schüssel Suppe, ein Pfund Brot, ein halbes Pfund Käse und ein Glas Wein geben.*

Wo es geht, werden die Reisenden je nach Stand unterschiedlich versorgt. So ist das Kloster St. Gallen im 13. Jahrhundert stolz darauf, drei verschiedene Küchen, drei Bäckereien und drei Brauereien vorzuweisen, je eine für den Abt und seine Gäste, für die Mönche und für Gesinde und Pilger. Unter-

Hans Burgkmair, Pilgerszene bei Santa Croce in Jerusalem (1504).

Die Christenpflicht, Dürstende zu tränken und Pilgern Obdach zu gewähren (Anonymer florentinischer Meister, 14. Jh.).

kunft, Verpflegung und Betreuung richten sich nach dem Rang der Gäste, *„denn es geht nicht an, dass Bischöfe und Grafen mit Armen und Fremden zusammen sind"*, wie es in einem Kommentar zur Regel des Hl. Benedikt heißt. Da man davon ausgeht, dass Arme sich nicht mäßigen können und man sie mit allzu reichlichem Essen zur Völlerei, also zur Sünde, verleiten würde, sieht die Benediktsregel vor, man solle für die Armen *„Bohnen oder etwas anderes Bäuerliches"* kochen. In jedem Fall dürfen die Pilger mit Suppe rechnen, wenn es hoch hergeht mit Speck, Fleisch oder Fisch, manchmal mit Wein, Geld, oder gar mit abgelegter Kleidung.

Weil die Gäste nicht der klösterlichen Disziplin unterworfen sind und es in den Herbergen laut zugehen kann, sollte das Gästehaus weit entfernt vom Schlafsaal der Mönche errichtet werden. Auch sollten unterschiedliche Schlafräume vorgesehen werden. Für das Gästehaus der Armen sind keine Heizgelegenheit und auch keine Latrinen notwendig, denn sie seien gewohnt, ihre Notdurft im Stall zu verrichten.

Allen geistlichen Hospizen voran steht das Hospiz auf dem Jupiterberg, das der Erzdiakon von Aosta, der Hl. Bernhard von Menton, im Jahre 1050 auf den Ruinen der römischen Mansio des Jupiter Poeninus errichten ließ. Das Hospiz ist so berühmt, dass in dem päpstlichen Text des *Codex Calixtinus* in der ersten Hälfte des 12. Jahrhunderts geschrieben steht:

„Drei unabdingbare Säulen hat der Herr in dieser Welt errichtet, um die Armen zu unterstützen: das Hospiz zu Jerusalem, dasjenige auf dem St. Bernhard und das Hospiz von Santa Cristina auf dem Somport. Diese Häuser sind dort errichtet, wo sie nötig waren; es sind heilige Orte, Häuser Gottes, den Pilgern zur Erquickung, den Ermatteten zur Ruhe, den Kranken zum Trost, den Toten zum Heil und den Lebenden zur Hilfe. Die Erbauer dieser heiligen Orte sind ohne Zweifel des himmlischen Kelches teilhaftig."

Sind die Pilger krank, so werden sie nach allen Regeln der Klostermedizin gesundgepflegt, und immer ist ein reichhaltiger Kräutergarten vorhanden, damit die Arzneien zubereitet werden können. Oft ist es die Verdauung, die den Pilgern Schwierigkeiten macht, denn sie bekommen bei fremden Völkern eine fremde Kost, die sie nicht gewohnt sind. Die Urkunden zeigen aber, dass vor allem die wunden Füße immer wieder der Behandlung bedürfen. Das *Ospizio di Carità* in Aosta beschäftigt sogar einen Chirurgen, der fein säuberlich Statistik über seine Heilerfolge führt; er notiert etwa im Juni 1724: *„Einen Pilger geheilt, der zwei große Geschwüre an den Beinen hatte, hervorgerufen vom vielen Laufen, gesund in 10 Tagen; und einen weiteren Pilger geheilt, der ein Geschwür am Fuß hatte, gesund in 10 Tagen."*

Xenodochien, Mansiones, Mutationes

Die *Xenodochien*, *Mansiones* und *Mutationes* des römischen Straßennetzes stehen im 1. Jahrhundert der Romwallfahrt den Pilgern wie allen anderen Reisenden des römischen Straßennetzes gegen Entgelt zur Verfügung. Auf den Hauptverkehrsstraßen bilden sie eine zuverlässige Infrastruktur, die an jedem Etappenort Unterkunft und Verpflegung verspricht, teilweise auch an exponierten Stellen, wie die *Mansio* auf dem Jupiterberg, dem Großen St. Bernhard. Auch in der Provinz kann der Reisende alle 15 bis 20 Kilometer mit einem staatlichen Herbergsbetrieb rechnen. Größere Einrichtungen lassen sich noch heute an Ortsnamen ablesen, etwa bei Tafers (Kanton Fribourg) oder bei Saverne im Elsass.

Nach der Völkerwanderung wird diese Struktur z. T. bewusst zerstört. Dennoch werden an verschiedensten Orten die alten römischen Herbergen auf privater Basis über Jahrhunderte weiter betrieben. Ab dem 8. Jahrhundert erscheinen die Pilgerunterkünfte in Italien unter dem Namen Hospitalia. Ihre Zahl wird bald jene der *Mansiones* übersteigen.

Die Verköstigung der Pilger richtet sich überall nach der Landschaft und den materiellen Möglichkeiten des Hauses. Wein gibt es nur in wohlhabenden Häusern, sonst vielleicht Apfelsaft oder einfach Wasser. Alle Pilger haben Anrecht auf Suppe, einen Erbsen- oder Bohneneintopf oder einen mit Öl angereicherten Hirsebrei. Wohlhabende Einrichtungen servieren Weizenbrot und Fleisch. In der Regel gilt, dass ein gesunder Pilger nicht länger als drei Tage verweilen darf. Dann muss er weiterziehen. Oft wird den Pilgern das Weiterziehen dadurch erleichtert, dass die Bewirtung am ersten Tag reichlich ausfällt, am zweiten Tag geringer und am dritten wirklich armselig. Für die Weiterreise erhalten die armen Pilger manch-

mal eine Wegzehrung, Brot, eine Zwiebel, Knoblauch und in manchen Fällen sogar einen Zehrpfennig.

Da es Pilger oft eilig haben, da sie die Kräfte ihres Körpers bis zum Dunkelwerden nützen und die Zeit nicht in den Küchen und Gaststuben vertun wollen, wird an vielen Orten entlang dem Hauptpilgerweg die *Passada* gereicht, ein Picknick aus Brot, Käse oder Trockenfleisch. Diese *Passada* steht für die vorbeieilenden Pilger in einer Nische der Herbergsmauer bereit und kann ganz einfach im Vorbeigehen mitgenommen werden.

Einige dieser Hospitäler sind eigentliche Städte, eingerichtet zur Aufnahme mehrerer hundert oder gar Tausender von Pilgern. Oft liegen sie außerhalb der Stadtmauern und müssen sich im Kriegsfall selbst verteidigen.

Tavernen

Tavernen oder Schenken sind in der Regel Etablissements zweifelhaften Rufs; oft wird hier bloß Wein ausgeschenkt und auch er häufig von zweifelhafter Qualität. Den Geistlichen ist es verboten, sich in einer Taverne aufzuhalten, auch wenn sie auf Pilgerfahrt sind. Sie haben ihren Durst in einer kirchlichen Einrichtung oder an einem öffentlichen

Werke der Barmherzigkeit, Consorzio dei Vivi e dei Morti di Parma (Fresco aus der Mitte des 15. Jh.).

Brunnen zu stillen. Diese Regel hindert kirchliche Institutionen jedoch nicht, selbst Tavernen zu betreiben. Berühmt ist die Taverne von Acquapendente, die im Jahre 964 von Kaiser Otto I. das Tavernenrecht erhält und vom Kloster S. Salvatore auf dem Monte Amiata betrieben wird. Sigeric von Canterbury wird 990 hier einkehren (trotz des kirchlichen Verbotes), und viele Jahrhunderte ist diese Taverne ein leuchtendes Beispiel für die neue Form der Gastfreundschaft, die gegen Entgelt gewährt wird.

Werden Tavernen von Privaten betrieben, besteht nicht selten Gefahr, dass die Gäste übers Ohr gehauen werden. Um dem vorzubeugen, stellt der Erzbischof Arnulf von Reims schon 989 alle Tavernen und Bäckereien unter die Jurisdiktion und Kontrolle des Klosters St. Rhémy. In der Regel sind die Verkaufspreise für Essen und Getränke vorgeschrieben, und regelmäßige Kontrollen sichern, dass auch die Steuern, namentlich das Weinumgeld, korrekt abgerechnet werden.

Mit dem Recht, eine Taverne zu betreiben, sind in der Regel spezielle Pflichten der Wirtsleute verbunden. Diese sind gehalten, gefährliche, übelbeleumdete und verdächtige Personen aus der Taverne zu weisen, namentlich Kriminelle, entlaufene Soldaten, Vagabunden und arbeitsscheue Herumtreiber.

Ist Markt, trifft man sich in der Taverne und so werden Tavernen an manchen Orten zu eigentlichen Handelszentren. In Südengland sind einige Tavernen bald berühmt als Börsen für Wolle, Gerste, Getreide oder Leinen.

Gasthäuser

Oft reicht die religiöse Gastfreundschaft nicht, um den Ansturm der Pilgermassen zu bewältigen. Schenken, Tavernen und Gasthäuser verdienen daher gutes Geld an der Pilgerfahrt.

Viele der privaten Unterkünfte sind jedoch durchaus zwielichtig. So ist die Predigt *Veneranda dies* von Papst Calixtinus II. überliefert, in der alle Tricks der bösartigen, geldgierigen Wirte beschrieben werden: Sie verkaufen billigen Wein als teuren, die Betten sind verdreckt, der Fisch ist schlecht, das Fleisch verfault, die Kerzen brennen nicht und es wird gutes Geld eingenommen und falsches herausgegeben.

Kommerzielle Gasthäuser kommen dagegen dem Bedürfnis der reichen Klientel entgegen, die, auch wenn sie in frommer Absicht unterwegs ist, nicht auf einen minimalen Komfort verzichten will und die in der Lage ist, dafür auch zu bezahlen. Bereits im Jahre 1111 werden an der Kathedrale von Lucca die Namen der Häuser eingemeisselt, die gegen Entgelt Gäste aufnehmen. Ähnliche behördlich bewilligte Gasthäuser gibt es bald auch in Florenz und Pisa.

Festzuhalten ist aber, dass auch in besseren Gasthäusern ein Bett oft für mindestens zwei Personen vorgesehen ist. Und in der Regel ist man auch auf die Körperwärme des Bettgenossen angewiesen, da die Schlafkammern keine Heizung kennen. Im Jahre 1385 zählt ein Haus in Arezzo 180 Übernachtungen in 19 Tagen, täglich zwischen vier und fünfzehn: den Gästen stehen dafür aber nur vier Betten und eine Matratze zur Verfügung. Unter diesen Umständen geht es nicht immer so sittsam zu, wie es der fromme Zweck der Reise erwarten ließe, denn es ist üblich, dass auch Menschen unterschiedlichen Geschlechts das gleiche Bett benützen, und zwar unbekleidet, wie es allgemein Sitte ist.

Zumindest die Schlafsäle sind in der Regel für mehrere Personen gedacht. Paolo Brezzi beschreibt die Verhältnisse im Rom des Heiligen Jahres 1300 so: *„Es war üblich, mehrere Personen im gleichen Zimmer schlafen zu lassen. Säcke voller Stroh oder dreckige Matratzen, die auf Balken auflagen, waren die bequemsten Bettstellen, und wenn mehr Schlafstätten gebraucht wurden, taten es auch Decken, die auf dem Boden ausgebreitet wurden."* Leintücher gibt es kaum und Deckbetten befinden sich oft in beklagenswertem Zustand. Dass die Bettwäsche je gewechselt wird, darf nicht erwartet werden, hingegen kann sich der Pilger darauf einstellen, Wanzen und Läuse mit auf den Weg zu nehmen.

Die Sicherheit in den Gasthäusern ist nicht immer gewährleistet. Immer wieder erzählen Pilgerlegenden von betrügerischen Wirtsleuten, die die Reisenden nächtens überfallen, ausrauben und ermorden. Nach der Jahrtausendwende muss dieses Übel so weit verbreitet sein, dass das erste Laterankonzil unter der Leitung von Papst Calixtus II. 1123 ausdrücklich die Exkommunikation für all jene androht, die Pilger oder Kaufleute auf ihrer Reise ausrauben oder verletzen.

Im Hinblick auf das erste Heilige Jahr 1300 werden die Betreiber der verschiedenen Gastwirtschaftsbetriebe in Rom zur *Universitas Tabernarior*, der Wirtszunft, zusammengeschlossen, einer korporativen Organisation mit Sitz im Palazzo dei Conservatori. Sie vertritt nicht nur die Interessen der Wirtsleute gegenüber der päpstlichen Stadtverwaltung, sondern greift auch im eigenen Stand reglementierend ein, um den schlimmsten Auswüchsen zu wehren, die die Pilgerfahrt nach Rom in der Welt in Verruf bringen könnten.

Das älteste und berühmteste Gasthaus in Rom ist die *Hostaria della Sposata*, später *Del Cocchio*, bei *San Giovanni in Laterano* an der Ecke der heutigen Via Merulana. Das Lokal wird im frühen 13. Jahrhundert erbaut und dient vor allem den Pilgern, die auf der Heiligen Treppe beten wollen. Dieses Lokal genießt bis zur Schaffung des italienischen Einheitsstaates ein besonderes Privileg, denn es ist generell vom Weinumgeld befreit.

Im Spätmittelalter ist die Anzahl der Gasthäuser in Rom enorm. Der Census von 1470 zählt in Rom ein Hotel auf 236 Einwohner, während das wirtschaftlich mächtigere Florenz bloß ein Gasthaus auf 1488 Einwohner aufweist. Dazu kommt schon im Jahr 1450 die unglaubliche Zahl von 1022 Wirtshäusern (mit Wirtshausschild) und eine noch größere Anzahl von Garküchen ohne öffentlichen Aushang.

Besonders schwierig ist es, die Verordnung zu befolgen, die den Pilgern verbietet, bei Kurtisanen und Huren einzukehren, denn die Volkszahlung von 1492 registriert 6800 Kurtisanen und Prostituierte bei einer Gesamtbevölkerung von 70'000. Im Jahr 1524 werden 24'000 öffentliche Huren in Rom gezählt, die eine monatliche Abgabe in Relation zu ihrem Einkommen an das Papstamt zu zahlen haben. Wo also soll der Pilger übernachten, wenn er keinen kirchlichen Gratisschlafplatz erobern kann?

Schon für das Heilige Jahr 1300 hatte es den Versuch einer entsprechenden Verordnung gegeben; jetzt lässt sich die Kurie etwas einfallen, um mit der Realität zurechtzukommen. Während des Heiligen Jahres werden die schlimmsten Dirnen aus der Stadt gejagt und dafür scharenweise neue Mädchen in die „Abteien" aufgenommen, wie die kirchlich kontrollierten Etablissements im Gegensatz zu den Privatbetrieben euphemistisch genannt werden. Hier werden den Pilgern, wie es der apostolische Brauch verlangt, zunächst die Füße gewaschen und was dann passiert, darüber schweigen die Chronisten, weil die Einrichtungen der Kirche gehören.

Auch Luxusherbergen können einschlägig registrierten Damen gehören, wie etwa jene der Venozza de'Cathaneis, die mit dem Kardinal Rodrigo Borgia seit 1466 ein Verhältnis unterhält, dem vier Kinder entspringen, bis der Kardinal unter dem Namen Alexander VI. zum Papst erhoben wird. Venozza betreibt mehrere luxuriöse Gasthäuser; das *Bischione*, das *Leone Grande*, das *Leone Piccolo* und *La Fontana*. Von all diesen ist nichts mehr erhalten geblieben, doch bis heute können wir am Campo de Fiori das Gebäude der *Hostaria della Vacca* besichtigen, eine Stiftung für die armen Rompilger,

die der geschäftstüchtigen Hoteliere einen Gedenkstein einbringt.

Pilgermedizin

Dreißig oder vierzig Kilometer am Tag zu gehen, bei Wind und Wetter draußen zu sein, das ist nicht einfach sportliche Ertüchtigung. Mancher, der auf Gottes Straße um des Glaubens willen unterwegs ist, hält den Strapazen des Weges nicht stand und der geschundene Körper wird krank. Dann kommt den Hospitälern ihre Hauptaufgabe zu: die Pilger zu pflegen und in Stand zu setzen, den Rest ihres Weges weiterzugehen.

Sind die Pilger krank, so ist zunächst eine besondere Diät angesagt. Seit dem 12. Jahrhundert folgt die Krankenkost in den Klöstern den Versen der berühmten Medizinschule von Salerno: „*Wie beschaffen, war und wann, / wieviel, wie oft und wo – / das muss der Arzt / bei der Verordnung der Krankenkost beachten.*" Die über 300 Verse mit Rezeptanweisungen für vorwiegend vegetarische Diät werden 1733 ins Italienische übersetzt und sind weitgehend überliefert. Für viele Hospize sind die salernitanischen Regeln aber zu kompliziert. So vereinfacht die Regel des Hospitals von Lucca sie zu folgender Krankenkost: „*Die Speisen der Kranken seien wie folgt: von Ostern bis zum Fest des Hl. Michael Fleisch von Hühnern und anderen Vögeln, Fleisch von Zicklein und Lamm, die nicht älter sein sollen als ein Jahr, auch gebratener Hammel, der jünger ist als ein Jahr, je nachdem wie es die Krankheit verlangt und die Weisheit der Ärzte für ratsam hält...*" Im Winter gibt es Braten von männlichen Schweinen, die jünger sind als ein Jahr, und in der Fastenzeit frische Fische, Salate, Gemüse und Gerste. Auffallend ist, dass alle vierfüßigen weiblichen Tiere verboten sind, außerdem „*Eier, Aale, ebenso wie Linsen, Bohnen und Kohl und alles andere, was schädlich sein könnte.*"

Die Antoniter, die entlang dem Weg Spitäler betreiben, die das Antoniusfeuer behandeln, heilen die Krankheit mit Fett. Aus diesem Grund wird der Heilige in der traditionellen Ikonographie immer mit einem Fetttopf zu Füßen dargestellt.

Gegen die Müdigkeit verschreibt man ein sehr warmes Bad, Abreiben mit brennend heißen Aufgüssen aus Stechwinde, Brombeerstrauch- und Lindenblättern. Für die Füße besitzt jede Herberge ihre eigene Salbe, so etwa das Hospiz von Niort einen Pilgerbalsam auf der Grundlage von Kollodium und Weidenrinde: „*er ist gut gegen Hornhaut, Warzen, Schwielen und Hühneraugen*". Gegen Atembeschwerden wird Pfefferminztee mit Honig

Madonna dello Schiaffo (Benedetto Antelami, Parma, ca. 1226); die Madonna wurde im Volksglauben gegen die Pest angerufen.

verabreicht, verbunden mit Breiumschlägen; Gurkenkrauttee oder ein Aufguss aus wilden Stiefmütterchen helfen gegen Verschleimung der Bronchien; gegen Seitenstechen werden trockene Schröpfköpfe angewandt. Man züchtet die Heilpflanzen im Kräutergarten: gegen jedes Übel ein Kraut.

Die am häufigsten angewandten Heilprozeduren sind Aderlass, Abführmittel und Waschungen. Andere sind eher Sonderpraktiken, wie etwa die Verabreichung von Kügelchen aus Spinnweben gegen Blutspucken oder eine Schlangenbouillon zur Blutreinigung. *„Nehmt ein mageres Hühnchen"*, so wird verschrieben, *„Pimpernell, Zichorie, Kerbel und Lattich, von jedem eine Handvoll; gut schälen, waschen und kleinhacken. Dazu eine lebend gehäutete Viper, die in Stücke geschnitten wird, nachdem man ihr den Kopf und den Schwanz abgeschnitten und die Eingeweide herausgenommen hat; man behält*

nur das Fleisch, das Herz und die Leber. Das Ganze in drei Schoppen Wasser zum Kochen bringen, bis es auf drei halbe Schoppen eingegangen ist. Vom Feuer nehmen, durchseihen und auf zwei Bouillons aufteilen, von denen je eine jeden Morgen nüchtern eingenommen wird. Man wendet dieses Heilmittel vierzehn Tage lang an, wobei man vorher und nachher ein Abführmittel nimmt."

Ablass

Wie der Ablass entstanden ist, darüber kann nur spekuliert werden. Tatsache ist, dass schon seit dem 7. Jahrhundert in England Bußbücher im Umlauf sind, die in tabellarischer Übersicht Erleichterung oder Vertauschung der Kirchenstrafen bieten: z. B. anstelle von Fasten Psalmengesang oder Almosen oder gar die Möglichkeit, das Gelübde einer Pilgerfahrt durch einen Stellvertreter einlösen zu lassen, dem man dann die anfallenden Kosten vergütet. Auch im nachkarolingischen Europa gibt es Versuche, die im Bußtarif festgelegte Buße in einen anderen Akt der Genugtuung umzuwandeln.

Ab dem 10. Jahrhundert schreiben die Bischöfe Südfrankreichs und Nordspaniens der Pilgerfahrt nach Santiago de Compostela tilgende Wirkung zu, zunächst noch ohne Bezug auf bestimmte Sünden des Pilgers. Seit der Kreuzzugszeit ist es üblich, vollkommenen Ablass für alle Sündenstrafen zu gewähren; dies gilt zunächst aber nur für die aktiven Teilnehmer am Kreuzzug.

Dieser Ablass, den Papst Urban II. den Kreuzfahrern gewährt, ist der eigentliche Wendepunkt in der Geschichte des Ablasses. Der Papst begründet den Ablass theologisch mit der Schlüsselgewalt, durch die Petrus und seine Nachfolger die von Christus und den Heiligen erworbenen Verdienste für den Nachlass der Strafen verwenden können, die man für begangene Sünden auf sich geladen hat, auch wenn die Schuld durch Reue und Bekenntnis bereits vergeben worden ist. Diese feinsinnige Begründung öffnet nun die Schleusen zu beispiellosen Finanztransaktionen, die den Gläubigen nicht immer in feiner Geistigkeit schmackhaft gemacht werden.

Die andere Revolution im Ablasswesen ist der Portiunkula-Ablass, den der Hl. Franz von Assisi im Jahr 1223 für jeden Pilger erwirkt, der das Portiunkula-Kirchlein zwischen dem ersten Abendgesang des 1. August und dem zweiten Abendgesang des 2. August besucht, und zwar für sämtliche Sünden von Lebenden, aber auch von Toten. Dieser Ablass ist etwas so Ungeheuerliches, dass man es nicht wagt, ihn schriftlich zu kodifizieren. Möglicherweise soll auch seine Bekanntheit nicht allzu groß werden. Die Geheimniskrämerei hat Folgen: es braucht mehr als hundert Jahre, bis der Portiunkula-Ablass allgemein bekannt ist.

Die Scholastik hat den Ablass theoretisch einmal mit den *Opera supererogationis,* dem Finanzbedürfnis der Kirche, begründet. Genau diese Begründung finden wir noch in einer Bulle von Papst Leo X. von 1518. Dieser Papst, ein Renaissancefürst, verschwenderisch und ständig in Geldnot, verpfändet 1514 künftige Ablasseinkünfte von Kirchen und Klöstern in Polen, Ungarn und Deutschland an das Bankhaus Fugger für 13'800 Dukaten. 1517 benötigt er schon weitere 8'000 Dukaten, die auf gleiche Weise sichergestellt werden.

Ein Blick in den Vertrag zwischen Papst Leo X. und dem Bankhaus Fugger ist aufschlussreich. Wir finden da eine Preisliste für den Erlass von 20 Jahren im Fegefeuer wie folgt: „*Für Könige, Prinzen und Hohe Prälaten 25 rheinische Gulden; Äbte, Adelige: 10 Gulden; geringere Prälaten und Kleinadel, Kaufleute mit einem Jahreseinkommen von 500 Gulden: 6 Gulden; andere Bürger und Händler mit einem Einkommen um je 200 Gulden: 3 Gulden; darunter liegt der Preis bei einem halben bis einem Gulden.*"

Ist es nun Ironie oder Einsicht in die eigene Unvollkommenheit, dass die Vertreter der Familie Fugger nach geschlossenem Handel in ihren Bilanzbüchern selbst als die mit Abstand größten Käufer von Ablassjahren erscheinen? Wir wissen es nicht. Aber die Missbräuche im Ablasswesen sind einer der Hauptgründe für die Reformation und den Niedergang der Pilgerbewegung.

Und doch ist es nicht immer Geld, mit dem sich der Ablass erkaufen lässt, manchmal bedarf es dazu einfach einer frommen Übung. In den *Mirabilia Urbis*, dem Rom-Bedaecker des 12. Jahrhunderts, wird der fromme Pilger belehrt, dass er mit dem Erklimmen einer jeden Stufe der Treppe der Peterskirche einen Erlass von 7 Jahren Fegefeuer erwerben kann, für die ganze Treppe also eine Gutschrift von 203 Jahren auf seinem Ablasskonto. Dies machen sich viele kostenbewusste Pilger zu Nutze, indem sie, so oft sie können, die Treppe hoch und wieder hinunter laufen.

Reliquien und heilige Souvenirs

Nachdem Christus am Kreuz für die Sünden der Welt gestorben ist, soll kein Blutopfer mehr Bestandteil eines religiösen Rituals sein. Für die Menschen, die seit Jahrtausenden das Opfern gewohnt sind, reicht aber das reine Wort des Glaubens nicht. Glauben, das muss etwas zum Anfassen sein, und so sollen die Knochen der Blutzeugen des Glaubens, die man berühren kann, die greifbare Verbindung zum Heiligen ermöglichen.

Bis zur Auffindung der Katakombenheiligen sind Reliquien Mangelware; entsprechend hoch ist ihr Wert. Die edelsteinbesetzten Reliquienschreine und Monstranzen aus Silber und Gold sind nur sichtbare Zeichen des eigentlichen, des spirituellen Wertes.

Dieser Wert wird dann erfahrbar, wenn die Reliquie Wunder zu wirken vermag. Geschieht dies, so ist es auch nicht mehr von Bedeutung, ob die Kirche, in der die Reliquie verehrt wird, diese auch rechtmäßig erworben hat. So sind beispielsweise die Reliquien der Ste. Foy in Conques einfach geraubt und nach Conques verbracht worden. Da sie in Conques aber größere Wunder wirken denn je,

Reliquiar des Hl. Vaast;
aus der Kathedrale St. Vaast,
Arras

wird die fromme Legende bald berichten, die Heilige selbst habe einen Ortswechsel vornehmen wollen und sich dazu ganz einfach eines räuberischen Mönchs bedient.

Ähnliches wird von einem englischen Priester berichtet, der im Jahre 1222 vom 4. Kreuzzug aus dem Heiligen Land zurückkehrt, in seinem Reisegepäck ein Stück des „wahren Kreuzes", das er in Konstantinopel gestohlen hat. Er vermacht es dem Kloster Bromholm in Norfolk, einer wirtschaftlich darnieder liegenden Cluniazensergründung. Kaum ist der Handel perfekt, so werden „göttliche Wunder in der Abtei gewirkt, zum Lob und Ruhm des lebensspendenen Kreuzes. Totes Volk wurde wieder ins Leben zurückgerufen, die Blinden sahen, die Lahmen konnten gehen, Aussätzige wurden gereinigt und die vom Teufel Besessenen wurden befreit." Damit beginnt auch der wirtschaftliche Aufschwung. Könige kommen mit ihren Gaben, der Papst gewährt einen Ablass, gleichwertig mit jenem von St. Markus in Venedig, und die Pilgerspenden sprudeln so reichlich, dass bald ein aufwendiges Gebäude von grandiosen Außenmaßen errichtet werden kann.

Einfache Pilger haben kaum die Mittel, sich selbst Reliquien zu beschaffen. Sie können aber die sog. Brandea nach Hause tragen, Holztäfelchen, die

sie mit Hilfe von Stangen in den Altar der Peterskirche einführen, um mit ihnen das Petrusgrab zu berühren. Solchen Brandea werden wundertätige Eigenschaften nachgesagt wie echten Reliquien.

Das Geschäft, das man mit Pilgern machen kann, ist über Jahrhunderte lukrativ. An jeder Station, die man auf der Pilgerfahrt besuchen muss, werden Abzeichen verkauft, Bleiplättchen, die das Heiligtum abbilden, das man besucht hat, und die man an seinen Pilgermantel heften kann. Es sind Pilgerabzeichen, wie man sie auch heute noch in kaum veränderter Form an den Pilgerstationen erwirbt. Das Abzeichen ist gewöhnlich aus billigem Metall gegossen, doch für eine reichere Klientel darf es auch ein kleines Kunstwerk aus Gold, Silber oder Bronze sein. Einige Abzeichen sind einfach gestickt oder auf Lederstreifen gemalt – andere auf Pergament oder Papier.

Von wirtschaftlicher und politischer Bedeutung ist dabei die Frage, wer berechtigt ist, solch heiligen Tand zu verkaufen. So wird aus Santiago de Compostela mehrfach von Bürgeraufständen berichtet, weil es nur der Kathedrale erlaubt ist, Pilger mit den berühmten Jakobsmuscheln zu versorgen. Das Recht, selbst Souvenirstände vor die Kirchen zu stellen, muss sich die Bürgerschaft oft in blutigen Konflikten von der Geistlichkeit ertrotzen. Und bis zum heutigen Tage ist auf den Pilgerwegen nicht alles für den freien Handel zugelassen. So wird man auch heute noch in Rom vergeblich nach Diapositiven oder Postkarten aus dem Innern des Petersdoms fahnden, denn der Verkauf dieser Souvenirs ist allein den approbierten vatikanischen Läden in der Vatikanstadt vorbehalten.

Wer das Recht erworben hat, heilige Souvenirs zu verkaufen, braucht sich an besseren Pilgerstationen keine Gedanken mehr um seine wirtschaftliche Zukunft zu machen. So ist etwa aus Einsiedeln überliefert, dass im Jahre 1466 während einer zweiwöchigen Klosterfeier insgesamt 130'000 autorisierte Abzeichen verkauft wurden. Solche Abzeichen können im Glauben der Pilger die gleichen Heilkräfte entwickeln wie die Heiligen, die sie repräsentieren. Es sind eigentliche Reliquien zum Mitnehmen, für jedermann und jede Frau. Man hängt sie an die Haus- oder Stalltür, sie kommen in die Viehtränke oder werden auf dem Feld gegen Unkraut, Ungeziefer oder Mäusefraß vergraben. Oft findet man sie auch über dem Bett oder in einem Bienenstock, um die Kräfte der Fruchtbarkeit zu vergrößern.

Die Via Francigena —
Der Weg von Canterbury nach Rom

Der Weg von Canterbury nach Reims

Canterbury und der Weg durch Kent

Canterbury ist Ausgangspunkt und Pilgerziel in einem. Von Lands End in Cornwall oder verkürzt von Winchester, wie in den *Canterbury Tales* von Geoffrey Chaucer beschrieben, von Bangor, von Lindisfarne, eigentlich aus ganz England strömen die Pilgermassen auf den englischen Pilgerwegen nach Canterbury.

Hier sind die Herbergen, Hospize, Tavernen und Schenken zahlreich, hier werden die neuesten Pilgertipps und -gerüchte erzählt und hier kann man sich an den frommen Legenden laben, die dem Pilgern erst seinen Sinn geben.

Da wird man hören von der Christianisierung Englands durch Joseph von Arimathia, der aus dem Heiligen Land den Weißdornstrauch brachte, der heute noch in Glastonbury steht und dessen Äste jedes Jahr zu Weihnachten für die Königin einen weiß blühenden Strauß liefern. Und dann die Geschichte von dem anderen Ding, das der Missionar mitbrachte, dem Heiligen Gral, dem Kelch mit dem wahren Blut Christi, das dem Herrn am Kreuz nach dem Lanzenstich des Legionärs aus den Rippen geflossen war, dieses Wundergefäß, das irgendwo zu suchen ist, wo es auch König Arthus und seine Tafelrunde nicht gefunden haben, vielleicht versteckt unterwegs auf einer der Pilgerstraßen, die man zu gehen beabsichtigt.

Gegenüberliegende Seite:
Die Kathedrale von Lausanne liegt ungefähr auf halber Wegstrecke zwischen Canterbury und Rom.

Auf jeden Fall hören die Pilger die tragische Geschichte vom Hl. Thomas Beckett. Beckett ist ein Zechkumpan König Heinrichs II. und der König macht ihn zum Erzbischof von Canterbury, damit er sich nicht mehr mit einem dieser asketisch-frommen Kleriker herumschlagen muss. Im Moment der Bischofsweihe soll Beckett aber sogleich vom rechten christlichen Geist erfüllt worden sein und sich gegen den anmaßenden weltlichen Herrscher gestellt haben. Heinrich weiß nicht, wie ihm geschieht. Es kommt zum offenen Konflikt, Thomas flieht nach Frankreich, dann weiter nach Rom. Als er nach langen Verhandlungen an seinen Bischofssitz zurückkehrt, wird er von zwei königstreuen Rittern während der Messe vor dem Haupt-altar von hinten gemeuchelt. Thomas wird als Märtyrer gefeiert und schon 1173 heilig gesprochen, dem König dagegen bringt seine Tat kein Glück. Die Glasfenster im Refektorium zeigen eindrucksvoll, wie sich Heinrich II. im Kloster Canterbury zur Buße für den Mord von den Mönchen auspeitschen lassen muss. Auch seine Frau, die schöne und herrschsüchtige Eleonore von Aquitanien, von allen Troubadouren ihrer Zeit besungen, wendet sich von ihrem Gatten ab, stachelt ihre Söhne zur Rebellion gegen den Vater auf und kehrt, um das Unglück voll zu machen, schließlich zu ihrem ersten Gatten, dem König von Frankreich, zurück. Aus diesem ehelichen Drama entwickelt sich schließlich der Hundertjährige Krieg zwischen England und Frankreich um das aquitanische Erbe Eleonores.

Wer genügend dieser erbaulichen Geschichten gehört hat, will vielleicht noch genauer eintauchen in die Vergangenheit des englischen Pilgerzentrums. Die Stadt ist eine römische Gründung aus dem Jahre 49 und man kann heute wieder ein römisches Canterbury besichtigen, allerdings unter dem heutigen Straßenniveau. Nach dem Untergang des römischen Reiches entsteht die Stadt erneut als Hauptstadt des jütländischen Königs Ethelbert von Kent. 597 öffnet die Heirat von Ethelbert mit der fränkisch-merowingischen Prinzessin Berta die Pforten für die christlichen Missionare aus Rom. Augustinus von Canterbury, den Papst Gregor der Große nach England gesandt hat, grün-

Pilgersuppe Canterbury

60 g Butter erhitzen und 150 g Zwiebeln darin anbraten. Nach 3 Min. 3 Esslöffel Mehl zugeben und 7 Min. köcheln lassen. Salzen, pfeffern, 1 l Wasser zugeben und 10 Min. kochen lassen. In einem Suppenteller ein Eigelb mit der Gabel schaumig schlagen. Suppe vom Feuer nehmen und ½ l helles Bier zugeben. Getoastetes Brot in den Suppenteller geben, Suppe darüber gießen und mit reichlich gehackter Pfefferminze garnieren.

werden dem Kronschatz einverleibt und mit Thomas Cranmer wird 1533 ein dem König willfähriger Erzbischof eingesetzt.

Während des Bürgerkriegs wird die Kathedrale im Jahr 1642 erneut geplündert und das Kapitel aufgelöst. Erst mit der Wiedererrichtung der Monarchie im Jahre 1660 kehrt Leben in die Kathedrale zurück. Und noch einmal hat Canterbury eine Prüfung zu bestehen: die deutschen Bombardements im Zweiten Weltkrieg. Seit den 50-er Jahren ist die Bauhütte der Kathedrale mit dem Wiederaufbau beschäftigt, doch ein Ende dieses ewigen Werkes ist nicht abzusehen.

Heute können in der Kathedrale auf Voranmeldung hin wieder Pilgerweihen durchgeführt werden und ein solcher Gottesdienst ist immer ein besonderer Auftakt für den langen Weg nach Rom gewesen. Danach kommt die Stunde des Aufbruchs und es beginnt das Marschieren auf dem Weg, den Abertausende schon gegangen sind. Der Weg ans

König Ethelbert; Statue am Eingang der Kathedrale von Canterbury.

Tourismustipp Canterbury

Die ganze Geschichte der berühmten Pilgerfahrt nach Canterbury erschließt sich im **Canterbury Museum**, das in einem 1373 erbauten ehemaligen Altersheim für Priester untergebracht ist. Canterbury Museum, Stour Street, Canterbury. Tel: 0 12 27/45 27 47. Öffnungszeiten: Montag—Samstag 10.30—17.00 Uhr.   Unter der Stadt auf dem Niveau des römischen Canterbury finden wir das **Roman Museum**, Longmarket, Butchery Lane. Tel: 0 12 27/78 55 75. Öffnungszeiten: Montag—Samstag 10.00—17.00 Uhr und zwischen Juni und Oktober zusätzlich Sonntags 13.30—17.00 Uhr.

det hier eine der ersten benediktinischen Abteien in England und die Kathedrale des Erzbistums.

Die Kathedrale von Canterbury ist ein Meisterwerk der Gotik und sie legt Zeugnis ab von den Wirren der englischen Geschichte. Am Eingang der Kathedrale empfängt uns eine Statue des Königs Ethelbert, der ein Modell der Kirche auf seinen Armen trägt. Diese Kirche existiert nicht mehr. Sie fiel den Wikingern zum Opfer, die in den Jahren 991–1016 Kathedrale, Kloster und Stadt plünderten. Eine zweite Kathedrale wurde 1067 ein Raub der Flammen. Die Grundlagen des aktuellen Baus und der Chor gehen auf Arbeiten von Guillaume de Sens zurück, der in der Tradition der französischen Gotik stand. Bis ins 15. Jahrhundert wurde an der Kathedrale gebaut, wurde sie verschönert und bereichert. Erst der Bruch König Heinrichs VIII. mit der katholischen Kirche führt zu einer Zäsur in der Erfolgsgeschichte von Canterbury. Das Benediktinerkloster wird aufgehoben, die Kirchengüter

Meer ist gut markiert und er ist immer noch der gleiche wie vor Hunderten von Jahren, ein einfacher Weg zwischen den fruchtbaren Feldern der lieblichen Landschaft von Kent. Romanische Kirchen, erbaut aus gebrochenem Flintstone in Shepredswell und Aylenham, zeugen von der Kunstfertigkeit der Handwerker, die auf dem Pilgerweg hin und her gereist sind, um ihr Können zu perfektionieren.

Nach einem zügigen Tagesmarsch ist Dover erreicht. Dover ist mindestens seit Beginn der geschichtlichen Zeit ein maritimes Zentrum. Cäsar landete im Jahre 55 in *Dubris*, als er mit der Eroberung Britanniens begann. Vom 6. Jahrhundert an stand ein Fort über dem Hafen an der Stelle, an der wir heute das normannische Schloss besichtigen können. Das Fort war Teil eines großen Befestigungssystems, des *Litus Saxonicus*, einer Abwehrlinie gegen die Angriffe der Wikinger. Als die Normannen nach England übersetzten, war Dover

Der Friedhof von Shepredswell; typisch der Kirchenbau aus Flintstone.

Pilgerweg durch die Wälder von Kent.

eine der wichtigsten Städte des sächsischen Britannien. An die Pilgerzeit erinnert heute nicht mehr viel. Immerhin wurde 1854 das Fundament einer Grabeskirche gefunden, die der Templerorden für die Pilger errichtet hatte.

In Dover ist ein letztes Gebet angesagt, vielleicht in der St. Edmunds Church, wo sich viele Pilgergenerationen Trost geholt haben vor der Furcht, in den Wassern des Ärmelkanals unterzugehen. Ist das Gebet zur Sicherheit auf dem Meer gesprochen und ein taugliches Schiff gefunden, das auch bezahlbar ist, so heißt es, sich dem Können des Kapitäns anzuvertrauen, der die Pilgergruppe, wenn alles mit rechten Dingen zugeht, auf dem kürzesten Weg nach Wissant bringen wird, in den großen Hafen am Cap Blanc Nez auf der kontinentalen Seite des Ärmelkanals. In der Kirche von Wissant

werden wir uns nochmals an den Hl. Thomas Beckett erinnern, der dort seine letzte Messe las, bevor er sich aufmachte, in Canterbury das Martyrium zu erleiden.

Der Pas de Calais

Ein reguläres Schiff von Dover zum alten Hafen Wissant kann man heute nicht mehr auftreiben. Was funktioniert, sind die Fähren nach Calais oder, wenn authentischer gereist werden soll, eine nach Boulogne, das immer wieder als Hafen für englische Pilgergruppen gedient hat. Von hier an gilt es zunächst den Ausgangspunkt der französischen Via Francigena zu suchen.

Der Besuch von Wissant empfiehlt sich, weil schon Cäsar von hier aus nach England auslaufen ließ. Weitere berühmte Persönlichkeiten folgten: Sankt Vulgan im Jahre 569, Louis d'Outremer 938, der englische König Ethelred II. 1012 und Thomas Beckett im Jahr 1170. Sogar im altfranzösischen Rolandslied findet *„li porz de Guitsand"* (der Hafen von Wissant) Erwähnung und in Dantes Divina Commedia ist davon die Rede, dass *„zwischen Brügge und Wissant die Flamen / sich vor der fürchterlichen Sturmflut schützen / und ihren Damm dem Meer entgegen stellen."* Heute ist vom historischen Wissant nichts mehr zu sehen außer der Kirche des Hl. Thomas.

Was ist hier geschehen, dass von der einstigen Bedeutung des Ortes nichts geblieben ist? Man könnte vermuten, die Schrecken des Hundertjährigen Krieges hätten den Untergang bewirkt. Doch davon erholte sich Wissant wieder. Wovon es sich nicht erholt hat, ist eine Naturkatastrophe: Im Jahre 1738 wurde die Hälfte der Stadt von einem mächtigen Sturm heimgesucht und mit Sand zugedeckt. 1777 wiederholte sich das Ereignis und vollendete die Zerstörung. Die Bewohner flüchteten in Eile und der alte Hafen ging im Sand unter. Heute sind es Windsurfer, die den flachen Sandstrand von Wissant genießen.

Von Wissant aus führt der Weg durch riesige Getreidefelder nach Guines. Dort zeugt nur noch der Uhrenturm von der Vergangenheit. Die Ursprünge von Guines verlieren sich im Dunkel der Geschichte. Bekannt ist ein Dokument aus dem Jahre 663, in dem Herzog Walbert von Arques die Herrschaft Guines dem Hl. Bertin, einem Schüler von St. Omer, überantwortet. Aus dem Jahre 807 ist eine weitere Schenkung einer Dame namens Lebtrude an die Mönche der Abtei von Guines urkundlich überliefert. Im Jahre 928 erobert Siegried der Däne die geistliche Herrschaft und legt auf dem Hügel

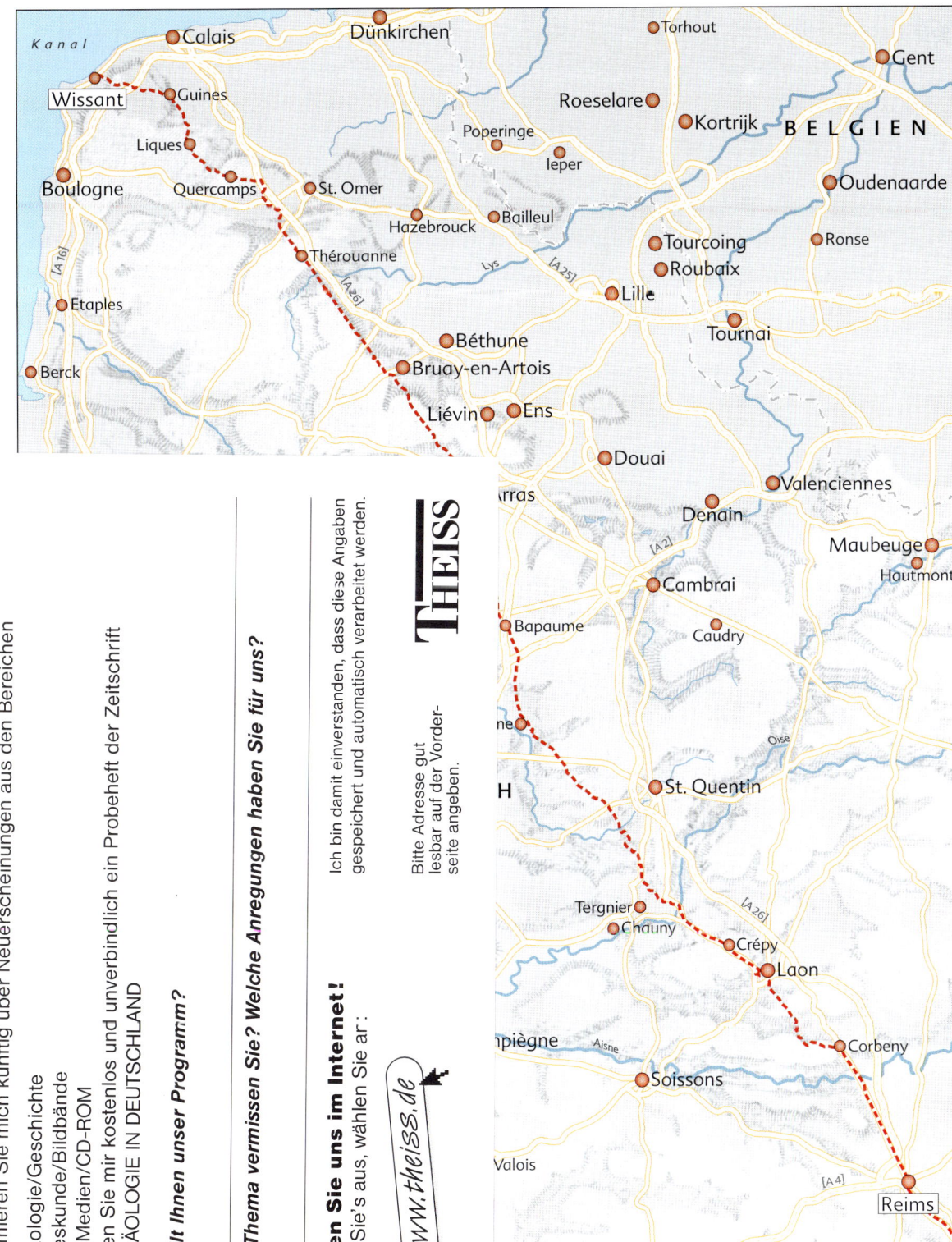

dem König von Frankreich verkaufen, um sein Leben auszulösen. Aus der Zeit der Hochblüte der Pilgerschaft ist die Gastfreundschaft der Grafen von Guines überliefert, die ihre Gäste mit gargantuanischen Mahlzeiten bedrängen.

1520 dient Guines dem englischen König Heinrich VIII. als Hauptquartier bei seiner berühmten Begegnung auf dem *Camp du Drap d'Or* mit dem französischen König Franz I. Die beiden Monarchen treffen sich nicht nur zu Turnieren, Lustbarkeiten und opulenten Gelagen, sondern vor allem aus politischen Gründen, denn ihre gemeinsame Bedrohung ist Kaiser Karl V., der aus dem burgundischen Erbe seines Vaters Flandern in sein Reich eingebracht hat. Während Franz I. in Ardres seine Prunkzelte errichtet, läßt Heinrich VIII. in Guines aus Glas in den Farben der Tudor Weiss und Grün

Auf dem Weg nach Liques finden sich die ersten Wegzeichen, die den Pilgerweg immer kennzeichnen: Die kleinen Kapellen am Weg, die eine gute Rast versprechen, die Kruzifixe, die zu einem Gebet einladen. Wir sind in der Gegend von Notre Dame du Panetier, unserer Lieben Frau vom Brotkorb. Überall wird mit großen Plakaten für die Wallfahrt geworben, die die Madonna über einem Korb frischer Baguettes zeigen. Hätte ihr der Zeichner noch einen Hund beigegeben oder gar einen Fuchs, wäre das nicht mehr Maria, sondern die

Englischer Wehrturm bei Boisdinghem. Die Gegend des Pas de Calais ist wie kaum eine andere in Frankreich von den Spuren des Hundertjährigen Krieges geprägt.

einen Kristallpalast erbauen, ein Weltwunder für die damalige Zeit. Dieser Palast wird in England vorgefertigt, wobei die Gläser in Holzpaneele gefasst werden müssen. Innen wird der Palast mit Gold- und Silberteppichen ausgekleidet und über dem Eingang stehen die Worte: *„qui j'accompagne est maître."* Aller Prunk, den sich die beiden Könige leisten, nützt jedoch nichts gegen den Erfolg der kaiserlichen Truppen.

Z'Inguill's à l'Geuz'

2 kg Aal enthäuten, säubern und in Stücke schneiden. Mehrmals mit immer wieder neuem Wasser waschen. In einer Kasserolle 100 g Butter schmelzen und nussbraun werden lassen. Aal hineinlegen, salzen, pfeffern. Wenn der Aal gut angebraten ist, gehackte Petersilie und gehackten Sauerampfer zugeben. Eine Flasche dunkles Bier zugeben und gut aufkochen. Wenn alles gut gekocht ist, die Hälfte des Jus mit 6 Eigelb und viel Crème fraîche binden. Die andere Hälfte kann als Suppe gegessen werden.

Guines, Tour de l'Horloge. Von allen Schätzen des mittelalterlichen Guines, die in den Urkunden beschrieben werden, ist nur dieser Uhrenturm erhalten.

Cailleach, die alte keltische Kornmutter, die das Getreide in vorchristlicher Zeit wachsen ließ. Wie auch immer die Plakate aussehen mögen, die gelebte Volksfrömmigkeit scheint Früchte zu tragen, jedenfalls steht hier kräftiges Getreide, soweit das Auge reicht.

Über Liques und Lumbers führt der Weg weiter nach Thérouanne, einem kleinen verschlafenen Provinzdorf. Hier sind wir mit einer speziellen Geschichte konfrontiert. Thérouanne war schon vor der römischen Invasion Hauptstadt der belgischen Morinier. Der Freiheitswille dieses Volkes machte den Besatzern zu schaffen und so wurde die Stadt von Kaiser Nero im Jahr 63 n. Chr. ein erstes Mal

Die bescheidene Kirche von Elnes, eine typisch flandrische Dorfkirche.

Tourismustipp Château d'Olhain

Das besterhaltene mittelalterliche Schloss in Nordfrankreich findet sich in der Gemeinde Fresnicourt, 16 km südlich von Béthune. Die Familie Olhain (der Name bedeutet Holzhaus) ist eine der ältesten Adelsfamilien des Artois. Im Jahre 1179 errichtete Simon d' Olhain ein erstes Schloss aus Holz. Hugues d'Olhain lässt 1202 ein Schloss aus Stein errichten und nimmt 1204 auf dem 4. Kreuzzug an der Belagerung von Konstantinopel teil. 1407 wird das Schloss von Marie d'Olhain in seiner heutigen Form aus Sandstein neu aufgebaut. Geöffnet vom 1. April bis 1. November am Sonntagnachmittag und während der Sommerferien auch am Samstag, Tel. 03 21 27 94 76.

Ein Bauernhof bei Journy.

Thérouanne. Die einst blühende Stadt wurde als französisches Rebellennest inmitten des spanischen Flandern von Kaiser Karl V. dem Erdboden gleichgemacht. Für das Dorf über den Ruinen, das heute tausend Seelen zählt, wurde die Kirche St. Martin errichtet.

dem Erdboden gleichgemacht. Nachdem Kaiser Gratian die Stadt in der 2. Hälfte des 4. Jahrhunderts erneut zerstören ließ, wurde sie schöner und prächtiger wieder aufgebaut.

Bereits im Jahre 260 ist die religiöse Organisation der Gallia Belgica komplett und Thérouanne als Bistum dem Erzbistum Reims zugeteilt. Nach dem Untergang des Römischen Reiches kommen die Hunnen und plündern unter Attila im Jahre 451 die Hauptstadt der Morinier. Unter König Chilperich I. wird der Morinier Chraric Graf von Thérouanne, und die Merowingerkönigin Brunhilde, die die römischen Straßen wiederherstellen lässt und auf diese Weise Handel, Reisen und Wohlstand belebt, wird bis heute in Thérouanne in dankbarer Erinnerung behalten. Seit 1226 gehört die Herrschaft Artois zu Frankreich, fällt aber 1346 an Flandern und über die Erbschaft der Marguerite von Flandern an das burgundische Herzogshaus. Als Maximilian von Österreich 1477 Maria von Burgund, die Erbin des Burgunderherzogs Karls des Kühnen, heiratet, gelangt Flandern zum Reich. Der französische König Ludwig XI. versucht daraufhin, sich des burgundischen Erbes zu bemächtigen, okkupiert das Herzogtum Burgund und fällt in Flandern ein, wo er in der Hauptstadt der Morinier mächtige lokale Verbündete findet. Thérouanne ist nun eine prächtige Stadt. Im Museum ist ein vergilbter Druck zu sehen, auf dem Hans Holbein d. J. den Blick auf Thérouanne festgehalten hat. 1479 bela-

gert Kaiser Maximilian die Stadt ein erstes Mal und muss sich geschlagen geben. 1513 kehrt er mit 50'000 Mann zurück, nimmt die Stadt ein und zerstört alle Gebäude mit Ausnahme der Kirchen und Klöster. Bald aber blüht wieder Leben in Thérouanne, ganz einfach, weil es so verkehrsgünstig gelegen ist.

1519 beginnt der Krieg erneut, diesmal mit neuen Akteuren. Auf dem französischen Thron sitzt Franz I., als Kaiser regiert nun Karl V. Die Auseinandersetzung zwischen diesen beiden wird so

Lief' farci

Einen ausgenommenen Hasen salzen und pfeffern. Für die Füllung Leber, Herz und Lunge mit 150 g Speck und 200 g Kalbsleber hacken. 200 g altbackenes Brot einweichen, auspressen und mit dem Blut des Hasen und 3—4 gehackten Schalotten mischen. Hasen füllen und gut zubinden. Das Tier in 100 g Kochbutter zusammen mit einigen Karotten und zerteilten Zwiebeln anbraten. Mit 1 l hellem Bier ablöschen, Thymian und Lorbeerblatt zugeben und gut 3 Std. in der Backröhre kochen lassen. Den Hasen immer wieder mit dem Jus übergießen.

Auf unserem Weg nach Bruay-La-Bussière sind es immer wieder Soldatenfriedhöfe, die die alten Pilgerkapellen als Gedenkstätten ersetzen, Gedenkstätten aus dem 20. Jahrhundert auf einer Erde, die seit zweitausend Jahren mehr Kriege zu kennen scheint als Friedenszeiten.

Hügelgräber und geheimnisvolle Dolmen aus vorkeltischer Zeit sind unsere Wegbegleiter auf der Voie Brunehaut bei Olhain: die *Table des Fées,* der schwarze Stein, alle von ehrfurchtgebietenden Legenden umrankt, die seit unvordenklichen Zeiten von Generation zu Generation weitergegeben werden. Weiter geht es zum Kloster St. Eloi. Von dem

Links: Ruinen des Klosters St. Eloi.

Unten: Bruay-la-Bussière.

erbittert geführt wie nie zuvor in der Geschichte. Sie endet vorläufig damit, dass die Kaiserlichen mit 60'000 Mann gegen die Stadt vorrücken, die am 20. Juni kapitulieren muss. Darauf ordnet der Kaiser an, dass in der Hauptstadt der Morinier jedes Gebäude bis auf die Grundmauern zerstört werde. Das ganze Stadtgebiet wird umgepflügt und der Kaiser befiehlt in antiker Tradition, Salz auf das Gelände zu streuen zum Zeichen, dass hier nie mehr etwas wachsen solle. Von dieser Zerstörung hat sich Thérouanne in der Tat nie mehr erholt. Ein bescheidenes Dorf, ein paar Gaststätten, was am Weg eben gebraucht wird, ist alles, was sich hier wieder etablieren konnte.

Die moderne Straßenführung mit ihren Kreiseln und den Wegweisern, die einfach Arras als nächsten Ort angeben und dann Reims, macht es schwierig, den Einstieg in den historischen Weg auf Anhieb zu finden, etwas, was in Frankreich zunehmend zum Problem wird. Wer den alten Weg sucht, kann ab Thérouanne auf der Brunhildestraße gehen, der Voie Brunehaut. Auf den Wegen dieser tatkräftigen Merowingerkönigin geht man einfach geradeaus und so kann man nachdenken über die bemerkenswerte Frau, die in ihrer ewig langen Regierungszeit Frankreich wie ein römischer Kaiser mit perfekt gebauten, schnurgeraden Straßen versorgt hat, die ihr die Hochachtung auch heutiger Generationen eintragen.

prächtigen klassizistischen Bau, der an der Stelle eines von irischen Pilgern im 7. Jahrhundert gegründeten Klosters errichtet wurde, stehen noch einige Grundmauern und die Reste der beiden Glockentürme. Alles andere haben die Kriege erledigt, angefangen vom preußisch-französischen Krieg 1870/71 bis zum Zweiten Weltkrieg, und Geld für einen Wiederaufbau war offensichtlich nicht mehr zu organisieren. Den Menhir auf der anderen Seite der Voie Brunehaut haben die Kriege nicht berührt. Er steht einfach da, geheimnisvoll, wie seit Jahrtausenden. Noch einige Kilometer sind auf der schnurgeraden Brunhildestraße zurückzulegen und die Provinzhauptstadt Arras ist erreicht.

Arras

Arras, das alte *Nemetocenna*, war die gallische Hauptstadt des Stammes der Artebaten. Im Jahre 51 diente die Stadt dem Eroberer Cäsar auf seinem Gallienfeldzug als Winterquartier. 451 wird sie von den Hunnen zerstört. 499 weiht der Hl. Remigius von Reims den Hl. Vaas (oder Vedast), den künftigen Stadtpatron, zum ersten Bischof von Arras. Ende des 9. Jahrhunderts lässt Kaiser Karl der

Dicke die Stadt befestigen, dennoch wird sie von den Wikingern zerstört. Bald wird die Stadt als Handelplatz reich, doch mit Einrichtungen für die Unterstützung der Pilger braucht sie Zeit. So wird für das Jahr 1200 nur von einem Hospiz berichtet, der *Sainte Chandelle*. Es verfügt über 3 Betten und wird von einer privaten Vereinigung betrieben. Dann aber kommt eine richtige Gründungswelle für Pilgereinrichtungen. 1219 wird das Hospital *Saint-Jacques* gebaut, wo die Pilger eine Gratismahlzeit bekommen, dann *Saint-Julien*. Beide Hospize werden von Privatleuten eingerichtet, und zwar von denselben: Raul und Audeluie Durant aus Paris. 1316 stiftet Guifroi Achario das Hospital *Saint-Mathieu* und 1339 sind es Jean Achario und seine Frau Emmelot Huquedieu, die in der rue de l'Abbaye das Hospital *Notre Dame* errichten lassen. Bis zur Mitte des 14. Jahrhunderts ist so aus reiner Privatinitiative die Zahl der Hospize, wenn man auch die kleinen Einrichtungen mit unter 40 Betten einrechnet, auf über 30 gestiegen.

Unter der Herrschaft der burgundischen Herzöge ist Arras ein wichtiges Handelszentrum. Berühmt ist die Stadt in ganz Europa für die *Arazzi*, die kostbaren flandrischen Bildteppiche, die die kalten Mauern herrschaftlicher Häuser schmü-

Arras, unter den Arkaden der Grand Place.

cken. 1477 wird Arras vom französischen König Ludwig XI. vollständig zerstört; die Bewohner werden auf die umliegenden Städte verteilt. Die Stadt kann nur überleben, weil sie als regionaler Bauernmarkt unentbehrlich ist. 1492 wird die Stadt dann von Kaiser Maximilian zurückerobert und gelangt mit der Reichsteilung beim Rücktritt Kaiser Karls V. an Spanien. 1659 wird sie erneut von den

Kalbsfuß à la mode d'Arras

60 g Mehl in 3 l Wasser auflösen, ¼ l Bier, je 60 g grob geschnittene Karotten und Schalotten, ein Lorbeerblatt, einen Zweig Thymian und reichlich Salz zugeben. 6 Kalbsfüße hineinlegen und 4 Std. auf kleinem Feuer kochen. In der Zwischenzeit die Sauce zubereiten: 30 g Butter und 40 g Mehl erhitzen, ½ l Wasser und 100 g gehackte Zwiebeln zugeben. Salzen und pfeffern. Sauce 15 Min. kochen lassen, Saft einer Zitrone und ein Glas Bier zufügen und mit einem Eigelb binden. Kalbsfüße aus dem Sud nehmen und mit Sauce nappieren. Zu Weizenbrei servieren (heute nimmt man eher Kartoffeln).

Franzosen eingenommen und vom Reich abgetrennt. Der geniale Festungsbaumeister Vauban macht auf diesem Feldzug seine ersten Erfahrungen im Festungskampf, in dem die Franzosen dank des begabten Burgunders bald unschlagbar sein werden.

Unter französischer Herrschaft kehrt eine gewisse Schläfrigkeit ein. Arras wird zu einer Stadt der mittleren Bourgeoisie, in der nichts Aufregendes mehr geschieht, bis die Revolution ausbricht. Nun erfährt Arras eine besondere Berühmtheit, denn der berühmteste oder berüchtigste Sohn, den Arras hervorgebracht hat, ist sicher Maximilien de Robespierre, der Revolutionär, der in der schlimmsten Zeit der Französischen Revolution dafür sorgt, dass die Guillotine stets in Betrieb bleibt, bis er selbst unter das Fallbeil zu liegen kommt. Im Ersten Weltkrieg wird die Stadt mit ihren zahlreichen Sehenswürdigkeiten in der Marne-Schlacht bis auf die Grundmauern zerstört und in einer beispielhaften Kampagne in den zwanziger Jahren des 20. Jahrhunderts Stein um Stein wieder aufgebaut.

Heute ist Arras ein flandrisches Juwel, das zum Bummeln, Flanieren, Verweilen einlädt. Man kann unter den Arkaden dieser so holländisch anmutenden Häuser sitzen, ruhig einen Kaffee trinken und der stetigen Betriebsamkeit dieser Stadt zusehen, bis ein Gedanke an das Ziel des Weges daran erinnert, dass man nicht bleiben darf.

Unterwegs nach Laon

In Arras können wir wählen, welche Straße uns weiterführen soll. Es gibt die Möglichkeit, auf romantischen Schleusenwärtersträßchen den Somme-Kanal entlangzugehen und über die Zeit nachzudenken, Zeit in der man Zeit hat, Zeit zum Fischen, Zeit für einen Schwatz in der nächsten Boulangerie oder mit der Schleusenwärterin, die frischen Honig verkauft und selbstgemachten

Grabmal des Gouverneurs Philippe de Torcy und seiner Gemahlin Suzanne d' Humières in der Kathedrale St. Vaast, Arras.

Tourismustipp Arras

Das Kunstmuseum von Arras ist in einer alten Benediktinerabtei aus dem 18. Jh. untergebracht. Nebst einem guten Einblick in das römische und mittelalterliche Leben von Arras bietet es eine erlesene Sammlung flämischer Malerei. **Musée des Beaux Arts**, 22, rue Paul Doumer, 62000 Arras. Tel. 03 21 71 26 43; Fax 03 21 23 19 26; e-mail : musee.arras@ville-arras.fr

ist. Der irische Mönch Fursey pilgert im 7. Jahrhundert nach Rom und gründete bei seiner Rückkehr hier die Abtei Petrona, deren erster Abt er wird.

Bei Doingt und bei Sérancourt wird es wieder schwierig, den historischen Wegverlauf abzulesen. Wer bei der Wegsuche erfolgreich ist, gelangt entweder auf die gerade Straße über Crépy direkt nach Laon oder aber in den Wald von Saint Gobain. Gobban, wie der heilige Namenspatron auf irisch heißt, ist ein irischer Pilger, der die Heimat zusammen mit Fursey (dem späteren Abt von Péronne) verlässt. Gobban bleibt auf dem Heimweg von Rom in diesem Wald zurück, wo er als Eremit leben will,

Links: Schloss von Péronne; es beherbergt heute ein internationales Museum zum Ersten Weltkrieg.

Rechts: Unter diesem Dolmen im Wald von St. Gobain ließ sich der Hl. Gobban nieder.

Likör. Wer der Wegbeschreibung von Bischof Sigeric folgen will, nimmt die Straße nach Bapaume, Rancourt, Péronne. Und immer wieder begegnen wir den Soldatenfriedhöfen, erst sind es 35'000 Soldaten in Bapaume und dann nochmals beinahe 9'000 in Rancourt.

Péronne verdient eine besondere Erwähnung, weil Péronne eine Gründung der Via Francigena

und errichtet ein Kirchlein zu Ehren des Apostels Petrus – eine Erinnerung an seine Pilgerfahrt. Das Kirchlein, wohl ein einfacher Holzbau, steht an einem besonders heiligen Platz, auf dem Areal einer bronzezeitlichen Megalithanlage, wo der Heilige unter einem Dolmen auch seine Wohnung einrichtet. Doch die einheimische Bevölkerung, die lieber die alten Steine verehrt als den neuen Gott, revoltiert gegen den Missionar und köpft ihn. An seinem Grab sammelt sich eine kleine Mönchsgemeinschaft, die jahrhundertelang das Andenken des Heiligen pflegen wird. Wer sich Zeit nimmt, durch den Wald des Heiligen zu streifen, wird manche Menhire, Dolmen und andere rätselhafte Steinsetzungen finden.

Tourismustipp Péronne

Das Historial des Ersten Weltkriegs im Schloss Péronne will als Museum der vergleichenden Mentalitätsgeschichte Deutschlands, Frankreichs und Großbritanniens den Krieg und vor allem dessen Ursachen und Auswirkungen veranschaulichen. Ein Komitee von Historikern, das das geschichtsbezogene Programm des Historials ausgearbeitet hat, hat sich zu einem internationalen, unabhängigen Forschungszentrum entwickelt. **Historial de la Grande Guerre**, Öffnungszeiten: 1. Mai—30. September: täglich, einschließlich Sonn- und Feiertage, 10—18 Uhr; 1. Oktober—30. April: täglich, auch an Sonn- und Feiertagen, 10—18 Uhr. Montags geschlossen.

Laon

Woher auch immer man sich der Stadt nähert, dieser Hügel, der sich aus der weiten Ebene des Pariser Beckens erhebt, ist unübersehbar. Er ist ein

Die Kathedrale von Laon, eine der ersten gotischen Kathedralen in Frankreich.

heiliger Berg, der schon von den Kelten und den noch früheren Völkern verehrt wurde. Hier ist Berthe au Grand Pied geboren, die sagenumwobene Mutter Kaiser Karls des Großen, denn die Stadt, das ahnt man heute kaum, hatte eine ganz besondere Bedeutung: bis ins 10. Jahrhundert war sie die Hauptstadt Frankreichs. Karl der Kahle, Karl der Einfältige, Ludwig IV., Kaiser Lothar und Ludwig V. residierten in Laon. Im 5. Jahrhundert wird der Heilige Rhémy in Laon geboren, er gründet das Bistum und setzt den Germanen Gennebaudus, der mit dem Frankenkönig Chlothar in die Gegend

von Montagne, mit dem Bau eines neuen Gotteshauses beginnen kann. Fertiggestellt wird es 1235 und es ist eine der ersten gotischen Kirchen.

Natürlich ist eine solche Stadt auch ein religiöses und intellektuelles Zentrum. Durch den Niedergang der Karolinger verliert sie aber ihre zentrale Bedeutung. Erst im 17. Jahrhundert wird Laon aus dem Dunkel wieder auftauchen, jetzt als Garnisonsstadt, denn der Hügel eignet sich gar gut zur militärischen Kontrolle des flachen Landes.

Brennnesselsuppe Laonnaise

Eine Handvoll feingeschnittene Brennnesseln und 200 g eingeweichte Weizenkörner in 2—3 l Wasser aufkochen. 4 geschnittene Schalotten zufügen und nochmals kochen. Suppe vom Feuer nehmen, ein kleines Glas Milch, 4 Löffel Crème fraîche und 2 Eigelb zufügen, salzen, pfeffern.

gekommen war und sich mit der Königsfamilie hatte taufen lassen, als ersten Bischof ein. Die Kapetinger werden die Bischöfe von Laon zu *Pairs de France* erheben und schon viel früher besitzt der Bischof von Laon das verbriefte Recht, bei der Königskrönung in Reims zu assistieren.

Die Bürgerschaft ist aber mit der Herrschaft des Bischofs unzufrieden. 1112 ermorden die erbosten Bürgerinnen und Bürger den Bischof Gaudry, zünden das Bischofspalais an und dabei wird auch die romanische Kathedrale ein Raub der Flammen. Es dauert bis 1155, bis ein neuer Bischof, Gauthier

Unterwegs von Laon nach Reims

Wer sich in Laon satt gesehen hat, steigt wieder hinunter in die Ebene. Bei Chermizy-Aille macht das Schild *Domaine Forestal de Vauclair* deutlich, dass wir einen besonderen Wald zu erwarten haben. Die Domäne, die zu durchschreiten mehrere Stunden benötigt, gehört heute dem Staat. Und aus der Geschichte wissen wir, dass das, was heute als Wald übrig geblieben ist, bloß ein Bruchteil dessen ist, was einst die Domäne ausgemacht hat. Bis zur Revolution war sie im Besitz der Abtei

Tourismustipp Laon

Das **Musée d'Art et d'Archéologie de Laon** wurde 1851 von der Société académique de Laon gegründet, damit die bemerkenswerten, in den gallo-römischen und merowingischen Friedhöfen der Gegend ausgegrabenen Gegenstände sowie auch Gemälde und Fayencen ausgestellt werden konnten. Musée de Laon, 32, rue Georges Ermant, F-02000 LAON. Tel. 03 23 20 19 87, Fax 03 23 20 24 97, e-mail: Musee.Laon@wanadoo.fr.; Öffnungszeiten: 1.Oktober—31.Mai: 14—18 Uhr; 1.Juni—30. September: 11—18 Uhr.

Die verfallene Abtei von Vauclair.

Vauclair und wirtschaftliche Grundlage der klösterlichen Einrichtung. Von der Zisterzienserabtei, die der Hl. Bernhard von Clairvaux am Pilgerweg errichten ließ, um den frommen Wanderern Bei-

stand für Körper und Seele zu geben, ist nichts mehr geblieben als ein riesiges Trümmerfeld, das uns die Bedeutung dieses Kloster erahnen lässt.

Von Corbény an ist der Weg nach Reims wieder schnurgerade; diesmal nicht zur Freude der Fußwanderer. Die Verlockung, ein gutes römisches Straßenfundament mit neuzeitlichem Asphalt zu versehen und in eine Schnellstraße zu verwandeln, die Route Nationale Nr. 44, muss für einen heutigen Straßenbauer einfach zu groß gewesen sein.

Oeufs à l'oseille façon ardennaise

Von 500 g Sauerampferblättern die harten Rippen entfernen; hacken und in Kochbutter in einer Bratpfanne andünsten. In eine gebutterte feuerfeste Platte geben, 6 Eier darüber aufschlagen und mit 200 g Crème fraîche zudecken. Salzen, pfeffern, etwas Muskat zugeben und ein Stück Butter auf jedes Ei legen. Am besten gelingt das Gericht in einem heißen Holzofen, in Ermangelung desselben in der heißen Backröhre. Sobald die Crème fraîche zu kochen beginn, aus dem Ofen nehmen und servieren.

Reims

Reims ist keine Stadt, der man sich unbefangen nähert. Zum einen sind hier, das ahnt man, viele vergessene Episoden aus dem Geschichtsunterricht einzuordnen, zum andern ist Reims ein modernes Zentrum geworden und dies heißt, dass unsägliche Vorortsquartiere mit ihren Mammouths, Jumbos, Bricos oder Géants zu durchqueren sind. Wer dies aber geschafft hat, wird überrascht sein

Hauptfassade der Kathedrale Notre-Dame, Reims (ab 1211 bis um 1300 erbaut).

Dachkonstruktion der Kathedrale von Reims mit Strebebögen und Strebepfeilern.

eine richtige römische Stadt mit Thermen, Theater und allem, was zur römischen Zivilisation gehört. Reims besitzt schon früh eine Christengemeinde, und auch die Kathedrale ist eine der ersten, denn die Chronik berichtet, dass im Jahre 407 der Hl. Nicaise, der erste Märtyrer der Stadt, von Barbarenhorden vor seiner Kathedrale ermordet wird.

Zahlreiche Legenden spinnen sich um das Ereignis, das Reims mit einem Schlag in ganz Europa berühmt macht, die Taufe des Frankenkönigs Chlodwig durch den Hl. Rhémy, an einem Weihnachtstag, kurz vor dem Jahr 500. Der Hl. Gregor von Tours beschreibt den Festzug vom alten Kaiserpalast zum Baptisterium in seiner *Historia Francorum* und gibt die Worte von Saint Rhémy beim Taufakt wie folgt wieder: „*Neige sanft Dein Haupt, stolzer Sicambrer. Verehre, was Du verbrannt hast, und verbrenne, was Du verehrt hast.*"

Das nächste große Ereignis in Reims ist die Kaiserkrönung Ludwigs des Frommen nach dem Tod Karls des Großen. Von da an ist es Tradition, dass der fränkische König bzw. in der Folge der französische König in Reims gekrönt wird. Jeanne d'Arc wird 1429 auf dieser Tradition bestehen und sich mit ihrer Standarte selbst vor den Altar stellen, damit der von ihr auf den Königsthron getriebene Karl VII. nach allen Regeln der Tradition rechtmäßiger König wird. Seit dem 12. Jahrhundert ist das Zeremoniell genau kodifiziert.

Den Nachfolgern des Hl. Rémy gelingt es, aus dem Ort der Taufe des Frankenkönigs eine heilige Stadt zu machen. Als Erzbischof Tilpino von Reims 779 sein Pallium erhält, ist er Oberhirte über die Bistümer von Soissons, Laon, Châlons, Beauvais,

von dem quirligen, lebendigen Zentrum ebenso wie von der räumlichen Größe der historischen Stadt.

Durocorter, wie Reims ursprünglich heißt, ist der Hauptort des keltischen Stammes der Remer. Nach der Eroberung durch die Römer wird die Stadt Hauptort der Provinz *Belgica Secunda* und ist bald

Kathedrale von Reims, Fassadendetail.

Engelsstatuen (um 1240) im Hauptportal der Kathedrale von Reims.

Noyon, Senlis, Amiens, Arras, Cambrai, Thérouanne und Tournai. In Reims und in seiner unmittelbaren Umgebung werden bis zur Jahrtausendwende dreißig Kirchen gebaut. Bis zum 12. Jahrhundert vervielfachen sich die religiösen Institutionen und die Pilgereinrichtungen. Genannt seien darunter nur die wichtigsten: *Saint-Pierre-des-Dames, Sainte-Marie-La-Ronde, Saint-Pierre-Le-Bas, Saint Victor, Saint-Marc-à-Cachot, Saint-Germain*, sodann das romanische *Quartier Saint-Rémy* mit seiner Basilika, seinem Kloster und dem Kloster der Heiligen Cosmas und Damian. Für eine Stadt mit rund 10'000 Einwohnern ist eine solche Dichte kirchlicher Einrichtungen auch für mittelalterliche Verhältnisse außergewöhnlich. Der Reichtum, den der stete Fluss der Pilger, die Schenkungen, Vermächtnisse, Testamente und Verschreibungen garantieren, erlaubt es der Stadt, eine der größten Baustellen Europas zu eröffnen, die Fassade und den Chor der Basilika *Saint-Rémi*,

die noch in romanischem Stil ausgeführt wird. Die Kassen sind nicht erschöpft, doch ein neuer Stil beginnt sich durchzusetzen, noch bevor die Basilika vollendet ist. Als die alte Kathedrale Feuer fängt, erhält Jean d'Orbais 1211 den Auftrag, eine neue Kathedrale *Notre-Dame* im neuen gotischen Stil zu errichten. An diesem Projekt bauen Jean Le Loup, Gaucher de Reims, Bernard de Soissons und Robert de Coucy bis ins Jahr 1430 und schaffen eines der eindrucksvollsten Bauwerke der Welt, ein Juwel der gotischen Baukunst.

Es ist beinahe unnötig zu sagen, dass für die Pilger in Reims immer ausreichend gesorgt war. Schließlich sind wir in der Hauptstadt der Champagne und niemand sollte den Ort verlassen, ohne von dem Getränk gekostet zu haben, das findige Menschen erdachten, um aus dem sauren Wein, der hier wächst, etwas Trinkbares zu machen. Doch der Champagner, wie wir ihn heute kennen, ist ein relativ junges Getränk, das die mittelalter-

Reims, Porta Marzia (3. Jh.).

Canard sauvach' aux peumm's

Wildente rupfen, abflammen, ausnehmen und waschen. Das Innere der Ente mit Apfelstücken füllen. Innen und außen salzen und pfeffern und gut zubinden. In einer Kasserolle im sehr heißen Ofen 40 Min. lang garen und immer wieder mit dem Jus übergießen. Ente warm stellen. 25 g Zucker karamelisieren und mit einem Glas dunklem Bier ablöschen. Entenjus entfetten und beigeben. Etwas Gemüsebrühe zugeben und die Sauce gut einkochen lassen. Vom Feuer nehmen und mit reichlich Crème fraîche binden. Ente in Stücke schneiden und mit Sauce übergießen.

lichen Pilger noch nicht kannten. Pierre Perignon, Benediktinermönch und Kellermeister der Abtei Hautvillers, gilt als Erfinder des moussierenden Weins, wenn auch zunächst nicht ganz freiwillig. Denn das verhältnismäßig kühle Klima der Champagne zwingt die Weinbauern dazu, die Trauben spät im Jahr zu pflücken. Dabei reicht die Zeit nicht, dass die Hefe auf der Traubenschale den Zucker im ausgepressten Traubensaft in Alkohol umwandeln kann, bevor der erste Frost den Gärungsprozess unterbricht. Mit Beginn des Frühjahrs beginnt deshalb der Gärungsprozess erneut und dabei werden kohlesäurehaltige Gase entwickelt, die aus den geschlossenen Fässern nicht entweichen können. Pierre Perignon systematisierte diesen Prozess, indem er die zweite Gärung in den Flaschen stattfinden ließ.

Champagner war zunächst ein regionales Getränk. Erst Napoleon gab ihm seine heutige Bedeutung. Wo immer der Kaiser einen Sieg zu feiern hatte, wurde Champagner serviert und bald zogen die Champagnerhändler nach, bis über ganz Europa ein dichtes Handelsnetz gesponnen war. Bis zum Ende des 19. Jahrhunderts war Champagner ein süßes bis klebriges Getränk. Erst 1875 produzierte das Haus Pommery die ersten Flaschen „brut" in einer Qualität, wie sie heute beliebt ist.

Tourismustipp Reims

Besonders sehenswert ist das **Palais du Tau**, das 1690 von Mansart und Robert de Cotte erbaute Palais des Erzbischofs. Es beherbergt heute das Museum der Bauhütte der Kathedrale von Reims sowie Tapisserien, Skulpturen und Objekte, die an die Krönungszeremonie erinnern. Von besonderem Interesse ist die Salle du Tau in der die Krönungsbankette abgehalten wurden. Palais du Tau, 2, Place du cardinal Luçon, 51100 Reims. Tel. 03 26 47 81 79, Fax 03 26 47 85 65. Öffnungszeiten: 1. September—14. November: 9.30—12.30 Uhr und 14—18 Uhr; 15. November—15. März: 10—12 Uhr und 14—17 Uhr; 16. März—30. Juni: 9.30—12.30 Uhr und 14—18 Uhr.

Das **Musée des Beaux-Arts** von Reims gilt als eines der schönsten in der französischen Provinz. Untergebracht in der alten Abbaye Saint-Denis zeigt es Werke von Cranach, David, Delacroix, Daumier, Courbet, der Schule von Barbizon, Monet, Renoir und Gauguin. Muséé des Beaux-Arts, 8, rue Chanzy, Tel. 03 26 47 28 44, Fax 03 26 86 87 75.

Originalgrafiken von Dürer werden im **Hôtel Le Vergeur** ausgestellt, einer Villa, deren ursprüngliche Bausubstanz ins 13. Jh. zurückreicht. Musée, 36, Place du Forum, Tel. 03 26 47 20 75. Geöffnet täglich 14—18 Uhr außer Montag; in der Zeit vom 1. Juni—31. August zusätzlich morgens 10—12 Uhr.

Der Weg von Reims nach Besançon

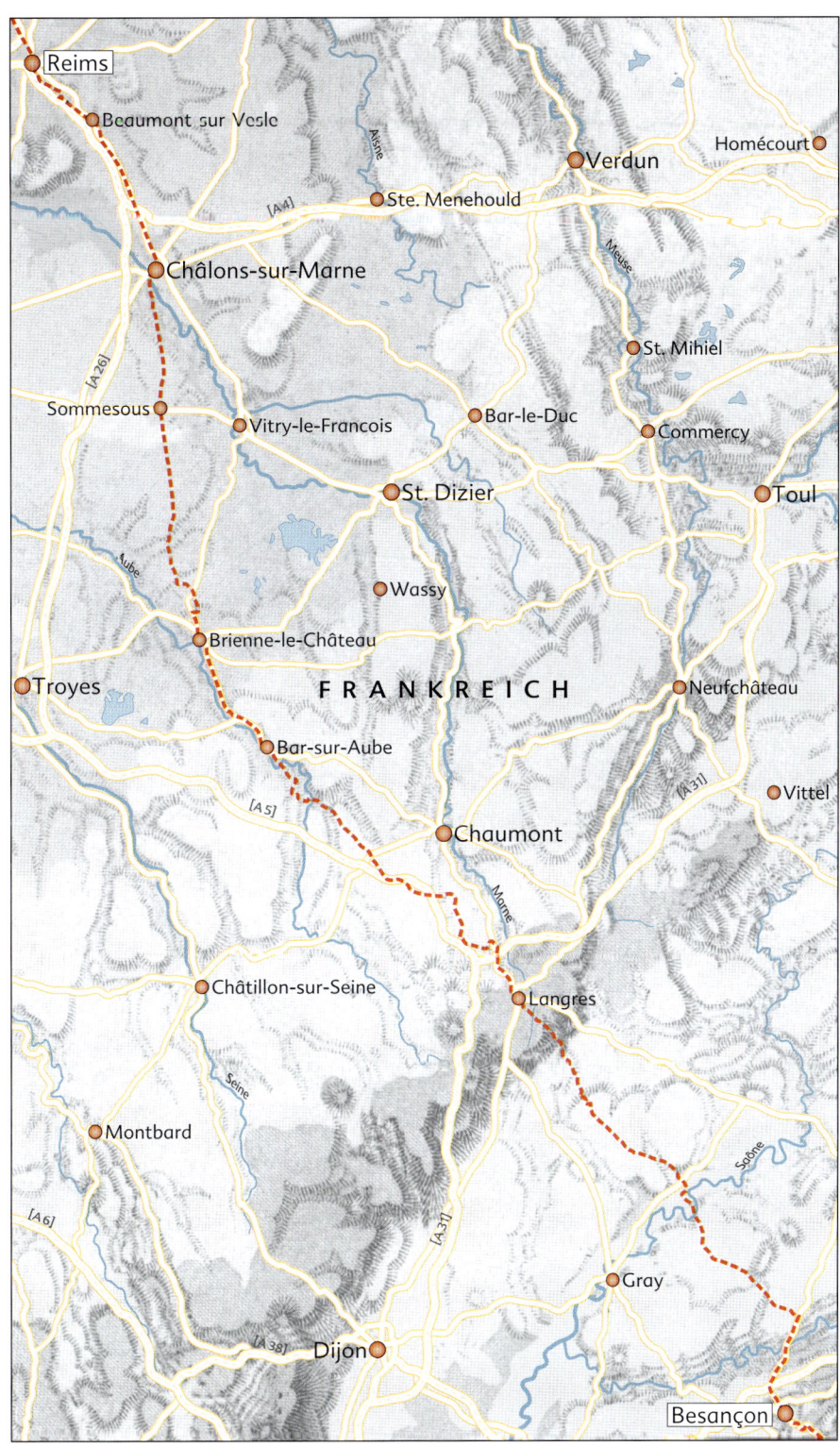

Von Reims nach Châlons-en-Champagne

Bis Condé-sur-Marne geht der Weg Sigerics auf der Route Départementale, dann aber können wir auf Treidelpfaden den Marnekanal entlang marschieren. Felder und Weinberge wechseln einander ab. Châlons ist die keltische Hauptstadt des Stammes der Katalaunen. Unter Agrippa wird sie zu einem wichtigen Verkehrsknotenpunkt auf der Verbin-

Die Kathedrale Châlons-en-Champagne (13. Jh.). Eine Tafel in der Kathedrale erinnert daran, dass hier im Jahre 1147 der Hl. Bernhard von Clairvaux im Beisein von Papst Eugen VI. und König Ludwig XI. zum zweiten Kreuzzug aufrief.

Soupe verte Châlonnaise

Je eine Handvoll Sauerampfer, Brennnesseln, Löwenzahn, Spinat und Stangensellerie hacken und mit einem Lorbeerblatt, Salz, Pfeffer und 8 Knoblauchzehen in 2 l kaltes Wasser geben und aufkochen. In jeden Suppenteller ein Stück altbackenes Brot legen, ein Ei darüber aufschlagen und mit der Suppe übergießen. Soll die Suppe gehaltvoller werden, kann Weizen oder Hafer mitgekocht werden.

schen Kathedrale *Notre-Dame-en-Vaux* ist ebenso unumgänglich wie die des Heiligen Alpinus.

Châlons ist in allen Schriften als Châlons-sur-Marne bekannt. Die Bürgerschaft wollte aber die Erinnerung an die verlustreiche (wenngleich siegreiche) Marneschlacht des Jahres 1914 tilgen und hat, auf Anregung von Tourismusfachleuten, vor einigen Jahren beschlossen, sich in Châlons-en-Champagne umzubennen.

dungsachse Mailand – Boulogne. Bereits im 3. Jahrhundert wird Châlons Bischofssitz. 1147 erlebt die Stadt einen großen historischen Moment: In der Kathedrale predigt Bernhard von Clairvaux im Beisein von Papst Eugen III. den vierten Kreuzzug. Die Stadt wird berühmt für die Produktion von Leinentüchern, die von italienischen Händlern als *scialli* in Europa vermarktet werden. Es sind die Schals oder *shawls*, die im Winter wärmen und die Schultern schützen. 1589 während der blutigen Religionskriege verlegt König Heinrich IV. das Parlament von Paris nach Châlons, um seine Sicherheit zu gewährleisten.– Ein Besuch der romanisch-goti-

Rechts: Typisches Riegelhaus im Zentrum von Châlons.

Tourismustipp Châlons-en-Champagne

Das **Musée Municipal** ist ein hübsches Provinzmuseum mit einer eklektischen Sammlung von großem Wert. Nebst einer der größten französischen Ausstellungen zur La-Tène-Zeit, die große Ganggrabanlagen zeigt, werden einige gallo-römische Stelen ausgestellt, aber auch indische Statuen, flämische, französische und spanische Malerei, alle in Frankreich heimischen Vögel oder das Intéreur eines typischen Hauses der Champagne aus dem 19. Jh. Musée Municipal, Place Godart, 51000 Châlons-en-Champagne. Tel : 03 26 69 38 53, geöffnet täglich 14—18 Uhr außer dienstags.

Von Châlons-en-Champagne nach Clairvaux

Von Châlons aus führt der historische Weg wieder über die römische Trasse. Allein der Einstieg in den alten Weg ist nicht immer gut zu finden. Ursprünglich schnurgerade sind Fontaine-sur-Coole, Le Meix-Tiercelin und Donnemont verbunden, die alle mit romanisch-gotischen Kirchen von der Zeit

Tourismustipp Brienne-le-Château

Das **Musée Napoléon** zeigt das Leben Bonapartes an der École Militaire de Brienne und die Organisation dieser Schule in den Jahren um 1780.
Tel. 03 25 92 82 41, Öffnungszeiten: 1.April — 31. Oktober: 10—12 Uhr und 14—18 Uhr.

der Hochblüte des Pilgerlaufens Zeugnis ablegen. Es ist eine eigenartige Romanik, die wir nur in dieser Gegend finden, denn ein Teil der Gebäude ist immer in Fachwerk ausgeführt.

In Rosnay-l'Hôpital sagt schon der Ortsname, welche Funktion das Dorf hatte. Die Kirche ist wieder einmal dem Hl. Thomas Beckett geweiht. Die Römerstraße mündet in die moderne Route Départementale 396 und nach wenigen Kilometern ist Brienne-le-Château erreicht, ein kleines Garnisonsstädtchen. Hier genoss ein junger Mann in den Jahren 1779–1784 seine erste militärische Ausbildung, der aus einer italienischen Familie stammte, die beheimatet war in Sarzana an der Via Francigena und seit dem Großvater im Exil auf Corsica lebte: Napoleone Buonaparte. Für Anhän-

Poulet à la Champenoise

Ein Huhn von 1,5 kg in Stücke schneiden und in Butter goldbraun anbraten. 4 Schalotten hacken, 250 g Champignons de Paris schneiden, dazugeben und etwas Farbe annehmen lassen. Mit Champagner ablöschen, salzen, pfeffern und auf kleinem Feuer ¾ Std. köcheln lassen. In einem andern Topf 50 g Butter mit 20 g Mehl mischen und zusammen mit Crème fraîche zum Huhn geben. In der Zwischenzeit Erbsen kochen und zusammen mit dem Huhn anrichten.

Im Innern der Kirche von Brienne-le-Château.

Rechts: Brienne-le-Château: Statue des jungen Napoleon, der hier seine erste militärische Ausbildung genoss.

ger des Kaisers ist Brienne heute noch ein Pilgerort, denn in der Kirche feierte der junge Napoleon seine Erstkommunion.

In Brienne lohnt es sich, von dem heute markierten Wegverlauf der Francigena abzuweichen und einen Abstecher in den Park von Petit-Orient zu wagen. Dies ist kein gewöhnlicher Park, sondern ein ausgedehntes Wald- und Seengebiet, das einst den Templern gehörte und die wirtschaftliche Basis für den Betrieb von Pilgerhospizen darstellte. Die Legende berichtet, dass Templer, die der Verfolgung durch König Philipp den Schönen entkommen waren, große Schatztruhen voll Gold und Edelsteinen in diesem Wald vergraben haben. Bis heute wurden die Schätze nicht gefunden.

Einige Kilometer können wir wieder auf der Römerstrasse gehen, bis der historische Weg unter der Route Nationale 19 begraben wird. Sie führt nach Bar-sur-Aube, einem mittelalterlichen Bijou, das zum Verweilen einlädt. Die Kanäle, die durch das Städtchen fließen, zeugen von florierendem mittelalterlichen Handwerk und die Kirche St. Pierre von der meisterlichen regionalen Architektur der Champagne. Bar war reich im frühen Mittelalter. Jedes Jahr von Mitte Februar bis Mitte April verwandelte sich Bar in einen europäischen Marktplatz, auf dem flandrische, spanische, italie-

Unten: Die Voie Brunehaut bei Rachincourt.

Tourismustipp Bar-sur-Aube

Petrographische, paläontologische und prähistorische Sammlungen zeigt das **Musée municipal**, Hôtel de Ville, Place Carnot, 10200 Bar-sur-Aube. Tel. 03 25 27 04 21.

Truites au champagne

Zwei Lachsforellen waschen und innen und außen mit Salz und Koriander würzen. Eine Gratinform ausbuttern und die Fische hineinlegen. 3 Esslöffel Butter schmelzen und über die Fische gießen. Im heißen Ofen 5 Min. garen lassen, dann mit 25 cl Champagner übergießen und für weitere 15 Min. in den Ofen geben. Fische regelmäßig mit dem Jus übergießen. Fische im abgeschalteten warmen Ofen lassen. Für die Sauce einen Esslöffel Butter in einer Pfanne schmelzen, Mehl zufügen und ständig umrühren. Nach 1 Min. 25 cl. Champagner zufügen und 10 Min. köcheln lassen. Den Fischsud durch ein Netz in die Sauce gießen und auf kräftigem Feuer reduzieren. Vom Feuer nehmen, 4 Eigelb, einen Löffel alten Weißweinessig und zwei Löffel Crème fraîche zugeben. 70 g Butter zufügen, in die Sauce einarbeiten, salzen und pfeffern. Forellen auf einer heißen Platte anrichten und mit Sauce nappieren.

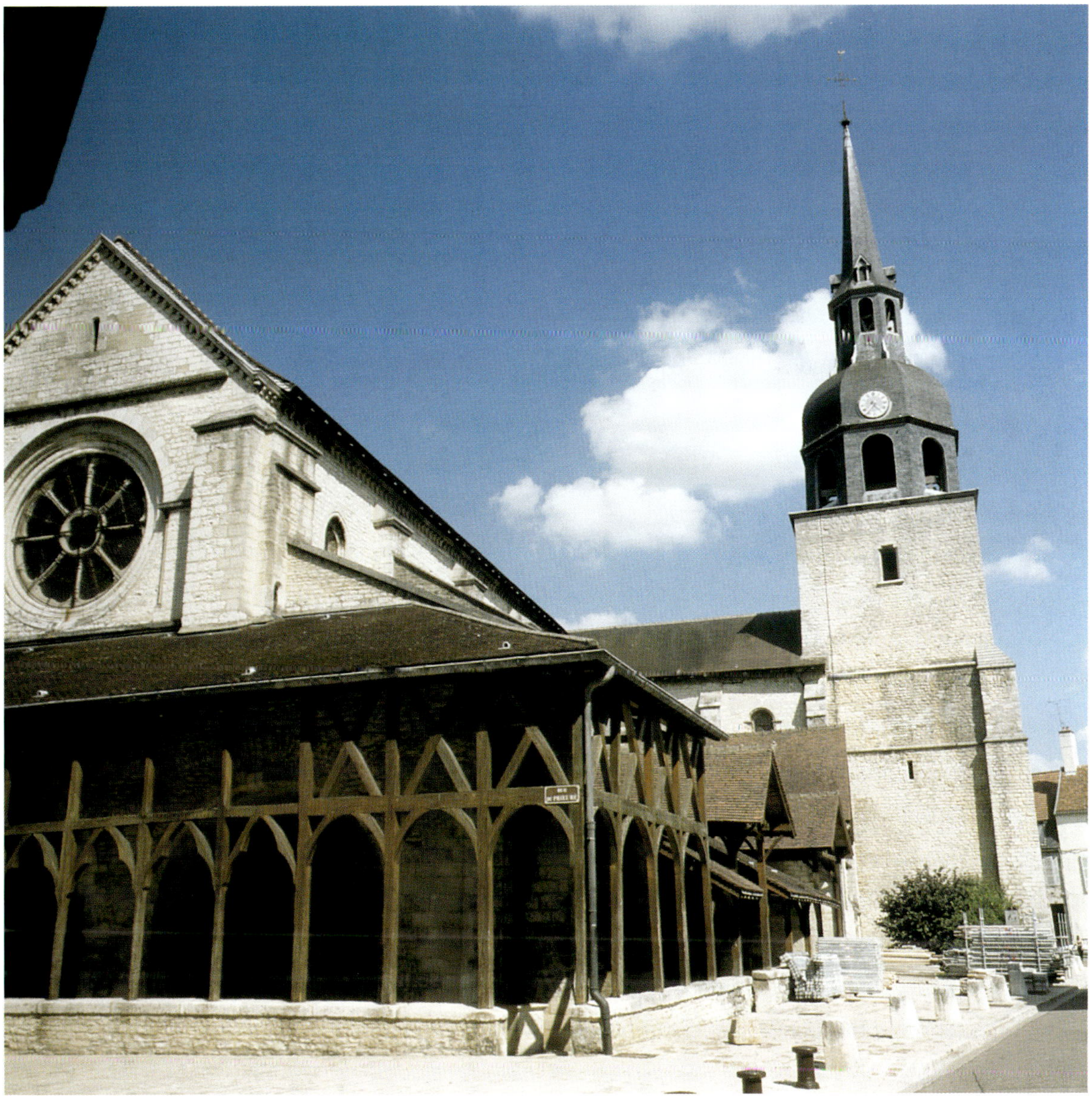

Pilgerkirche St. Pierre in Bar-sur-Aube. Sie verbindet frühe burgundische Gotik mit Holzarkaden aus dem 14. Jh.

nische und deutsche Händler ihre Waren tauschten. Ein ganzer Gebäudekomplex gehörte den Mönchen von Clairvaux, die hier Pilger logierten und an den Märkten ihren Wein verkauften.

Sehenswert ist die Kirche St. Pierre aus dem 12. Jahrhundert, nicht nur wegen des klaren, gotischen Innern, sondern auch wegen der einmaligen Holzveranda, die um die Kirche herum gebaut ist.

Von Bar-sur-Aube gelangen wir in den Wald von Clairvaux. Die frommen Legenden wollen uns glauben machen, die Klöster der großen Heiligen seien in einsamer Wildnis entstanden. Dies mag für die eine oder andere Gründung zutreffen, doch wer die Via Francigena entlanggeht, darf an den Legenden ein bisschen zweifeln. Die Abtei von Clairvaux wurde vom Hl. Bernhard genau an eine mittelalterliche Hauptverkehrsachse gestellt, wie auch jene von Vauclair, der wir schon begegnet sind. Und der Wald ist das Produkt einer jahrhundertelangen erfolgreichen Forstwirtschaft.

Von der alten Abtei ist an Gebäuden nichts geblieben. Wer die Atmosphäre eines Zisterzienserklosters erleben will, geht lieber nach Fontenay; doch wer sich mit der Geschichte dieses fleißigen Ordens auseinandersetzen möchte, sollte genügend Zeit einplanen, um in Clairvaux zu verweilen, auch wenn die tätige Frömmigkeit der Zisterzien-

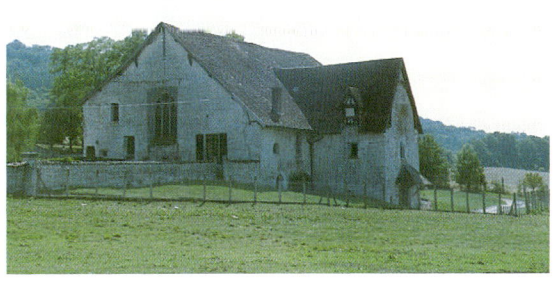

Kellereigebäude der Mönche von Clairvaux aus dem 12. Jh. Hier kelterten die Mönche den damals sauren Champagnerwein aus unreif geernteten Trauben.

Die Abtei Clairvaux. 1098 gründete hier Bernhard von Clairvaux seine Ordensgemeinschaft. Clairvaux war bis zur Französischen Revolution das größte Kloster, danach das größte Gefängnis Frankreichs.

Unten: Mormant, das Templerhospiz; es ist im Laufe der Jahrhunderte im Erdboden versunken, sodass die Kapitelle nur noch wenige Zentimeter über den Boden hinausragen.

ser dadurch gelitten hat, dass in diesem Kloster eine der berüchtigtsten Justizvollzugsanstalten von ganz Frankreich betrieben wird.

Von Clairvaux nach Besançon

Eine romantische Landschaft erfreut das Auge auf dem Weg von Bricon nach Blessonville und weiter Richtung Mormant. In Mormant dürfen wir ganz einfach staunen: Was zunächst aussieht wie ein prächtiger alter Bauernhof, ist eine alte Templerabtei mit Pilgerhospiz. Nicht einmal das Schildchen *Monument national* fehlt an dem Gebäude, das als Getreidespeicher dient und einzustürzen droht, sodass es mit Holzbalken gestützt werden muss. Auf der Höhe des heutigen Fußbodens befinden sich die Kapitelle; was darunter zum Vorschein kommen mag, wird solange ein Geheimnis bleiben, bis sich jemand des Monuments erbarmt.

Langres, Kathedrale
St. Mammès (12. Jh.).

Auf der Route Départementale geht es weiter nach Langres. Das heutige Provinzstädtchen, wie Laon auf einem Heiligen Hügel gelegen, war unter dem Namen *Antemantunum* einst Hauptstadt der Lingoner. Diese hatten sich früh mit Cäsar verbündet; nach dem Tod Neros versuchten sie, ein eigenes gallisches Kaiserreich zu errichten. Schon im 2. Jahrhundert hat hier Saint Bénigne eine christli-

Tourismustipp Langres

Gallorömische Kunstwerke, schöne Mosaiken und Exponate aus dem Leben des Dichters Denis Diderot zeigt das **Musée d'Art et d'Histoire de Langres**. Tel. 03 25 87 08 05, Öffnungszeiten: täglich 10—12 Uhr und 14—17 Uhr, außer dienstags.

Jambon cru au Comté

Feuerfeste Förmchen ausbuttern und je
2 dünne Scheiben Rohschinken an die Ränder
drücken. Sellerie in Milch aufkochen, salzen,
pfeffern, pürieren und mit reichlich Crème
fraîche verrühren. Förmchen zu 2/3 mit der
Selleriemasse füllen und den Rest der Form
mit fein geschnittenem Comté-Käse füllen.
In die heiße Backröhre geben und 20 Min.
überbacken. Zu frischem Löwenzahnsalat
servieren, der mit Nussöl angemacht ist.

che Kirche errichtet und den Hl. Senatorius als ersten Bischof der Stadt eingesetzt. Bei den Germa-
neneinfällen wird die Stadt zerstört und 407 vollständig verwüstet. Zu ihrer einstigen Größe findet
sie nie zurück, auch wenn ihre Bischöfe im
12. Jahrhundert zu *Pairs de France* aufsteigen. Der
berühmteste Sohn der Stadt ist sicher Denis Diderot, der Schriftsteller und Philosoph, dem auf dem
Hauptplatz eine Statue gewidmet ist.

Der Pilgerweg führt nun durch eine liebliche,
wasserreiche Gegend. Jedes Dorf hat sein Lavoir,
sein Waschhaus, eines schöner als das andere. Von
Pierrecourt führt der Weg zur Kapelle *Notre-Dame-
des-Malades,* auch sie eine Einrichtung für Pilger,

die nach dem langen Weg erschöpft sind. Bei Sa-
voyeux wird die Saône überquert und durch den
Wald von Belle Vaivre geht es nach Besançon.

Wir sind in der Franche-Comté, der Freigrafschaft Burgund, und dies ist ein eigenes Land, das
mit Frankreich in einem sehr gespannten Verhältnis lebt. Nicht einmal seine aktuellen Geschichts-
bücher sind die gleichen wie jene im übrigen
Frankreich. Man betont überall die Differenz, wie
in dem Volkslied, das die Comtois als die besseren
Menschen darstellt: *„Les gens de chez nous, le coeur
moins froid et l'âme moins chaude..."* (*„Die Leute
von hier, mit weniger kaltem Herzen und weniger
heißer Seele")*.

In diesem Lied ist die historische Erfahrung
eines Volkes zum Ausdruck gebracht, das bis zu
Kaiser Karl V. selbstverständlich und treu zum
Deutschen Reich gehört hatte, das mit der Teilung
des kaiserlichen Erbes treu und begeistert spa-
nisch geworden war, das den französischen König
Heinrich IV. als erfolglosen aber brutalen Agressor
hasste und das sich nach 1678, als die Eroberung
durch den französischen König Ludwig XIV. und
seinen genialen Feldherrn Vauban vom bankrot-
ten Mutterland auf der iberischen Halbinsel nicht
mehr abgewendet werden konnte, zur Gewohn-
heit gemacht hatte, sich mit dem Gesicht nach
unten begraben zu lassen, um wenigstens im Tod
die Sonne, die der französische König repräsen-
tierte, nicht mehr sehen zu müssen.

Besançon

Das erste, was die Wanderer heute von der Stadt in der Schlaufe des Doubs wahrnehmen, ist die riesige Vauban-Festung, die die ganze Gegend dominiert. Dies ist nicht der Anblick, der sich dem mittelalterlichen Pilger bot, denn auch dieser Berg war ein Heiliger Berg, schon vor der keltischen Zeit, und die Christen hatten ihn mit einer prächtigen Kathedrale geschmückt. Dem Festungsbaumeister aber waren die möglichen Schusslinien wichtiger, und so steht nun an Stelle des geistigen Zentrums ein militärisches, das, Ironie des Schicksals, seinen eigentlichen Zweck, nämlich die Verteidigung der Stadt, nie erfüllt hat.

In Besançon sind schon um das Jahr 100 n. Chr. die ersten christlichen Missionare bezeugt, die heiligen Märtyrer Ferreol und Ferjeux. Nach ersten Alemanneneinfällen in den Jahren 161–180, die die Stadt verwüsten, wird sie von Marc Aurel prächtiger als je zuvor wieder aufgebaut. Zeuge davon ist der Triumphbogen, der, in die mittelalterliche Stadtmauer integriert, heute noch zu besichtigen ist.

Die Chroniken lassen vermuten, dass Besançon ab etwa 210 einen Bischof der verbotenen Untergrundkirche besitzt. Doch es wird auch nach dem Toleranzedikt von Mailand noch einige Jahre dauern, bis 346 mit Pancharius der erste Bischof namentlich bezeugt ist. Um das Jahr 430 beginnen die Heiligen Romanus und Lupicinus mit den ersten Klostergründungen in den Jurawäldern. Im Jahre 460, das Land ist inzwischen von den Burgunden erobert, wird der Bischofssitz, der in der Völkerwanderungszeit untergegangen war, neu errichtet. Im Jahre 516 schenkt der Burgunderkönig Sigismund das Salzregal von Salins und seine ganze restliche burgundische Herrschaft dem Kloster St. Maurice d'Agaune und zieht sich nach St. Maurice zurück. Dort wird er 522 vom Frankenkönig Clovis I. gefangen, geblendet und ermordet. Von nun an sind es die Franken, die über das Gebiet der späteren Freigrafschaft bestimmen. Dem Kloster St. Maurice bleibt das Salz, die weltliche Herrschaft geht an die Merowinger.

Mit dem Auseinanderbrechen des Karolingerreichs nach dem Tod Karls des Großen und den Erbstreitigkeiten seiner Nachkommen entstehen kleine Teilreiche. 880 wird die Provence als eigenes Königreich ausgerufen und 888 lässt sich Rudolf von Strettlingen (bei Thun), der Herzog von Transjuranien, in St. Maurice zum König des neuen Königreichs Hochburgund krönen, das mit dem Tod des kinderlosen Rudolf III. im Jahre 1032 wieder im Deutschen Reich aufgehen wird.

Als deutsche Reichsstadt teilt Besançon das Schicksal des Reiches. Und die Verbindung zum Kaiserhaus ist eng: Friedrich Barbarossa etwa ist seit 1156 in zweiter Ehe mit der burgundischen Erbin Beatrix verheiratet. Dies ist der Grund, weshalb im Jahre 1157 der deutsche Reichstag in Besançon durchgeführt wird. Die weltliche Herr-

Besançon, am Ufer des Doubs.

Hospital St. Jacques in Besançon. Am Ort des mittelalterlichen Pilgerhospitals ließ Ludwig XIV. nach Eroberung der Franche-Comté 1674 als erstes französisches Gebäude das neue Pilgerhospiz errichten. Es wird heute als Spital genutzt.

Besançon. Geschäftsstraße. Beachtenswert sind die Häuser aus dem typischen gelb-blauen Sandstein.

schaft der Stadt wird vom Bischof ausgeübt, der auf dem Kirchenhügel residiert, allerdings sehr zum Missfallen der Bevölkerung, die das Bischofspalais mehrfach anzündet.

Durch Erbschaft fällt im 14. Jahrhundert die Freigrafschaft an Margarethe von Flandern. Diese ist mit dem burgundischen Herzog Philipp von Rouvres verlobt. Doch der Bräutigam stirbt vor der Hochzeit. Die Braut – die reichste Frau im damaligen Europa – tröstet sich mit Philipp dem Kühnen, dem jüngeren Sohn des französischen Königs, der von diesem mit dem Herzogtum Burgund belehnt wird. Damit beginnt das Goldene Zeitalter der großen Herzöge, die beispiellose Konjunktur des burgundisch-flandrischen Staatswesens, das faktisch Frankreich regiert und vielleicht nach der Kaiserkrone hätte greifen können, wenn es behutsamer vorgegangen wäre als Herzog Karl der Kühne, der 1477 in Nancy von einer Koalition der alten Erzfeinde Schweiz und Österreich, die mit Lothringen und Frankreich verbündet sind, geschlagen wird und das Leben lassen muss. Sein Erbe fällt an seine Tochter Maria von Burgund, und diese heiratet den künftigen Kaiser Maximilian von Habsburg in der Hoffnung ihr Gut zu retten. Ihr Mann kann ihr jedoch bloß die flandrischen Provinzen und die Freigrafschaft erhalten, das Gebiet der heutigen Bourgogne nimmt sich der französische König Ludwig XI. als Brautgut, weil er erst sich selbst mit Maria und dann seinen Sohn (den künftigen Karl VIII.) mit deren Tochter Margarethe von Österreich verheiraten will und sich die Mitgift schon vorneweg sichert.

Margarethe von Österreich ist der Glücksfall der Geschichte für die Franche-Comté. Am französischen Hof als künftige französische Königin erzogen, wird sie mit 16 Jahren nach Hause zurückgeschickt, denn der französische König hält nun doch die Ehe des Thronfolgers mit Anne de Bretagne für die opportunere Lösung. Der kaiserliche

Vater Maximilian I. verheiratet die junge Frau daraufhin mit dem spanischen Infanten, und in Burgos und Toledo lernt sie von ihrer Schwiegermutter, Isabella der Katholischen von Kastilien, der sie in Liebe zugetan ist, alle Geheimnisse der modernen Staatsführung. Nach wenigen Monaten aber stirbt der Ehemann, sie wird nach Hause geschickt und ihr Vater, der will, dass Kinder des Hauses Habsburg gut verheiratet werden, findet mit Herzog Philipert von Savoyen einen neuen Ehemann.

In Savoyen zeigt Margarethe, was sie gelernt hat. Sie nimmt sich engagiert der Organisation des Herzogtums an und als ihr Mann stirbt, wird sie Regentin von Flandern und Burgund. Daneben betreibt sie in ihrer Residenz in Brüssel eine Art Internat für die Kinder des europäischen Hochadels und erzieht insbesondere den Grafen Karl von Burgund, dem sie zunächst als Karl I. auf den spanischen Thron verhilft und dann mit Hilfe der Gelder, die ihr Kanzler und Finanzspezialist Gattinara auftreiben kann, als Karl V. auf den deutschen Kaiserthron bringt.

Mit Gattinara als Kanzler, dem ehemaligen Staatsrechtsprofessor der Universität Dôle, hat ein Comtois die höchsten Würden, die ein Nichtadeliger im Reich erlangen konnte. Und nach seinem Tod geht es weiter mit der burgundischen Verwaltung, denn Karl V. wird als frankophoner Fürst erzogen und versteht kaum ein Wort Deutsch. 1534 wird Nicolas Perrenot de Granvelle, ein Bürger von Besançon, Erzkanzler des Deutschen Reiches und im folgenden Jahr auch noch Vizekönig von Neapel. Fünf Jahre später ist sein Sohn Antoine Großsiegelbewahrer des Reichs, zehn Jahre später ist er Kardinal. Es ist die große Zeit von Besançon in der großen Politik. In diesen Jahren entsteht in der Stadt auch das Palais Granvelle, das bald wieder im alten Glanz erstrahlen soll.

Als sich Kaiser Karl V. im Jahr 1556 resigniert ins Kloster San Jeronimo de Yuste zurückzieht und sein Erbe verteilt, gibt er die Kaiserkrone, die deutschen Lande und auch die freie Reichsstadt Besançon seinem Bruder Ferdinand; Spanien, die Kolonien, Flandern und die Franche-Comté seinem Sohn Philipp II. Die spanische Zeit soll die glücklichste für das Land gewesen sein: keine Steuern, keine Zölle, keine Militärdienstpflicht. Wenn nur die Habgier der Nachbarn nicht wäre.

Nie erlahmt der Anspruch Frankreichs auf das Gebiet. 1589 unternimmt Heinrich IV. einen ersten Eroberungsversuch, der fehlschlägt. 1638 ist Kardinal Richelieu erfolgreicher und erobert Besançon, doch zu Ende des Jahres muss er alles, was er ertrotzt hat, wieder zurückgeben. 1664 findet dann ein Gebietstausch zwischen Deutschland und Spa-

Tourismustipp Besançon

Das **Musée des Beaux-Arts et d'Archéologie** gibt einen guten Einblick in die Geschichte und Kunst der Franche-Comté. Bemerkenswert sind insbesondere die Sammlung keltischer Exponate sowie die burgundischen und flämischen Meister. 1, place de la Révolution, 25000 Besançon. Tel: 03 81 87 80 49, Fax: 03 81 87 80 64. Geöffnet täglich 9.30—12 Uhr und 14—18 Uhr, außer dienstags.

Das **Musée du Temps au Palais Granvelle** zeigt die Uhrmacherkunst des Jura und erlaubt einen Blick in Leben und Wirken von Nicolas Perrenot de Granvelle , Staatssekretär Kaiser Karls V., und seines Sohnes Antoine Perrenot de G., Kardinal von Mechelen. 96, Grande Rue, 25000 Besançon. Öffnungszeiten: 1.Oktober — 30.April: Dienstag bis Sonntag 13—18 Uhr, in den übrigen Monaten bis 19 Uhr.

Das **Musée Comtois** in der Vauban-Festung ist in verschiedene Abteilungen gegliedert. Es erlaubt eine Auseinandersetzung mit dem großen Festungsbaumeister des Sonnenkönigs, präsentiert Geschichte und Alltagsleben der Franche-Comté, evoziert die Gräuel des II. Weltkriegs im Musée de la Résistance und enthält auch einen Tierpark. Daneben lohnt auch der Blick auf Stadt und Doubs den Aufstieg auf die Zitadelle. Öffnungszeiten: täglich außer dienstags 10—17 Uhr, im Sommer bis 19 Uhr.

nien statt. Deutschland erhält die spanische Stadt Frankenthal und Spanien die Reichsstadt Besançon, die mitten im spanischen Gebiet liegt. Bald versucht der Sonnenkönig Ludwig XIV. erneut die Eroberung und 1674, als die spanischen Truppen im holländischen Krieg gebunden sind, ist die Einnahme von Besançon und der Freigrafschaft nur eine Sache von Tagen. Sofort wird die Selbstverwaltung aufgehoben, das drückende französische Steuersystem eingeführt und überhaupt wird kaum etwas ausgelassen, was den Hass der Comtois auf Frankreich hätte schüren können.

So verwundert es nicht, dass es in der Französischen Revolution die Comtois sind, die die Bastille stürmen. Und dass Rouget de Lisle, der Komponist der Marseillaise, aus Besançon stammt, passt ins Bild.

Für die Pilgergenerationen des Mittelalters ist Besançon einer der wichtigsten Sammelpunkte. Hier macht man sich bereit für die Überwindung des Jura, und in der Tat ist dies kein einfaches Unterfangen, denn bis Besançon ist der Weg flach gewesen, doch nun zeigen sich die Berge am Horizont und das bedeutet Mühsal für die Menschen zu Fuß. Wer der Pflege bedurfte war in Besançon bestens versorgt und noch heute ist das Pilgerhospital St. Jacques ein architektonisches Wunderwerk. Man sollte nicht versäumen, der Spitalapotheke einen Besuch abzustatten, denn sie steht der berühmteren von Beaune in keiner Weise nach. Es muss dazu nur ein amtlicher Führer gemietet werden, denn die Apotheke eines Spitals, das heute noch als Regionalspital betrieben wird, kann nicht jedem Touristen offen stehen.

Die Kathedrale, die wir heute auf halber Höhe des Hügels besuchen können, ist Johannes dem Täufer geweiht und geht auf einen Bau aus dem 4. Jahrhundert zurück. Dort, wo sich heute das Ungetüm der Vauban-Festung erhebt, stand die Kathedrale St. Etienne, der Ort, an dem auch die Pilgerweihe vollzogen wurde. St. Etienne hatte ein besonderes Heiligtum aufzuweisen, das weitherum verehrt wurde: das wahre Grabtuch Christi. Dass ein anderes „wahres Grabtuch" Christi in Turin gezeigt wurde, musste auf der Via Francigena nicht kümmern, denn Turin lag nicht am Weg. Als Vauban aus militärischen Gründen die obere Kathedrale abreissen lässt, baut man eine eigene Grabtuchkapelle in der Kathedrale St. Jean. Die Kapelle ist noch da. Das Grabtuch kam in der Revolution nach Paris und ist seitdem verschwunden.

Der Weg von Besançon durch den Jura nach Lausanne

Von Besançon nach Pontarlier

Die Frage nach dem historischen Wegverlauf aus Besançon heraus in Richtung Jura will in der Stadt derzeit niemand beantworten. Auf dem *Office du Tourisme* wird folgende Antwort gegeben: „*Das haben schon viele Leute gefragt. Sie rufen an aus Holland und England. Aber wir wissen es nicht. Wir haben die Universität gebeten, das für uns herauszufinden, aber bis jetzt wissen wir noch gar nichts.*"

In der Tat scheinen die Quellen dürftig zu sein, doch ein Blick in die Geschichte der Stadt kann

Die Prieuré von Bonnevaux.

Seite gegenüber: St. Vernier, der Heilige des Juraweins; Statue in Mouthier-Hautepierre.

helfen, den alten Weg wiederzufinden. Die alte Kathedrale *St. Etienne*, in der die Pilgerweihe vollzogen wurde, musste nach der Eroberung der Stadt durch Frankreich der mächtigen Vauban-Festung weichen. Wer den alten Weg sucht, sollte also bei dem Festungswerk beginnen. Und in der Tat besitzt diese Festung, errichtet in einer Zeit, als der Pilgerweg schon lange nicht mehr benutzt wurde, einen Hinterausgang, der in südöstlicher Richtung zu einer Einsiedelei führt. Nach wenigen hundert Metern wird die Wegtrasse eines römischen Hohlwegs sichtbar und bald erreicht man die Kirche *Notre-Dame-des-Buis*. Hier verrät der Pfarrer auf einem maschinengeschriebenen Informationsblatt, dass in *Notre-Dame-des-Buis* Pilgereinsegnungen praktiziert wurden, nachdem Vauban die alte Pilgerkathedrale *St. Etienne* zerstört hatte. So ist die Suche nach dem alten Pilgerweg oft ganz einfach: Leute zu Fuß sind praktisch orientiert. Sie nehmen den kürzesten Weg. Sobald Kapellen und Wegkreuze auftauchen und Pilgerlegenden erzählt werden, sind die Indizien groß, auf dem richtigen Weg zu sein.

Durch sanfte Hügel und lichte Wälder führt der Pilgerweg langsam auf die Höhen des Jura. Er ist ab

Tourismustipp Ornans

Einblick in das Leben der freiheitsdurstigen Jurassier Gustave Courbet und Victor Hugo gibt das **Musée Courbet**, Place Robert Fernier, 25290 Ornans. Tel. 03 81 62 23 30, Fax 01 55 74 07 18, E-mail jjfernier@museecourbert.org. Öffnungszeiten: Juli und August: täglich 10—12.30 Uhr und 13.30—18 Uhr, in den anderen Monaten: ausser dienstags von 10—12 Uhr und 14—18 Uhr.

Das Städtchen Ornans.

Mamirolle sogar mit Wegzeichen markiert, das erste Mal in Frankreich. Und wäre die Wanderwegkommission nicht auf die Idee gekommen, dass man beim neuen Regionalspital zu Fuß eine Autobahn überqueren soll, könnte man mit dem Weg richtig glücklich werden. L'Hopital du Grosbois ist wieder ein Dorf, das auf eine jener ungezählten Pilgereinrichtungen zurückgeht, von denen allerdings nichts mehr erhalten ist. Von hier aus ging Bischof Sigeric von Canterbury im Jahre 990 in Richtung Nods. Bei den heutigen Wegverhältnissen ist die spätmittelalterliche Variante über Bonnevaux le Prieuré eher zu empfehlen. Es ist ein romantischer Weg und wer genügend Geld hat, sollte in der Mühle des alten Priorats Bonnevaux übernachten. Die Pilgeratmosphäre ist authentisch und die Küche opulent, wie im Jura üblich.

Von Bonnevaux an führt der Weg ein Flüsschen entlang ins Tal der Loue. Das Loue-Tal ist ein Paradies für Kanufahrer und wird in den Reiseführern zu Recht als besonders reizvoll gerühmt. Kleine Städtchen, Weinberge und ein romantischer Flusslauf bestätigen all das, was wir schon immer über die *douce France* zu wissen glaubten. Ornans, das Zentrum der Region, ist ein bedeutendes Industriestädtchen geworden, in dem Motoren für den TGV produziert werden. Dennoch hat es seine mittelalterliche Faszination nicht verloren.

Der Weg führt weiter den Fluss entlang, durch die Weinberge von Vuillafans bis nach Mouthier-Haute-Pierre. Diese Abtei war vom Bischof von Besançon zwischen 822 und 829 für die Pilger gegründet und um das Jahr 900 bei der Ungarninvasion zerstört worden. Erst 1096 begannen die Mönche von Cluny erneut mit dem Aufbau des Klosters und der Peterskirche. Kardinal Granvelle wird das Kloster im 16. Jahrhundert nochmals besonders schön ausstatten, aber die Revolution zerstört die meisten der in den Pilgerberichten gerühmten Kunstschätze.

Wer in Mouthier-Haute-Pierre aufbricht, sollte den Besuch der Quelle der Loue nicht versäumen,

Tourismustipp Château de Joux

Das Schloss Joux, das den Pilgerweg bewacht, diente jahrhundertelang als Staatsgefängnis. Auch berühmte Personen logierten hier, etwa der Graf Mirabeau, der wegen seines skandalösen Lebenswandels eingesperrt wurde, der haitianische Freiheitsheld Toussaint Louverture oder der deutsche Dichter Heinrich von Kleist, der als Spion verdächtigt wurde. Im übrigen soll in stürmischen Nächten die untreue Berthe de Joux im Schloss umgehen, die von ihrem Mann, den sie als Kreuzfahrer im Heiligen Land wähnte, in ein Verlies eingemauert worden ist. Tel. +33 (0)3 81 46 48 33, Fax +33 (0)3 81 46 83 32. E-mail: info@pontarlier.org. Öffnungszeiten: Juli/August 9—18 Uhr; Februar—September 10—11.30 Uhr, 14—16.30 Uhr; Oktober—Januar 10—11.15 Uhr, 14—15.30 Uhr.

La boîte chaude

Einen ganzen Vacherin Mont d'Or in seiner Schachtel 20 Min. in kaltes Wasser legen. Mit einem Löffel ein Loch von einigen Zentimetern Durchmesser in die Oberseite des Käses formen und mit Jurawein auffüllen. Den so vorbereiteten Käse in die heiße Backröhre schieben. Daneben in die Backröhre eine reichlich ausgebutterte feuerfeste Form stellen, in der Brotscheiben liegen, die mit reichlich Jurawein getränkt sind. Nach 20 Min. die Brotscheiben auf dem Teller anrichten und den flüssigen Käse darüber gießen. Heute nimmt man statt Brot meist gekochte Kartoffeln. Dazu Löwenzahnsalat an Nussöl und zum Trinken einen trockenen Jurawein.

Gustave Courbet, Die Grotte der Loue (Ölgemälde 1864).

denn das Schauspiel, dass ein ganzer Fluss einfach aus einem Felsen entspringt, ist einmalig. Gustave Courbet hat die Szenerie gemalt und sie hat bis heute kaum etwas von ihrer Faszination verloren. Wegen seiner umstürzlerischen Aktivitäten saß der berühmte Maler, bis er in der nahen Schweiz Zuflucht fand, unter anderem auch im Staatsgefängnis des *Château de Joux* ein, auch dieses direkt am Pilgerweg gelegen. Courbet starb 1877 als politischer Flüchtling in La Tour-de-Peilz an der Via Francigena.

Die Loue-Quelle wird aus dem Grundwasserstrom des Doubs gespeist und die Entdeckung dieser hydrologischen Zusammenhänge ist eine Geschichte, wie sie jurassischer kaum sein könnte. 1901 brannte die Pernod-Fabrik in Pontarlier aus. Über tausend Kubikmeter des edlen Getränks flossen in den Doubs. Zwei Tage später sprudelte die

Pontarlier, das Stadttor.

Loue-Quelle milchigweiß und roch verführerisch nach Anis, der dem Aperitif seinen Geschmack gibt.

Der Aufstieg auf das Juraplateau ist kurz und steil, dann begrüßen uns die Jurahäuser, die mit ihren breiten Dächern den widrigen Wetterbedingungen trotzen. Wir sind auf dem Plateau des Mont d'Or, das weitherum berühmt ist für seinen Vacherin-Käse, eine Frischmilchspezialität, die nur in den Wintermonaten genossen werden kann.

Bald ist Pontarlier erreicht, das alte römische *Pons Ariola*, das sich lange mit 19 umliegenden Gemeinden als selbständige Republik, die sog. *Baroichage*, behaupten kann, bis auch sie von Ludwig XIV. für Frankreich erobert wird. Etwas von dem rebellisch-freiheitlichen Geist ist erhalten geblieben in der Produktion des berühmten gebrannten Wassers, des *Anis de Pontarlier*. Die Fabrik bietet heute noch Gratisdegustationen à discretion, doch Pilgern, die weiter marschieren möchten, ist das nicht zu empfehlen.

Über den Mont d'Or nach Orbe

In Pontarlier stehen wiederum zwei Wegvarianten zur Verfügung: die ältere, die von Sigeric dokumentiert ist, geht über St. Croix nach Yverdon am Neuenburgersee und weiter über Orbe und La Sarraz nach Lausanne. Reizvoller ist der hochmittelalterliche Weg, der von den Mönchen von Cluny ausgebaut wurde und den schon Karl der Große genommen hatte: über den Col du Jougne nach Vallorbe und weiter nach Romainmôtier.

Der alte Weg über Sainte-Croix und Yverdon

Wer den Weg über das Uhren-Industriestädtchen Sainte-Croix wählt, marschiert zunächst lange auf der weiten Hochebene des Jura. Es ist ein Weg für alle, die auch an Ur- und Frühgeschichte interessiert sind. Am Hang zwischen Sainte-Croix und Vuiteboeuf verläuft das bedeutendste mittelalterliche Straßensystem der Schweiz mit künstlich eingetieften Radspuren. Mehr als 20 Spuren sind sichtbar, vor allem im oberen Abschnitt. Die Rinnen sind rund 20 cm in den Fels eingetieft, meist verlaufen sie parallel zueinander. An einigen Stellen sind Stufen für die Zugtiere in den Weg gehauen. Seitlich neben den Fahrrinnen sind die Wegspuren der Fuhrleute und anderer Fußgänger sichtbar. Lange galt die Anlage als römisch, doch neuere Forschungen datieren den Weg, auf dem bis in die Zeit der Berner Herrschaft Salz von der Franche-Comté in die Schweiz transportiert wurde, ins Mittelalter.

Ein steiler Abstieg führt nach Yverdon am Neuenburger See. Yverdon ist eine keltische Siedlung, die schon im 2. Jahrhundert v. Chr. mit einem Wall befestigt wurde. Etwa 325 n. Chr. entsteht in Yverdon neben dem blühenden Marktflecken ein römisches Castrum, nach Genf und Kaiseraugst das drittgrößte auf schweizerischem Gebiet. 1260 gründet Peter II. von Savoyen die mittelalterliche Stadt und lässt das Schloss erbauen, das heute das Wahrzeichen der Stadt ist. Nach der Eroberung durch Bern ist das Schloss Sitz der Landvögte. 1804 wird es von der Gemeinde gekauft und dem Pädagogen Heinrich Pestalozzi überlassen, der hier bis 1825 seine berühmte Erziehungsanstalt führt.

Nordöstlich der Stadt, im Wald von Clendy, finden wir die eindrucksvollste Megalith-Anlage der Schweiz: ein Ensemble von 45 Menhiren. Diese Zeugen der Vorzeit tauchten erst 1878 wieder auf, als der Seespiegel des Neuenburger Sees künstlich abgesenkt wurde. Seit 1988 ist die Anlage, die nach Vergleichen mit ähnlich bearbeiteten Steinen in der Bretagne, England und Irland auf 4000 bis 4500 v. Chr. datiert wird, restauriert und frei zugänglich.

Der neue Weg der Cluniazenser über Romainmôtier

In der Zeit der Herrschaft von Kaiser Otto I. begann der Orden von Cluny mit einer systematischen Betreuung von Pilgern, errichtete Hospitäler, Kirchen und Klöster und verlegte manchmal ganze Wegpartien, um den Pilgern Schutz und

Tourismustipp Val de Travers

Wer die Region Mont d'Or bereist, sollte einen Abstecher ins Val de Travers wagen. Dieses Tal im ehemals preußischen Fürstentum Neuenburg hat einen ganz eigenen Charme. Wegen der gut nutzbaren Wasserkraft war das Tal früh und intensiv industrialisiert. Doch der Niedergang begann schon im 19. Jh. und die Natur hat sich beinahe alles wieder zurückerobert. — Sehenswert sind die Asphaltminen von La Presta, die bis 1986 von der britischen Firma Tamrac ausgebeutet wurden und heute als Museum erhalten sind. Der Asphalt von La Presta war 1711 vom griechischen Arzt Eirini d'Eyrinis entdeckt und zunächst für Heilanwendungen gebraucht worden. Der Schokoladenfabrikant Suchard brachte 1841 Aufschwung in das Minengeschäft. Er engagierte den Neuenburger Kantonsingenieur Andreas Merian, ließ von diesem das moderne Verfahren des Asphaltierens von Straßen entwickeln, errichtete Musterchausseen und verkaufte den Asphalt von Travers in die ganze Welt. Die Straßen von Paris, London, Dublin, Sidney oder New York sind mit Asphalt gepflastert, der in La Presta gewonnen wurde. Nach dem Besuch der Minen kann im kleinen Restaurant de la Mine die Festtagsspezialität der Minenarbeiter genossen werden: in Asphalt gekochter Schinken. Site de la Presta, 2105 Travers. Tel. +41 (0)32 863 30 10, Fax +41 (0)32 863 19 25, E-mail hotelaigle@bluewin.ch.

Sehenswert ist auch Môtiers. An der Grand' Rue auf dem Weg zum Schloss liegen mehrere schöne Patrizierhäuser aus dem 17. und 18. Jh. In Haus Nr. 14 wohnte Jean-Jaques Rousseau während seines Exils von 1762—1785 zusammen mit Thérèse Levasseur. Die Wohnung ist heute ein Museum. Besuchen sollte man auch das ehemalige Priorat **St. Pierre**, das heute dem bekannten Schaumweinproduzenten Mauler gehört, der auch Degustationen anbietet. Mauler & Cie S.A., Le Prieuré Saint-Pierre, 2112 Môtiers-Neuchâtel. Tel. +41 32 861 39 61, Fax +41 32 861 43 64. Geöffnet Dienstag bis Sonntag 10—12 Uhr und 15—18 Uhr.

Schirm zu geben. Dies geschah auch mit dem Weg über den Jura, der wegen seiner Wälder und der darin versteckten Räuberbanden gefürchtet war. Ortsnamen wie Les Hopitaux Vieux und gleich darauf Les Hopitaux Neufs zeigen den Fleiß, mit dem die Cluniazenser diesen neuen Weg hergerichtet haben, der auch früher schon hin und wieder begangen worden war. Am Col du Jougne sei, so sagt die Legende, Karl der Große von einem Wetterumschwung überrascht und mit seinem Gefolge nur durch ein Wunder gerettet worden. Aus Dankbarkeit habe er eine Kirche gestiftet, die heute noch als Friedhofskirche verwendet wird. Erhaltene karolingische Bauten sind selten und die Kirche von Jougne macht besonders deutlich, welche Revolution die Romanik gegenüber dem früheren Stil darstellt.

Der Schenkungsvertrag Karls aus dem Jahre 790 erinnert an die Bedeutung des Ortes: „*Wir geben der Abtei den Wald, der sich Jura nennt, und zwar vom Fluss Brasuus, der den Namen Orbe trägt, bis*

Die Menhire von Yverdon-Clendy.

Das Städtchen Vallorbe,
an der Orbe gelegen.

Das Kirchenschiff der karolingischen Kirche von Jougne.

zur Straße, die zur Mitte von La Ferrière führt". Der
Name Jougne kommt vom Dialektausdruck *Joux*,
der Tannenwald bedeutet. Die Ortschaft ist seit
dem Mittelalter burgundisch, bis sie im Frieden
von Nijmegen an Frankreich fällt und ihre Festung
schleifen muss. Heute erinnert in dem verschlafenen Grenzörtchen außer der Friedhofskirche
kaum mehr etwas an seine einstige Bedeutung.

Die Grenzstation ist schnell passiert, der Abstieg
nach Vallorbe leicht. Die Zeichen, die die einstmals
wichtige Eisenbahnstation in dem malerischen
Städtchen hinterlassen hat, sind prägender als das,
was aus der Pilgerzeit übrig geblieben ist. Auch hier
hat die Reformation gewirkt. Dann gilt es, durch
einen Wald einen Hügel zu erklimmen, und plötzlich, kaum ist man im Weiler Premier angelangt,
öffnet sich die Sicht auf die mächtige Alpenkette,
die weit entfernt im Hintergrund über dem flachen
Mittelland emporragt. Dies also ist das nächste
große Hindernis für die Menschen, die zu Fuß

unterwegs sind. Manchen Pilgern ist bang geworden bei diesem Anblick und sie erinnerten sich an
all jene Geschichten, die über die Schrecken der Alpenüberquerung erzählt werden.

Bald erreichen wir das versteckt in einem Täl-
chen gelegene Romainmôtier. Schon der Name der
ehemaligen Abtei *St. Pierre et St. Paul* weist hin auf
ihre Bedeutung am Pilgerweg. Sie ist eines der ältesten und wichtigsten Bauwerke der Schweiz. Die
Legende erzählt, das Kloster sei im 5. Jahrhundert
durch St. Roman von Condat und St. Lupicin gegründet worden. Als der Burgunderkönig Sigismund die Abtei *St. Maurice d'Agaune* im Jahr 515
gründet, beruft er Mönche aus Romainmôtier. Das
Kloster wird 928 vom burgundischen König der
Abtei Cluny geschenkt und blüht bis ins 15. Jahrhundert. An der heutigen Kirche, die ein verklei-
nertes Abbild von Cluny sein soll, wird vom Beginn
des 11. Jahrhunderts an gebaut, zunächst wahrscheinlich unter der Leitung von St. Odilo von

Oben: Die Abteikirche von Romainmôtier.

Cluny, auf Fundamenten zweier Kirchen des 7. und 8. Jahrhunderts.

Das Urkundenbuch von Romainmôtier belegt den Umfang der dem Kloster beiderseits der Jurakette gemachten Schenkungen: sieben Priorate, 20 Pfarrkirchen, 30 Dörfer und 50 verstreute Lehen bildeten eine regelrechte geistliche Herrschaft. Von den Klosterbauten sind nur die Wirtschaftsgebäude und das Haus des Priors erhalten geblieben, das im 16. Jahrhundert zum Sitz des Berner Vogts umgebaut wurde. Gesellschaftlicher Höhepunkt in der Geschichte Romainmôtiers ist die Heirat der Tochter Kaiser Maximilians, Margarethe von Österreich, mit Philibert von Savoyen, die am 3. Dezember 1501 in dieser Abtei gefeiert wird. Die Heirat ist ein besonderer Glücksfall für Savoyen, denn Margarethe wird den maroden Staat in den nur zwei Jahren ihrer Herrschaft vollständig reorganisieren und auf die Rolle vorbereiten, die Savoyen in der neueren Geschichte spielen wird. Nach Eroberung der Waadt durch den Kanton Bern und Einführung der Reformation wird die Abtei 1536 aufgehoben. Aus der alten geistlichen Herrschaft macht Bern eine Landvogtei, die außerdem das Joux-Tal und die Baronie La Sarraz umfasst, eine der einträglichsten des bernischen Ancien Régime.

Heute ist Romainmôtier ein Kulturzentrum, entstanden aus der privaten Initiative von Katharina von Arx. Ihre Bücher zeigen, welche Mühe eine Privatperson heute hat, wenn sie kulturelles Erbe retten will. Von dieser Mühe ist hier allerdings nichts zu spüren. Der Ort atmet Frieden, lockt zur Aus-

Rechts: Das mittelalterliche Orbe, ein wichtiger Etappenort auf dem Weg nach Lausanne.

einandersetzung mit den großen geistigen und künstlerischen Fragen unserer Zeit.

Durch die Waadt nach Lausanne

Der alte und der neue Weg treffen sich in Orbe. Bereits in römischer Zeit war *Urba* ein wichtiger Etappenort auf dem Weg von Pontarlier nach Lausanne. Der mittelalterliche Kern entwickelt sich zur Blütezeit der Pilgerfahrt auf der Via Francigena um die Jahrtausendwende. Die Fassaden der malerischen Altstadt, die wir heute bewundern können, stammen aber weitgehend aus dem 15.–18. Jahrhundert. An die Zeit der römischen Herrschaft erinnert der Gutshof von Bocséaz, 2,5 km nordöstlich der Stadt, der für seine prächtigen römischen Mosaiken bekannt ist und dessen Ausgrabung immer noch andauert.

La Sarraz, eine alte Savoyerherrschaft, beeindruckt durch die prächtige Schlossanlage, in der

Tourismustipp La Sarraz

Wer Einblick nehmen will in das Leben, das die Herren von La Sarraz bis 1948 führten, kann das Schloss mit seinen kostbaren Möbeln und Gemälden besichtigen. CH-1315 La Sarraz. Tél. (021) 866 64 23, Fax (021) 866 11 80, E-mail chateau.lasarraz@bluewin.ch. Öffnungszeiten: März — Mai, September und Oktober: an Wochenenden und Feiertagen; Juni — August: täglich außer montags 13—16.15 Uhr.

die Herren von La Sarraz bis 1948 residierten. Bei der Mühle Bornu nördlich von La Sarraz liegt ein Teich, dessen Wasser sowohl in die Nordsee als auch ins Mittelmeer abgelassen werden kann. Hier ist *le milieu du monde,* die kontinentale Wasserscheide zwischen dem Bach Nozon im Norden und der Venoge im Süden oder, um im Großen zu sprechen, zwischen dem Atlantik und dem Mittelmeer. Die Via Francigena führt nun schnell über Cossonay, Crissier und Prilly nach Lausanne.

Lausanne

Lausanne ist einer der wichtigsten Etappenorte auf dem Pilgerweg, denn hier kreuzen sich die Pilgerwege nach Rom und nach Santiago. Wer nach Rom geht, zieht weiter nach St. Maurice, während die Santiagopilger nach Genf marschieren, um die Rhone entlang nach Süden zu gelangen.

Der Hügel *(Colline de la Cité)*, auf dem später die Kathedrale errichtet wird, ist seit dem Neolithikum erschlossen und vielleicht zum keltischen *oppidum* ausgebaut worden. Unter römischer Herrschaft wurde ab ca. 15. v. Chr. am Seeufer in Vidy ein *vicus* errichtet, der, *Leusonna* oder *Lousonna* genannt, aufgrund der günstigen Verkehrslage bald einen kräftigen Aufschwung erlebte. Die fast 70 m lange römische Basilika als Begegnungs-, Handels- und Gerichtsstätte wurde von einer Reihe von Geschäften gesäumt und grenzte im Norden an einen gallo-römischen Tempel, der im 4. Jahrhundert zerstört wurde, doch noch Jahrzehnte danach als Kultstätte diente.

Im 5.-6. Jahrhundert wird die Gegend zunächst Teil des burgundischen Königreichs, dann des Reichs der Franken und später des Königreichs Hochburgund. Der Feudalismus lässt eine Reihe von Herrschaften entstehen, unter denen diejenige der Bischöfe von Lausanne bis zur Verdrängung durch die Grafen von Savoyen im 13. Jahrhundert eine beherrschende Rolle spielt.

Die Verlegung des Bischofssitzes aus der helvetischen Hauptstadt *Aventicum* nach Lausanne durch Bischof Marius im 6. Jahrhundert begründet den Wohlstand der neuen, christlichen Stadt. Die ausgedehnte Diözese erstreckt sich das Ufer des Genfer Sees entlang, von Villeneuve im Osten bis zur Mündung der Aubonne im Westen und weiter, dem Lauf dieses Flusses folgend, auf die Jurahöhen bis ins Gebiet von Neuchâtel, das Tal der Suze mit St. Imier und das ganze linke Aare-Ufer bis zur Kette der Berner Alpen entlang und wieder hinab nach Villeneuve. Der Bedeutung des Bistums entsprechend stammen die Bischöfe von Lausanne entweder aus der burgundischen Königsfamilie oder wenigstens aus einem angesehenen gräflichen Hause. Der letzte Bischof flieht 1536 während der Berner Eroberung der Waadt und residiert wie seine Nachfolger in Savoyen oder in Besançon, bis sich die Bischöfe von Lausanne ab dem 17. Jahrhundert in Freiburg im Uechtland niederlassen.

Der Bischof ist zugleich weltlicher Herr von Lausanne und erhält 1011 von König Rudolf III. von Hochburgund die Grafschaft Waadt *(comitatus waldensis)* verliehen. Die erste Kirche mit später mehrfach umgebauter Krypta soll ins 6./7. Jahrhundert, vielleicht sogar noch weiter zurückgehen. Um das Jahr 1000 wird unter Bischof Heinrich von Burgund (985–1019) der ganze Komplex abgerissen und neu errichtet. Diese romanische Kathedrale wird wiederum durch die heute bestehende gotische Anlage ersetzt. Die Bauzeit dauert von 1150 bis 1240; fünf Architekten arbeiten an dem Monument, das während des Baus zu allem Übel noch zwei Brände (1219 und 1235) erlebt. 1275 kann die Kathedrale von Papst Gregor X. im Beisein von Kaiser Rudolf von Habsburg feierlich geweiht werden.

Notre-Dame de Lausanne, der wichtigste gotische Bau der Schweiz, ist bis zur Reformation ein vielbesuchtes Pilgerziel und wegen seiner Wunder berühmt. Das architektonische Wunder, das bis heute die Touristen anzuziehen vermag, ist das *Portail Peint,* ein steinerner Hymnus auf das Leben

Lausanne, die Kathedrale.

Mariens. 1445 muss die Kathedrale renoviert werden, denn ab 1447 soll sie für zwei Jahre die Prälaten des Konzils zu Basel aufnehmen. 1873 wird die Kathedrale wie viele andere Wahrzeichen des alten Burgund vom Architekten Viollet-Le Duc renoviert.

Der Pilgerführer des Fuldaer Mönchs Hermann Künig von Vach aus dem Jahre 1495 berichtet über Lausanne wie folgt:

„...dann kommst du von Merdon nach drei Meilen / in eine Stadt mit Namen Losan, / Dort liegt Sankt Anna, die Mutter Mariens, / Beide sollst Du lobpreisen / Und nicht zögern, ihnen deine Verehrung zu bekunden...."

Für Adelige ist auch eine Nachtwache am Grab des 1328 verstorbenen Kreuzfahrers Otto I. von Grandson, des Kommandanten der englischen Flotte im 8. Kreuzzug, obligatorisch. Die Legende sagt, eine solche Wache würde ritterliche Tugenden verleihen.

Im Jahre 1449 findet in der Kathedrale von Lausanne ein in der Christenheit einmaliges Ereignis statt: Papst Felix V., der ehemalige Herzog Amadeus VIII. von Savoyen, der zehn Jahre zuvor in Basel gekrönt worden war, legt in einem feierlichen Gottesdienst die Tiara nieder und beendet das Schisma. Danach werden die Gäste vom ehemaligen Papst zu einem königlichen Empfang ins Schloss Ripaille geladen.

Westportal der Kathedrale: Detail.

Die große Pilgerattraktion in Lausanne ist bis zur Reformation das Franziskanerkonvent, das eine Herberge besitzt, die täglich mehreren hundert Pilgern Unterkunft gewähren kann und berühmt ist für ihre reichlichen Portionen, die sie serviert.

Schon vor der Gründung des Franziskanerkonvents gibt es für die Pilger fünf Einrichtungen:

1. Das *Hôpital St-Jean,* das im 9. Jahrhundert vom Lausanner Domkapitel gegründet und 1177 den Chorherren vom Großen St. Bernhard übergeben wird.
2. Das Hospiz von Vuachère bei der Brücke an der Handelsstraße nach Chailly (von 1228 bis 1484). Dies ist ein bescheidenes Hospiz, das anfänglich von einem Eremiten geführt wird.
3. Das 1228 gegründete Hospiz *Ste-Catherine du Jorat.* Trotz vieler Gaben und Spenden bleibt diese Einrichtung stets sehr arm. 1495 ist die Herberge so baufällig, dass der Bischof entscheidet, an ihrer Stelle ein Karmeliterkloster in der Nähe der Kapelle zu errichten. Heute befindet sich in St. Catherine ein Hundeheim des Tierschutzvereins.
4. 1260 beginnen wegen des großen Pilgeraufkommens die Domherren am Fuß der Altstadt mit dem Bau des *Hôpital-Notre-Dame,* das mehrmals erweitert werden muss. Das Gebäude beherbergt heute das Gymnasium de la Cité.
5. 1278 entsteht das Siechenhaus *Maladière d'E-pesses* nordwestlich von Lausanne im Quartier du Désert. Es ist berühmt für seinen Wein. 1461 verlegt der Lausanner Rat die Kranken nach Vidy mit der Begründung, es sei *„ein Durchgangsort, sehr viel angenehmer und ruhiger, wo sie größere und zahlreichere Almosen von den Gläubigen empfangen können."* Wahrscheinlich untersteht die Verwaltung dem Lazaritenorden, denn die 1310 erwähnte Kapelle ist dem Siechenpatron Lazarus geweiht. Als sich die Einrichtung mangels Aussätziger erübrigt, wird das Haus 1638 geschlossen und später abgerissen, *„um zu verhindern, dass sich Gesindel dorthin zurückziehen könnte."* Die kleine bescheidene Kapelle dient in der Folge als Depot für die Hinrichtungswerk-

zeuge, da in ihrer Nähe der Galgen steht. 1962 wird sie renoviert.

Wer in diesen wohltätigen Einrichtungen keinen Platz findet, kann seit dem 11. Jahrhundert auch im Cluniazenserpriorat von St. Sulpice übernachten, bis dieses im 15. Jahrhundert aufgegeben werden muss.

Lausanne zu regieren ist nicht immer einfach. Bischof Bonifaz von Brüssel tritt 1239 freiwillig zurück, weil man ihm nach dem Leben trachtet. Bei der Auseinandersetzung um die Nachfolge gibt es 30 Tote. In den Burgunderkriegen wird Lausanne kurz nach Karls des Kühnen Niederlage bei Murten (22. Juni 1476) zuerst von den Soldaten des Grafen von Greyerz, dann von den Bernern, Freiburgern und schließlich von den Baslern geplündert.

1536 kommen die Berner als Besatzer nach Lausanne und vereinnahmen die Stadt in ihren Kanton. Als sich die Berner des Kathedralschatzes bemächtigen, werden Gegenstände aus Edelmetall überwiegend eingeschmolzen. Im Historischen Museum von Bern haben aber wenigstens einige Tapisserien überdauert. Im Oktober 1536 folgt die Abschaffung des katholischen Kultus. In der Stadt bleiben nur zwei Kirchen, die jetzt Grand-Temple genannte Kathedrale und St. François, während die übrigen Pfarreien aufgehoben und die Gotteshäuser wie etwa die zum Zeughaus umgestaltete Kirche St. Etienne zweckentfremdet oder abgerissen werden.

Napoleon, im November 1797 auf der Durchreise nach Rastatt in Lausanne, findet als Befreier des Veltlins begeisterte Aufnahme. Am 24.1. 1798 wird in Lausanne die Unabhängigkeit der *République Lémanique* verkündet, doch dauert die Autonomie nur bis zum März, als nach dem französischen Einmarsch in die Schweiz und dem Erlass der neuen zentralistischen Verfassung Lausanne Hauptstadt des neuen *Canton du Léman* wird.

La soupe de poisson à la vaudoise

2 Stangen Lauch und 2 Karotten fein geschnitten in Butter anbraten. Mit 6 dl Gemüsebrühe und 2 dl Waadtländer Weißwein ablöschen, ein Lorbeerblatt zugeben und aufkochen. 500 g Filets von verschiedenen frischen Süßwasserfischen in Streifen schneiden und in die Flüssigkeit geben. Feuer reduzieren und noch 5—10 Min. köcheln lassen. Dazu geröstetes Brot servieren.

Tourismustipp Lausanne

Lausanne ist Sitz des Olympischen Komitees, das hier ein Museum über die olympische Bewegung unterhält: **The Olympic Museum**, 1, Quai d'Ouchy, 1001 Lausanne. Tel. (+41 21) 621 65 11, Fax (+41 21) 621 65 12. Öffnungszeiten: Mai—September: täglich 9—18 Uhr, Oktober—April: Dienstag bis Sonntag 9—18 Uhr.

Der Weg von Lausanne über die Alpen nach Aosta

Durch die Weinberge des Léman und des Chablais

Wer als Pilger Geld hatte, konnte sich von Lausanne aus von einem Fährmann nach Villeneuve fahren lassen. Wer sich aber diesem Abenteuer nicht anvertrauen wollte, hatte einen wunderschönen Marsch durch die Weinberge entlang dem Genfersee vor sich. Der Asphalt, der zur Erschließung der Weinberge über den alten Weg gelegt wurde, macht heute zwar müde, der Zauber der Landschaft mit dem lieblichen See und den mächtigen Walliseralpen aber ist geblieben und hat seit Jahrhunderten die Pilger inspiriert. Bloß einer blieb unempfänglich für die Reize der Landschaft: der Heilige Bernhard von Clairvaux. Als der Heilige – wie überliefert ist – mit seinen Gefährten nach Rom pilgerte, schwärmten diese im Hospiz von Vevey von dem wunderbaren See, an dem sie gewandert waren. Da fragte der Heilige: „Welcher See?", und den Gefährten wurde klar, dass ihr Abt den ganzen Tag im Gebet versunken gewesen war, ohne etwas von dem Weg zu sehen.

Der alte Pilgerweg führt durch die alten Weinberge von Lutry, das uns wieder mit einem Menhir-Alignement überrascht, nach Rivaz, St. Saphorin und schließlich nach Vevey. Über diesem Städtchen, das heute ein Zentrum der mondänen Welt ist, erhebt sich der Mont Pèlerin und erinnert an die tausende und abertausende von Pilgern, die hier vorbeizogen. Weiter geht es nach Montreux und dann führt der Weg zu dem direkt am See gelegenen Schloss Chillon, dessen Mauern bereits Abt Sigeric

von Canterbury auf seiner Pilgerfahrt gesehen haben muss. Dieses weltbekannte und von Lord Byron besungene Schloss wird im Tourismusmarketing als eines der wichtigsten Symbole der

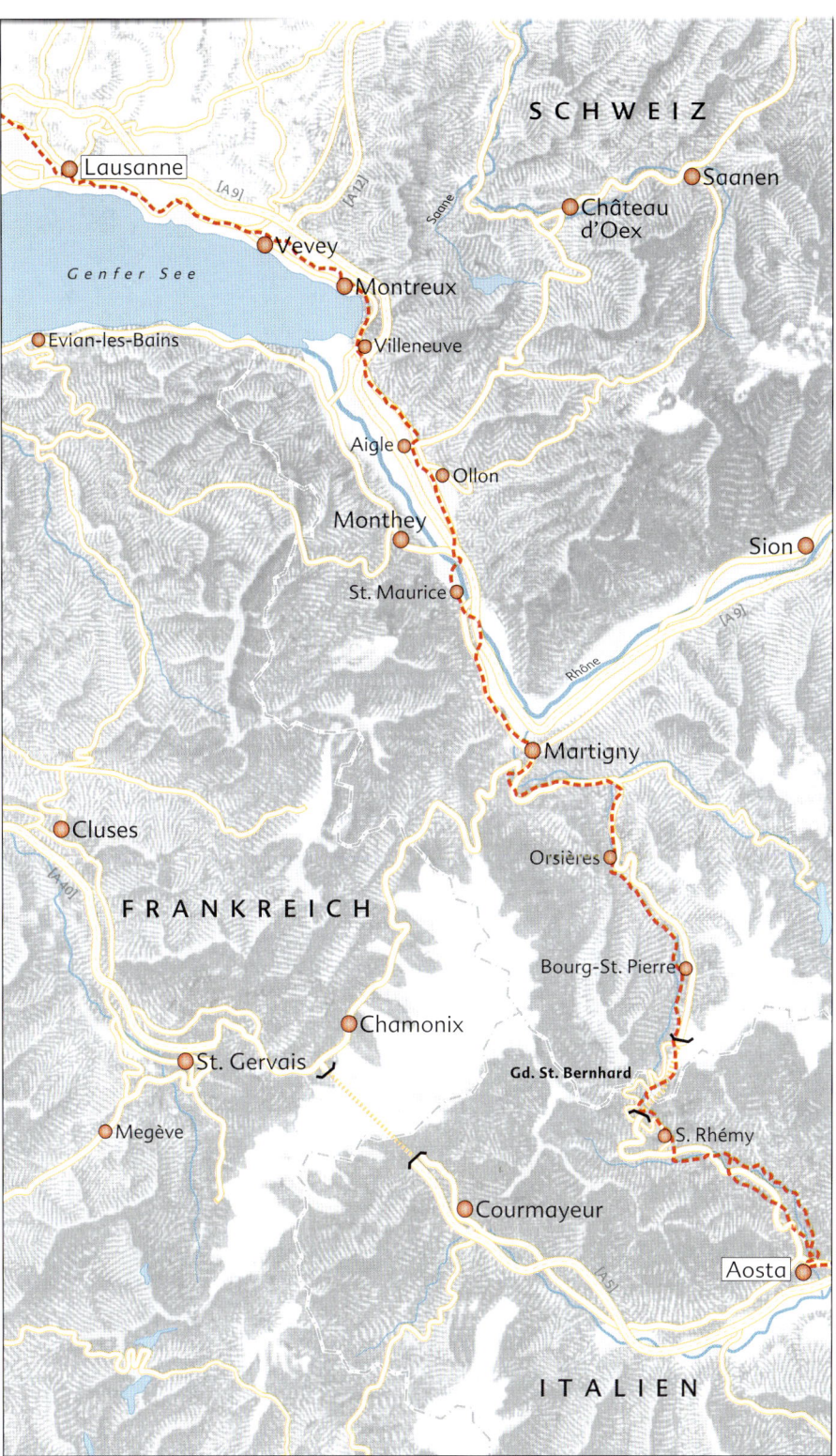

La Souppo Barbetto — Soup Vaudoise

Hühner- oder Rinderbrühe mit einigen gelben Rüben, Zwiebel und Lorbeerblatt kochen. Altes Brot in Butter rösten, Muskat zugeben. Dann die Brühe darüber gießen und eine Stunde köcheln lassen. Vor dem Servieren mit reichlich Zimt würzen. Etwas geschmolzene Butter in die Suppe gießen. Beim Servieren fein geschnittene Käsescheiben (Tomme vaudoise) in die Suppenteller geben und Suppe darüber gießen.

Schweiz eingesetzt. Es war allerdings bis 1536 savoyisch; erst als von der Landseite die bernischen Truppen das Schloss eroberten und den Genfer Freiheitskämpfer François Bonnivard, der sechs Jahre in den Verliesen von Chillon geschmachtet hatte, befreiten, flohen die Savoyer auf ihrer Galeere in die Residenz Ripailles am anderen Seeufer.

Am Ende des Sees erreichen wir Villeneuve, ein reizvolles mittelalterliches Städtchen, das nie größer wurde als die beiden Gassen, die heute noch den Ort ausmachen. Zwar geht die Siedlung auf die Keltenzeit zurück, doch bedeutsam wird der Ort erst durch die Neugründung von Thomas von Savoyen im 13. Jahrhundert, der hier ein Gegengewicht zu Lausanne schaffen will. Die Bedeutung von Lausanne erreicht Villeneuve nie, doch erhält das Städtchen im Savoyischen Herzogtum bald eine besondere Aufgabe: Hier wird die Werft angesiedelt, in welcher genuesische Schiffsbaumeister die gefürchteten Galeeren bauen, mit denen die Savoyer jahrhundertelang ihre Herrschaft auf dem Genfer See sichern.

Durch die lieblichen Weinberge des Yvorne führt der Weg weiter nach Aigle. Aigle muss nach den archäologischen Funden der letzten Jahre eine wichtige bronzezeitliche Nekropole gewesen sein. Der Aufstieg des Städtchens beginnt um die Jahrtausendwende, als das Hospiz des Großen St. Bernhard Besitz vom Priorat St. Pierre in Aigle ergreift und die Wirtschaft des Ortes auf die Beköstigung der Pilgermassen eingerichtet wird. Thomas von Savoyen verleiht dem aufstrebenden Örtchen 1231 das Stadtrecht und Herzog Amadeus V. gibt der Stadt ein Selbstverwaltungsstatut. Als Folge der Burgunderkriege wird Aigle 1476 erobert und ist fortan bis zum Einfall Napoleons Sitz des bernischen Landvogts.

Schloss Chillon am Genfer See.

Schloss Aigle.

Der Pilgerweg führt weiter über Ollon und Villy nach Bex. Während der Burgunderkriege 1475 wird Bex durch die Berner annektiert. Es gilt die Söldnertruppen für Karl den Kühnen aus Italien aufzuhalten, außerdem will man sich nach dem Krieg gegen die Oberwalliser schützen, mit denen Bern immer wieder im Krieg stand.

In der Umgebung von Bex werden bald salzhaltige Quellen entdeckt, welche einen Salzgehalt von 2–4 % enthalten. So erteilt Bern am 30. Januar 1534 dem Bernburger Niklaus von Graffenried eine Konzession, um das Salz auszubeuten und neue Quellen zu erschließen. 1668 herrscht wieder Krieg in Europa. Die Schweiz, die abhängig ist von den Salzlieferungen der von Frankreich angegriffenen Franche-Comté, sucht nach einem Weg, die Salzgewinnung in Bex zu erhöhen. Zunächst wird nach neuen Oberflächenquellen gesucht, aber man wird nicht fündig. Der Gedanke liegt nahe, dass sich im Berginnern bessere Chancen bieten. 1684 werden daher die ersten Stollen gegraben. Der Fels ist aber so hart, dass in manchen Monaten gerade 5 m Stollen angelegt werden können. Die Mine ist bis heute in Betrieb und ein Teil davon kann auch besichtigt werden.

Nun überschreiten wir die Grenze zum Kanton Wallis. Bislang hat uns der Weg auf Schweizer Boden ausschließlich über ehemals bernisches Herrschaftsgebiet geführt, wo die Reformation mit aller Gründlichkeit die äußeren Zeichen des Pilgerwegs eliminiert hat. Das Wallis aber ist katholisches Land und dies wird dadurch sichtbar, dass nun unvermittelt Wegkreuze, Bildstöcke und Kapellen unseren Weg zu säumen beginnen.

Tourismustipp Château de Chillon

Ein sehenswertes Schloss! 1820 Veytaux. Tel. +41 21 966 89 10, Fax +41 21 966 89 12. Öffnungszeiten: Januar, Februar, November, Dezember: täglich 10—16 Uhr; März und Oktober: täglich 9.30—17 Uhr; April und September: täglich 9—18 Uhr.

Tourismustipp Saline de Bex

Bex ist eine der wichtigsten Salinen der Schweiz. Sie ist heute weitgehend automatisiert. Zur Zeit arbeiten dort sieben Bergleute um pro Jahr rund 50 000 Tonnen Salz zu gewinnen und die Saline zu erhalten. Ein kleiner Teil der Mine wurde für den Museumsbesucher erschlossen. Eine Bergbahn führt die Gäste ca. 1 km in den Berg hinein. Dort angekommen wird die Geschichte des Bergbaus in Bex lebendig und unterhaltsam vorgestellt. **Mine le Bouillet**, Route de Gryon1, 1880 Bex. Tel. +41 24 463 03. Öffnungszeiten: April — Oktober: 9.45—11.15 Uhr und 14.15—15.45 Uhr.

Saint Maurice d'Agaune

St. Maurice gilt als ältestes christliches Zentrum der Schweiz. Hier entdeckt Bischof Theodul von Martigny die Gebeine der Thebäischen Legion, deren Soldaten in der Zeit der Christenverfolgung ihr Leben lassen mussten, weil sie als Christen nicht bereit waren, dem Jupiter Poeninus auf dem Jupiterberg zu opfern und gallische Christen zu verfolgen. Zwischen 360 bis 370 lässt Theodul die Gebeine der Märtyrer in einer Felskapelle beisetzen. Bereits Ende des 5. Jahrhunderts macht der große Pilgerstrom zu den Reliquien die Erweiterung der Kirchenbauten notwendig.

Im Jahre 515 muss der Burgunderkönig Sigismund Buße leisten für die Ermordung seiner Söhne aus erster Ehe. Reumütig gründet er die Abtei *Agaunum*, zu deren Eröffnung der Hl. Avitus, Bischof von Vienne, nach St. Maurice kommt und den Eröffnungsgottesdienst hält. König Sigismund versieht die Abtei mit ausgedehnten Ländereien in Savoyen, im Waadtland, Aostatal und Wallis. Die wichtigste Schenkung an die Abtei sind jedoch die Salzrechte von Salins in der Franche-Comté, denn diese Saline ist in damaliger Zeit weiterhin die einzige und beliefert nicht nur praktisch das ganze Gebiet der heutigen Schweiz, sondern auch das gesamte Burgund und weitere französische Herrschaften. Im Jahre 888 lässt Rudolf von Strettlingen in St. Maurice das Königreich Hochburgund ausrufen und sich zum König krönen. St. Maurice ist von da ab das Zentrum des burgundischen Reiches und die gute Königin Berta und ihre Tochter, die Kaiserin Adelheid, residieren oft in St. Maurice, wenn sie nicht gerade in Pavia weilen und Italien regieren.

Im Jahre 1128, das Burgunderreich ist schon lange im deutschen Reich aufgegangen, wird das Kloster von Graf Amadeus III. von Savoyen aus dem Familienbesitz entlassen und direkt dem Heiligen Stuhl unterstellt, sodass Papst Honorius II. die Abtei der Augustinus-Regel unterstellen kann. Als im 13. Jahrhundert das Unterwallis unter die Oberherrschaft der Savoyer fällt, hat dies für die Abtei keinerlei negative Folgen. Im Gegenteil: Unter den Savoyerherzögen beginnt eine eigentliche Adelswallfahrt zu den Gebeinen des Hl. Mauritius, der als Vorbild für christliche Rittertugenden verehrt wird. Die Eroberung des Unterwallis durch die Deutschwalliser der Sieben Zenden im Jahre 1476 und mehr noch die Reformation 1536 führen zu einem erheblichen Machtverlust. Der Besitz in der Waadt wird bernisch und im Wallis kann das Kloster bloß noch die Oberherrschaft über das Vallée de Trient behaupten. Auch die Ein-

Ollon und die Walliser Alpen.

nahmen aus dem Salzmonopol schwinden dahin, angefangen bei einer Reduktion der Rendite, als Hugues de Châlons im 13. Jahrhundert die Freigrafschaft Burgund erobert und die Salinen reorganisiert, bis hin zur vollständigen Eroberung der Freigrafschaft durch Ludwig XIV. im Jahre 1675, der die Salinen und ihre Einkünfte vollumfänglich der französischen *Ferme Générale* einverleibt. 1798 bei der Invasion Napoleons verliert das Kloster sämtliche Besitzungen und muss auch die Klosterschule schließen.

Doch die Klostergemeinschaft besteht weiter und der Klosterschatz, einer der bedeutendsten mittelalterlichen Klosterschätze Europas, kann gerettet werden und steht den Besuchern heute zur Besichtigung frei, wenn die kostbaren Reliquiare nicht gerade zum Gottesdienst gebraucht werden. Zu den Klosterschätzen gehören u.a. ein Kelch, den der Hl. Martin von Tours als Messkelch verwendet

Gegenüberliegende Seite:
Die Kirche St. Pierre in Aigle.

101

Die Abteikirche St. Maurice d'Agaune.

haben soll, und eine Goldkanne in orientalischem Stil, die Kaiser Karl der Große der Abtei schenkte. Seit 1840 trägt der Abt von St. Maurice den Titel eines Bischofs von Bethlehem und seit 1933 hat er wieder quasi Bischöfliche Jurisdiktion über verschiedene Pfarreien.

In den letzten Jahren haben die Archäologen die alte Abtei von Sigismund ebenso ausgegraben wie die erste Kapelle von Bischof Theodor. Geldmangel hat aber zur Einstellung der Arbeiten geführt und es ist unklar, ob und wann ein neues Team die Arbeit wiederaufnehmen kann. Die schlimmste Bedrohung erfährt das kulturelle Erbe der Abtei jedoch von Seiten der Eisenbahn. Die Erschütterungen durch die Schnellzüge Genf-Mailand, die durch den Tunnel oberhalb der Abtei brausen, beeinträchtigen die Fundamente der alten Gebäude und verursachen Wassereinbrüche, die die alten Wege der Pilger heute schon überschwemmen. Eine Sanierung erscheint dringlich.

Martigny

Schon in keltischer Zeit ist das von den Römern *Octodurus* genannte Martigny ein wichtiges Zentrum des Stammes der Veragrer. Erst 15 v. Chr. kann dieser Stützpunkt von der römischen Armee endgültig besetzt werden. Unter Kaiser Claudius (41–54 n. Chr.) wird in der Nähe der alten Veragrersiedlung die neue Stadt *Forum Augusti Vallensium* gegründet, als wichtige Transitstation an der Handelsroute über den Großen St. Bernhard mit Forum, Amphitheater, Thermen, römischen und gallo-römischen Tempeln, um auch jeder religiösen Richtung im Reich Genüge zu tun. Seit 348 ist

Tourismustipp St. Maurice

Der Besuch des berühmten Klosterschatzes ist einer der Höhepunkte auf der Via Francigena. Abbaye-Chancellerie, CH-1890 Saint-Maurice. Fax: +41 24 486 04 05, Öffnungszeiten: Täglich außer montags; November—Ostern: 15 Uhr; Ostern—Juni: 10.30 Uhr, 15 Uhr, 16.30 Uhr; Juli—August: 10.30 Uhr, 14 Uhr, 15.15 Uhr, 16.30 Uhr; September—Oktober: 10.30 Uhr, 15 Uhr, 16.30 Uhr.

Martigny Bischofssitz und im Jahre 381 ist der Hl. Theodor (in der populären Legende lässt er den Teufel die geweihten Glocken ins Wallis tragen) als Bischof von Martigny als Teilnehmer am Konzil von Aquileia bezeugt. Nach der Besetzung Martignys durch Savoyen (1259/6048) lässt der Bischof den befestigten Marktflecken Martigny Bourg zur Kontrolle des Verkehrs über den Großen St. Bernhard anlegen. Bei der Eroberung durch die Oberwalliser Zenden 1475 wird die Burg zerstört, aber wiederhergestellt, nachdem Martigny 1490 direkt dem Bischof unterstellt wird. 1748 verleiht sich die Bürgerschaft, die die Selbstverwaltung ausübt, gleich selbst den Adelstitel. Nach dem Franzoseneinfall gelangt das ganze Wallis an Frankreich und 1818 wird Martigny Hauptort des gleichnamigen Bezirks in dem neu der Schweizerischen Eidgenossenschaft zugehörigen Kanton Wallis.

Der Aufstieg auf den Großen Sankt Bernhard

In Martigny fängt das Steigen an. Bis Sembrancher gibt es kaum Möglichkeiten, die asphaltierte Hauptstraße zu verlassen, doch ab Le Douai ist der Pilgerpfad ausgeschildert. Nicht zum Pilgerpfad gehört aber der ebenfalls ausgeschilderte Kreuzweg, der in die Irre führt.

Wer großartige Natur sucht, wählt nun die Alpenüberquerung durch das Val Ferret. Sie verspricht Ausblicke von einzigartiger Schönheit. Historisch korrekt geht es jedoch auf der *Via Poenina* weiter und schließlich wollen wir ja auch das berühmte Hospiz des Hl. Bernhard erreichen. Der historische Weg der Via Poenina liegt, zum Glück für alle, die zu Fuß unterwegs sind, auf der rechten Talseite, die moderne Autostraße auf der linken. So lässt sich nach Liddes wandern und weiter nach Bourg St. Pierre, ohne dem Verkehr ausgesetzt zu sein.

Bourg St. Pierre ist ein Dorf, das die mittelalterliche Pilgertradition in seinen Bauten konserviert hat. Die Brücke stammt der Legende nach von Karl dem Großen, die Kirche ist dem Hl. Petrus geweiht und verweist auf das Pilgerziel in Rom. Wir finden auch noch Reste des alten Petrus-Hospizes, das der Hl. Bernhard gründete, bevor er das Hospiz auf dem Pass aufbaute.

Der Große Sankt Bernhard

Über den Großen St. Bernhard (französisch Montjoux von *Mons Jovis* = Jupiterberg) verläuft seit der

Tourismustipp Fondation Gianadda

Die **Fondation Gianadda** in Martigny ist in der ganzen Schweiz bekannt für ihre qualitätvollen Wechselausstellungen zur Malerei. Dazu verfügt die Fondation über eine archäologische Sammlung, die die Ausgrabungen des römischen Martigny dokumentiert und insbesondere wertvolle Fundstücke vom Weg über den Großen St. Bernhard ausstellt. Fondation Pierre Gianadda, Rue du Forum 59, 1920 Martigny. Tel. (+41) 027 722 39 78, Fax (+41) 027 722 52 85, E-Mail info@gianadda.ch, Öffnungszeiten: November–Juni: 10–18 Uhr; Juni–November: 9–19 Uhr.

Bronzezeit eine der wichtigeren Handelsrouten. Schon um das Jahr 1000 v. Chr. werden große Mengen Kupfer über den Pass transportiert.

Etwa zwischen 15 und 12 v. Chr. gelingt es den Römern, den Pass zu besetzen, der für sie die kürzeste Verbindung zwischen Rom, Gallien und dem Rheinland gewährleistet. Im Jahre 47 n. Chr. lässt Kaiser Claudius den Saumweg zur befahrbaren Straße ausbauen. Auf der Passhöhe wird dem Jupiter Poeninus (dem Walliser Jupiter) ein Tempel errichtet, mit Gebäuden für Priester und Reisende. Dass hier kein Merkurtempel steht, lässt vermuten, dass die Straße als Heerstraße noch wichtiger war denn als Handelsstraße.

Hier auf dem Pass hat sich im Jahre 302 das Drama der Thebäischen Legion abgespielt. Diese Legion von christlichen Soldaten aus Oberägypten unter Führung des Hl. Mauritius sollte wegen der Bedrohung durch die Alemannen und Franken nach Norden verlegt werden. Auf dem Jupiterberg verlangt nun Maximianus Hercules, der in dieser Zeit als Mitkaiser Diokletians die Region faktisch beherrscht, dass die Christen dem Jupiter Poeninus opfern und danach christliche Glaubensgenossen verfolgen. Als sie sich weigern, werden sie nach Agaunum (St. Maurice) verlegt und „dezimiert", d.h. es werden Kolonnen gebildet, in denen jeder zehnte Soldat getötet wird. Da sich nach dem ersten Durchgang nichts an der Haltung der Legionäre ändert, geht das Morden weiter, bis die ganze Legion vernichtet ist.

Im Jahre 394 lässt Bischof Theodor von Martinach den Tempel auf dem Jupiterberg abbrechen. Die Unterkunftsgebäude aber bleiben erhalten, da sie für Reisende und Pilger benötigt werden. Das Hospiz wird, dem Ziel der Pilgerfahrt entsprechend, dem Hl. Petrus geweiht.

Durch die Langobardeneinfälle muss das Hospiz Schaden genommen haben. Jedenfalls wissen wir von einem Bittschreiben des Papstes Hadrian I. an den nachmaligen Kaiser Karl den Großen aus dem Jahr 784, in dem der Papst den Kaiser ersucht, das

Petrushospiz auf dem Jupiterberg wiederherzustellen. Der Kaiser erfüllt diese Bitte und bald ist wieder ein brauchbares Hospiz in Betrieb.

Zu Beginn des 10. Jahrhunderts fällt der Pass dann in die Hände der Sarazenen, die von da an mit tatkräftiger Unterstützung lokaler Räuberbanden Pilger, Reisende und Handelsleute ausrauben oder als Geiseln nehmen, bis 1032 Graf Humbert Weißhand von Savoyen in den Besitz der wichtigsten Alpenpässe gelangt. Er ist ein erfahrener und rücksichtsloser Kriegsherr, der den Weg von Räuberbanden säubert.1063 kauft er von den Herrn von Quart, die gegen die Straßenräuber offensichtlich

erfolglos sind, die Herrschaft über den Jupiterberg und errichtet eine Zollstation in St. Rhémy en Bosses. Zehn Jahre später gründet er die *Vérie de Monjoux* , eine Korporation von sogenannten *maroniers,* die das Exklusivrecht besitzen, als Säumer auf dem Montjoux zu arbeiten. Dafür müssen sie die Straße zu allen Zeiten gangbar halten und die Herren von Savoyen und ihre Gäste gratis logieren und durch das ganze Aostatal führen. Diese Auflage ist gar nicht einfach zu erfüllen, denn für den Herzog und jeden seiner Gäste ist ein eigenes Bett bereitzuhalten und ein ganzer Baum zur Heizung der kalten Stuben zu liefern. 1627 reorganisiert Herzog

Karl Emmanuel I. die Korporation neu als militärische Truppe, die *soldats de la neige,* unter dem Kommando des Bürgermeisters von St. Rhémy. Ihr einziger Militärdienst besteht darin, Straßenunterhalt und Säumerdienste zu leisten. Erst 1927 wird Mussolini diese Truppe aufheben.

Schon 1050 hatte der Erzdiakon von Aosta, der Hl. Bernhard von Menton, auf dem Jupiterberg auf Wunsch der Königin Ermengarde ein dem Hl. Nikolaus geweihtes Hospiz errichtet. Zu dessen Betreuung werden Augustiner-Chorherren auserlesen. Bald wird das Hospiz reich beschenkt von Pilgern, die die Chorherren aus Lebensgefahr errettet haben. So kommt ein Besitz zusammen, der von England bis nach Sizilien reicht. Ab etwa 1130 wird der Berg den Namen des Heiligen Bernhard tragen.

Die Pilger müssen hier zu jeder Jahreszeit mit den schlimmsten Wetterverhältnissen rechnen. So schreibt des isländische Abt Nikulas von Munkath-vera, der in seiner Heimat wohl auch nicht immer Sonnenschein genießen konnte: *„Auf dem Pass steht das Hospiz St. Peter. Oft auch im Sommer am St. Olafstag (29. Juli) liegt Schnee auf den Felsen und das Wasser des Sees ist gefroren."*

Im Jahre 1555 brennt das Hospiz ab und wird größer und schöner wieder aufgebaut. Bis zu Beginn des 20. Jahrhunderts leisten die Chorherren den verirrten Reisenden Hilfe, vor allem winters, indem sie entweder selbst oder zusammen mit ihren Dienern, den *maroniers,* die gefährlichsten Wegstücke auf beiden Seiten des Passes abschreiten: auf der Nordseite bis zur Combe des morts, die nicht umsonst diesen Namen trägt, auf der Südseite beinahe bis St. Rhémy, denn hier gehen die gefürchteten Lawinen zahlreich über der Straße nieder. Ab dem 18. Jahrhundert sind bei diesen Gängen auf dem Pilgerweg auch die berühmten Bernhardinerhunde mit dabei.

Hospiz des Großen St. Bernhard.

Antoniterchorherr mit Bernhardiner.

Die ersten Hunde dieser Rasse hatten noch eine andere Aufgabe. Sie wurden in einem Tretrad zum Laufen angehalten, damit sie die Grillspieße drehten, an denen ganze Ochsen für die Reisenden gebraten wurden. Die Hunde zeigten aber ein besonderes Geschick darin, verschüttete Wegpartien wieder zu finden. Damit sie als Schneeräumer arbeiten können, werden sie jetzt besonders schwer gezüchtet. Bald stellt sich heraus, dass sie sich besonders dann bewähren, wenn Reisende von Lawinen verschüttet werden. Barry, der berühmte Stammvater der Zucht, soll mehr als 70 Menschen das Leben gerettet haben. Er ist ausgestopft im naturhistorischen Museum Bern zu besichtigen. Heute werden die Hunde bloß noch zur Erhaltung der Rasse gezüchtet. Die einstigen Schneeräumer sind zu schwer, um in einem Helikopter mitgenommen zu werden; dieser Platz wird an ihrer Stelle besser von einem Arzt eingenommen.

Solcher Art also ist der Dienst der Augustiner am Mitmenschen. Mit Hund und *maronier* haben die Chorherren oft unter Einsatz des eigenen Lebens ihrem Gelübde nachzukommen. Erst die Einführung des Telefons hat diese Arbeit etwas vereinfacht, weil von da ab aus Bourg St. Pierre und St. Rhémy telefonisch gemeldet werden kann, wie viele Reisende am Aufsteigen auf den Pass sind. Das ist, auch nach der Eröffnung des Tunnels, im Winter immer noch eine wichtige Hilfe, denn die Gegend ist eine beliebte Wintersportregion.

Der Niedergang des Passverkehrs über den Großen St. Bernhard, der ab dem 15. Jahrhundert einsetzt, lässt sich auf die bessere Organisation der Gotthardroute zurückführen. Auch entsteht im Wallis mit dem Ausbau des Simplonpasses durch Kaspar Jodok von Stockalper eine ernst zu nehmende Konkurrenz, denn der Simplon als der niedrigere Pass ist viel einfacher zu begehen als der Große St. Bernhard. Außerdem nimmt zu Beginn des 16. Jahrhunderts das Aostatal die calvinistische Reformation an, am 28. Oktober 1535 wird in Aosta die letzte Messe gelesen. Von nun an geht kaum mehr jemand auf Pilgerfahrt über den Großen St. Bernhard. Und noch ein Weiteres setzt dem Verkehrsweg zu: die klimatische Veränderung, die ab 1500 einsetzt, die „kleine Eiszeit", die die Gletscher wachsen lässt und plötzlich Wege unpassierbar macht, die jahrhundertelang begangen werden konnten. Schließlich sind es die Pestepidemien, die den Reiseverkehr über den Pass verunmöglichen. So versucht man im Jahre 1628 das Aostatal dadurch von der im Wallis grassierenden Pest zu verschonen, dass der Pass für jeglichen Verkehr geschlossen wird. Die Mühe ist vergeblich, denn 1630 wütet der Schwarze Tod auch in Aosta.

In den Brennpunkt des Weltgeschehens rückt der Große St. Bernhard erst wieder im Jahre 1800, als Napoleon im Mai mit seinen Truppen über den tief verschneiten Pass zur Schlacht von Marengo zieht. Die Bauern der Dörfer an der Passstraße werden aufgeboten um die schweren Kanonen über den Pass zu schleppen, die Vorräte der Familien landen in den Bäuchen der französischen Soldaten und auch das Hospiz muss seine ganzen Lebensmittel an die Armee abgeben: *21724 Flaschen Wein, 3498 Pfund Käse, 749 Pfund Salz, 400 Pfund Reis, 500 Pfund Brot, 1758 Pfund Fleisch und 500 Leintücher, um neue Hosen zu schneidern.* Eine Bezahlung ist versprochen, nicht nur dem Kloster, auch den Privaten und den Gemeinden, doch der Erste Konsul ist mit wichtigeren Angelegenheiten der Weltpolitik beschäftigt. Nur einer erfährt die Großzügigkeit Napoleons, der Bergführer Pierre Nicolas Dorsaz. Dieser Dorsaz hatte beherzt eingegriffen, als das Maultier des Ersten Konsuls oberhalb von Bourg St. Pierre auf dem nassen Fels ausgerutscht war. Aus Dankbarkeit lässt ihm Napoleon für 1200 Franken in Bourg St. Pierre ein Haus kaufen. Andere Rechnungen bleiben unbezahlt, so die Rechnung der Gemeinde Bourg St. Pierre, die sich auf 45'000 Goldfranken beläuft.

Daher ist dem französischen Präsidenten François Mitterand bei seinem Staatsbesuch in der

Kapelle im Hospiz des Großen
St. Bernhard.

Tourismustipp Großer St. Bernhard

Sehenswert sind die prächtige Kapelle im Hospiz und das kleine Pilgermuseum, in dem Dankesgaben von Pilgern aus allen Jahnhunderten gezeigt werden, die hier Hilfe und Unterkunft gefunden haben. Lohnend ist auch ein Besuch der berühmten Hundezucht und des Museums, das das Leben auf dem Pass zeigt.

Rechts: St. Rhémy-en-Bosses, jahrhundertelang Hauptquartier der soldats de la neige.

Schweiz von der Gemeinde Bourg St. Pierre eine von Napoleon visierte, aber nie bezahlte Rechnung vorgelegt worden. Und der Präsident begleicht die Schuld auf seine Art: Der Gemeindepräsident, auch er ein Dorsaz, erhält 1984 für seine Gemeinde eine in den Werkstätten des Louvre gegossene Bronzeplakette, die einen heldenhaften Napoleon auf einem scheuenden Pferd zeigt. Die Medaille kostet den französischen Staat 45'000 Francs, aber zum Wert von 1984 und nicht Goldfranken von 1800.

Der Abstieg nach Aosta

Von der Zollstation aus marschiert man über Alpweiden hinunter nach St. Rhémy-en-Bosses. Der Weg ist bestens markiert, Schautafeln sorgen für jede gewünschte Erklärung. Der *Club Alpino Italiano* hat wirklich verdienstvolle Arbeit geleistet.

Château Verdun; das Bauerngehöft, das für die Verpflegung der Pilger im Hospiz des Großen St. Bernhard sorgte. Château Verdun ist selber ein Hospiz und nimmt bis heute Gäste auf.

Fondue valdôtaine

250 g geraffelten Fontina-Käse in eine feuerfeste Pfanne geben, 2 dl Milch zufügen und die Mischung mindestens eine Std. ruhen lassen. Danach wird die Pfanne im Bain-Marie erhitzt. 4 Eigelb, 25 g Butter, Salz und Pfeffer zugeben und umrühren, bis alles ineinander geschmolzen ist. Diese Käsemischung wird ursprünglich mit Buchweizengrütze oder geröstetem Brot gegessen, heute auch mit Salzkartoffeln.

Über eine alte romanische Brücke geht es nun in einen Wald und bald ist St. Oyen erreicht. Jetzt steigt man steil ins Tal hinunter und erreicht den Etappenort Etroubles, das *Throelaborg* des isländischen Abtes Nikulas von Munkathvera. Seit alter Zeit ist Etroubles ein Ort für die Rast der Pilger und Kaufleute. Mit Wagen ist die Strecke von Aosta bis zur Passhöhe in einem Tag nicht zu schaffen, und zu Fuß ist ein Tagesmarsch von der Passhöhe bis ins Tal nach Aosta auch nur geübten Wanderern zu empfehlen. Zu den besten Zeiten soll Etroubles mehr als 20 Unterkunftsbetriebe besessen haben und auch heute scheinen es nicht viel weniger zu sein. Traditionellerweise soll hier eine *Fonduta Val-*

Unten: Blick auf Etroubles.

Erst für den letzten Kilometer muss man entlang der Hauptstraße gehen. Das Dorf erinnert an Bourg St. Pierre, allerdings mit einem gewichtigen Unterschied. Hotels und Restaurants sind hier nur in den Hauptreisemonaten Juli, August und September geöffnet. Wer sich außerhalb dieser Zeit auf den Weg wagt, muss hungrig weitermarschieren.

Tourismustipp Gignod

Sehenswert sind im Pfarreimuseum in der Kirche **St. Hilaire** liturgische Objekte, eine Madonna aus dem 13. Jh. und Fresken aus dem 15. Jh. 11010 Gignod, Tel./Fax +39 01 655 60 04, geöffnet Montag—Sonntag 8—19.30 Uhr.

Gignod, Fresken in der Kirche St. Hilaire.

Aosta

Das alte *Augusta Praetoria* ist zunächst einmal eine römische Garnisonsstadt, welche die Aufgabe hat, den Passübergang über den Jupiterberg militärisch zu sichern. 3000 Mann der Prätorianergarde, also des kaiserlichen Eliteheers, leben hier; daher der Name. Durch das Mittelalter bis zum heutigen Tag hat sich die römische Stadtstruktur von Aosta erhalten und was die Reisenden in all den Jahrhunderten zu sehen bekommen, ist beinahe ein kleines Rom. Der Triumphbogen des Augustus steht vor dem südlichen Stadttor, das, ebenso wie fast die ganze Stadtmauer und das Theater, aus der Römerzeit erhalten geblieben ist.

Außerhalb der Mauern finden wir das Quartier von St. Orso, ein Handwerkerquartier, in dem der Heilige, der gegen die Stadtverwaltung rebellierte, Zuflucht gefunden hat. Er errichtete hier ein Kloster, das heute einen der besterhaltenen romanischen Kreuzgänge birgt; ein Kleinod, das schon allein die Reise nach Aosta lohnt. Der Kreuzgang ist in den Jahren 994 – 1025 entstanden, also muss ihn Bischof Sigeric von Canterbury im Bau gesehen haben. Das Bauwerk ist bald und zu Recht als Weltwunder berühmt und so schreibt etwa unser isländischer Abt Nikulas von Munkathvera 1154, der Bischofssitz von Aosta sei in St. Orso. Das ist falsch, aber der Dom hat in der Tat keine vergleichbare Pracht zu bieten. Auch er ist ein romanisches Gebäude, nach dem Rezept des Guglielmo di Volpi-

dostana gegessen werden, doch Betriebe, die das Gericht auf traditionelle Art mit Eiern servieren, sind selten geworden. Die Walliser Variante ist einfacher herzustellen.

Nun folgt eine der schönsten Wegpartien der ganzen Via Francigena: der neu angelegte Wanderweg von Etroubles nach Gignod. Der Weg verläuft mehrere hundert Meter oberhalb der lauten Autostraße. Manchmal geht es durch den Wald, manchmal durch Alpfelder, aber immer folgt er den *Bisses*, den offenen Wasserleitungen, die die Bauern zur Bewässerung ihrer hoch gelegenen Äcker angelegt haben.

Von Gignod aus sehen wir schon, was uns im Talgrund erwartet: Aosta, eine hässliche Industriestadt, deren Kamine üble Dämpfe ausstoßen. Wüsste man nicht, dass Aosta noch anderes zu bieten hat, man könnte sich nicht auf das Etappenziel freuen. Aber etwas sollte man sich zuliebe tun: spätestens ab Signayes aufhören zu Fuß zu gehen. Hier wird es laut und lärmend und italienische Autofahrer nehmen wenig Rücksicht auf Menschen, die zu Fuß unterwegs sind.

Rechts: Römische Stadtmauer von Aosta.

Il Cardo, der römische Hauptplatz von Aosta.

ano aus wieder verwendeten römischen Säulen errichtet, doch ohne die glückliche Hand des Architekten, der da zu viele zu verschiedene Bauteile
zusammenstellt.

Wer aber ist dieser heilige Bär, dieser St. Orso?
Ursus wird in der Mitte des 5. Jahrhunderts, also
mitten der Völkerwanderungszeit, in Irland geboren. Er muss einer noblen Familie entstammen,
die zu den ersten gehört, die sich dem neuen Glauben anschließen. Für diese ersten irischen Christen ist die Pilgerfahrt zu den geweihten Stätten das
„weiße Martyrium", das Verlassen der geliebten
Heimat und der Familie. Orso beschließt, dieses
Martyrium auf sich zu nehmen und das rechte
Evangelium zu verkünden, denn er hat gehört,
dass sich mit den eingewanderten germanischen
Völkern auch die arianische Ketzerei verbreitet,
namentlich durch die Burgunden, die nach der
Vernichtung ihres Staates in Worms und nachdem
sich ihnen kein Römer mehr entgegenstellt, das
ganze Rhonetal erobert haben. Als erstes begibt er
sich nach Meyronnes, einem burgundischen Dorf
auf 1500 m Höhe, und verkündet den katholischen
Glauben. Wir finden hier noch die Kirche Vieux
Saint-Ours. Weshalb er den Ort verlassen muss,
steht nirgends geschrieben, doch man kann es sich
denken. Was der Missionar verkündet, wird der
Obrigkeit nicht gefallen haben. So steigt Orso über
die Alpen und kommt nach Aosta, wo er bald zum

Der romanische Kreuzgang
des Klosters St. Orso.

Der Dom von Aosta.

Erzdiakon befördert wird, ein treuer Diener seines Bischofs Giocondo.

In den Jahren 501 und 502 ist der Bischof auf Synoden in Rom, Orso vertritt ihn in Aosta. Als der Bischof zurückkommt, beschließt Orso, dass etwas für das Seelenheil der einfachen Handwerker getan werden muss, die in der Stadt keinen Platz haben und zwischen der Stadtmauer und dem Triumphbogen in elenden Hütten hausen. Er errichtet eine Kirche und gründet ein Hospiz für die vielen irischen Pilger, die auf der Via Francigena in die Ewige Stadt pilgern.

Einige Jahre kann Orso in Aosta in Frieden wirken, doch dann ändern sich die politischen Zeitläufe. König Theodorich von Ravenna ist ein Anhänger des Arianismus und sein Druck auf die Diözese Aosta ist so groß, dass 528 ein arianischer Bischof gewählt wird. Orso, der Stellvertreter des Bischofs, betritt die Stadt nicht mehr und verschanzt sich in der Handwerkervorstadt. Es beginnt ein richtiger Krieg zwischen der arianischen Stadt und der katholischen Vorstadt. Und die einfachen Leute in der Vorstadt haben schlechte Karten, denn die Aufträge, die ihnen Brot bringen, kommen von den reichen Leuten und die sind jetzt arianisch. Orso weiß zu helfen: er organisiert Selbsthilfegruppen, lehrt die Leute einfachen Warentausch, ermutigt sie, einfache Dinge herzustellen und organisiert ohne jede behördliche Bewilligung Verkaufsmessen für seine Gläubigen. Diese *Fiera di Sant'Orso* ist bis heute in Aosta eine Institution geblieben.

Dramatisch wird die Geschichte im Jahre 529. Ein Kleriker des Bischofs lässt sich etwas zuschulden kommen, was, wissen wir nicht. Der Bischof ist für sein cholerisches Temperament bekannt und so flüchtet sich der Kleriker in die Vorstadt zu St. Orso. Orso, rechtlich gesehen immer noch im Amt als Erzdiakon und als solcher Herr über die bi-

schöfliche Justiz, begnadigt den fehlbaren Kleriker und lässt sich vom Bischof zusichern, dass dieser wieder seinen Dienst in der Kathedrale versehen darf. Doch der Bischof hat etwas anderes im Sinn. Er lässt den Priester auspeitschen, kahl rasieren und mit siedendem Pech übergießen. In seiner Agonie gelingt es dem Bestraften noch, zu St. Orso zu fliehen, wo er stirbt. Orso nimmt daraufhin seinen Mantel und stürmt „*wie eine Furie*" – so die Quelle – in den Bischofspalast, um dem wortbrüchigen Bischof zu sagen, was Recht ist. Am nächsten Tag ist der Bischof erwürgt; die Heiligenvita sagt: „*von seinen eigenen Dämonen*". Damit hat sich das Thema der arianischen Glaubensverirrung in Aosta erledigt.

Kapitelle im Kreuzgang von Kloster St. Orso. Mitte: Der Hl. Orso (rechts, mit dem Evangelium in der Hand); oben: ein Motiv aus der Geschichte Jakobs; links: Motiv aus einer Fabel Äsops.

Rechts neben der Kirche können wir, wenn die Renovation abgeschlossen sein wird, das Prioratsgebäude bestaunen, das die reiche Familie Challant im Klosterbezirk errichten ließ. Auch dies ein Kunstwerk, das die Reise nach Aosta wert ist.

Zur Blütezeit der Via Francigena fanden sich in der Stadt unzählige Pilgereinrichtungen, Hospize, Schenken, Tavernen. Wer heute noch etwas von der damaligen Stimmung einfangen will, sollte sich die *Taverne du pèlerin gourmand* ansehen, die Taverne des verfressenen Pilgers. Der Bau von Pilgerhospizen im großen Stil beginnt im 11. Jahrhundert mit zwei Einrichtungen des Cluniazenserordens: *Saint-Bénigne* und etwas später das Hospiz *Sainte-Hélène de Sarre*. Als 1132 im Kloster St. Orso die Augustinusregel eingeführt wird, erhält auch es ein neues Hospiz, reich versehen mit Spenden und bald weiterhum berühmt für seine Qualität. Im Jahr 1427 zählt ein Inventar zehn Betten, sieben Matratzen, 20 Decken und 200 Leintücher, dazu einen Mann und zwei Frauen, die angestellt sind, die armen Pilger zu versorgen. Im 12. Jahrhundert wird auch das Hôpital Rumeyran gegründet, das Johannes dem Täufer gewidmet ist. Im 13. Jahrhundert kommt das Hospital von Nabuisson dazu, im 14. Jahrhundert das von Marché Vaudan. Neben diesen großen, kirchlichen Einrichtungen sind in Aosta aber die kleinen Stiftungen weit verbreitet, Häuser mit drei oder fünf Schlafplätzen, einem kleinen Weinberg, der das Pilgergetränk liefert, und einigen Frauen und Männern aus der Bürgerschaft, die sich um das Wohl der Pilger kümmern.

Aosta ist eine Reise wert, denn im Stadtzentrum ist kaum etwas verschandelt worden. Die Stadt hat davon profitiert, dass nach der Reformation die Hauptverkehrsachsen nicht mehr hier hindurch gingen. Und so war kein Geld mehr da um zu zerstören, was historisch gewachsen ist. Uns Heutige kann dies freuen, denn zu Recht wird Aosta das „Rom der Alpen" genannt.

Der Weg von Aosta nach Lucca

Von Aosta nach Ivrea

Durch den Triumphbogen des Augustus verlässt die Via Francigena die Stadt. Der alte Weg verläuft durch das Aostatal nach Ivrea und führt von Burg zu Burg. Man gewinnt fast den Eindruck, auf jedem Hügel habe einer dieser kriegerischen mittelalterlichen Herren gesessen, die auch die Geldbeutel der Reisenden nicht verachteten. Die Herren von Quart, die es nicht geschafft hatten, den Großen Sankt Bernhard zu sichern, begnügten sich mit einer Burg über dem Weiler Nus; die Familie Challant hingegen, deren Oberhaupt den Rang eines Vicomte d'Aoste erlangt hatte, besaß gleich mehrere Burgen, deren berühmteste wohl das Château Fenis ist. Immer wieder stößt man im Aostatal auch auf römische Wegabschnitte, auf alte Pflasterung, auf Tritte für die Saumtiere. In Pont St. Martin ist eine römische Brücke zu bewundern, die in

luftiger Höhe über einen Wasserfall gebaut ist und zweitausend Jahre lang allen Unwettern Stand gehalten hat, und in Donnas ist ein ganzer Wegabschnitt der alten Via Consolare samt dem zugehörigen Stadttor erhalten geblieben. Daneben erfreut beinahe jedes Dorf mit einer alten romanischen Kirche, mit kunstvollen Fresken und natürlich mit einer Kultur, die halb französisch, halb italienisch ist und die Vorzüge dieser beiden Welten vereinigt. Kurz vor Ivrea, bei Chambaye S. Lorenzo, scheint die Sprachgrenze zu verlaufen. Die französischen Ortsbezeichnungen verschwinden und die Pilgerwelt wird italienisch.

Ivrea

Ivrea ist in der Geschichte zunächst einmal ein wenig bedeutendes Provinzstädtchen. Berühmt wird es erst mit dem Langobardenkönig Berengar und der Königin Villa von Ivrea. Sie setzen sich im Jahre 950 als Vasallen des deutschen Kaisers Otto I.

auf den italienischen Thron, nehmen die rechtmäßige Königin Adelheid in Pavia gefangen und schließen sie in Rocca di Garda ein, damit sie bei der Sohn heirate und der Usurpation somit Legitimität gebe. Was sich nun abspielt, könnte der Feder eines Drehbuchautors entsprungen sein.

Polenta concia

2 l Wasser salzen und aufkochen. 600 g Buchweizenmehl einrühren, weiterkochen und eine Stunde lang gut umrühren. In einer anderen Pfanne 200 g Bohnen kochen, abgießen und 100 g Butter, 250 g kleingeschnittenen Fontina-Käse und 50 g gehackten Pancetta beigeben. Sauce 10 Min. auf kleinem Feuer köcheln lassen, mit Salz und etwas Rotwein abschmecken und zur Buchweizengrütze servieren.

Das Château de Fenis, seit 1242 im Besitz der Familie Challant, deren Oberhaupt den Titel eines Vicomte d'Aoste erlangte.

Chambaye S. Lorenzo; hier etwa verläuft die französisch-italienische Sprachgrenze.

Berengar und Villa leisten keine Tributzahlungen nach Deutschland und führen den Kaiser so lange an der Nase herum, bis dieser sich selbst nach Italien begibt. Dort trifft er als erstes auf die junge, schöne Adelheid, die sich mit ihrem Essbesteck einen Fluchtweg aus der Festung Garda hat graben können. Die beiden verlieben sich und heiraten. Und dann teilen sich beide in ihren Krieg gegen die Langobardenherrscher. Otto I. wendet sich gegen König Berengar, der sich in der Festung San Leo bei Ravenna verschanzt hält, während Adelheid ihre Peinigerin Villa verfolgt, die sich mit dem langobardischen Staatsschatz auf der Insel San Giulio im Ortasee verteidigt. Nach einer monatelangen Belagerung im Sommer 963 muss die Langobardenkönigin aufgeben, denn die letzten Vorräte auf dem Inselchen sind verspeist und die Goldstücke in den Truhen allein nähren nicht. Als das Kaiserpaar die eroberte Insel betritt, wird ihm gemeldet, eben sei ein Kind geboren, die Frau des langobardischen Gardekommandanten di Volpiano habe einem Sohn das Leben geschenkt. Adelheid ist gerührt und ordnet an, dass das Kind sofort getauft werden müsse. Auf den Ruinen der zerstörten Kirche wird die Taufe gefeiert, Otto und Adelheid sind die Paten. Auf Wunsch der Kaiserin wird das Kind Wilhelm genannt. Die friedliche Stimmung nützt auch dem besiegten Langobardenkönigspaar. Das Kaiserpaar lässt Gnade walten und steckt die beiden in ein deutsches Kloster, wo Berengar und Villa friedlich ihre Tage beschließen. Das Kind, das man den Eltern wegnimmt und in ein kaiserlich kontrolliertes Kloster steckt, damit es nicht auf falsche Gedanken kommt, entwickelt sich prächtig. Als Giuglielmo di Volpiano oder Guillaume de Dijon wird es den romanischen Baustil begründen, der uns heute noch erfreut.

Ivrea ist eine obligatorische Pilgerstation auf dem Weg von Aosta nach Vercelli. Im 14. Jahrhun-

dert finden wir hier 10 Pilgerhospize, von denen einige auch den Gemeindearmen zur Verfügung stehen. Das *Ospedale di Burgo* ist so eine Einrichtung für die mittellosen Kranken. Das Gebäude stand am Ort des heutigen Rathauses und war besser ausgestattet als andere Einrichtungen. 1346 zählt ein Visitationsbericht, dass 40 Matratzen zur Verfügung stehen, jede einzelne dazu bestimmt, zwei oder mehr Kranken als Lager zu dienen, dazu Kis-

Tourismustipp Ivrea

Das **Museo Virtuale dell'Architettura Moderna di Ivrea** ist ein Web-Projekt der Firma Olivetti, das Architekturrundgänge in und um Ivrea beschreibt und eine Auseinandersetzung mit Architekten von Olivetti aus dem 20. Jahrhundert erlaubt. Infos und Wegbeschreibungen unter: http://web.tiscali.it/moore/territorio/archi/index.html

Cavolo in aceto

800 g gut gewaschenen Kohl in Salzwasser kochen, abgießen, in Streifen schneiden und in eine feuerfeste Form füllen. In der Bratpfanne 100 g gehackten Speck auslassen und gehackten Knoblauch zugeben. Ausgelassenen Speck über den Kohl gießen, salzen, pfeffern. 1 Esslöffel Honig in ½ Glas heißem Wasser auflösen, ½ Glas Essig zugeben und über den Kohl gießen. Im mittelheißen Backofen ca. 30 Min. kochen lassen.

sen und Decken in genügender Zahl. Solches ist in dieser Zeit nicht selbstverständlich. Der bischöfliche Inspektor bemängelt jedoch, dass für Findelkinder keine Leintücher zur Verfügung stehen. Jeden Tag können für die armen Kranken genügend Mahlzeiten gekocht werden und nachts brennt eine Lampe im Schlafsaal.

Von Ivrea nach Pavia

Von Ivrea aus marschieren die Pilger durch flaches Land nach Santhia, das alte *Sant' Agatha*. Viele Häuser sind hier noch aus Lehm gebaut und erinnern in ihrer Urtümlichkeit an längst vergangen

Ueber die Reisfelder der Lomellina geht der Blick zurück in die Alpen.

geglaubte Zeiten. Die Stadt ist ursprünglich eine Siedlung der Ligurer, dann der Kelten und fällt 143 v. Chr. an Rom. Im 4. Jahrhundert kürt der heilig gesprochene Bischof Eusebius die Hl. Agatha zur Stadtheiligen und seither trägt die Stadt ihren neuen Namen.

Nach Santhia gelangen die Pilger in das liebliche Gebiet um den Lago di Viverone. Alte Klosteranlagen, kleine Abteien, Hospize und Kapellen zeugen vom reichen religiösen Leben des Mittelalters. Der

Santhia, Altstadtgasse.

Zuppa alla canavesana

In Kochbutter gehackten Knoblauch und 50 g gehackten Speck anbraten. Weißkohl in Streifen schneiden und zugeben, mit 2 l Gemüsebouillon zudecken, salzen, pfeffern und aufkochen. Brotscheiben rösten und in feuerfeste Suppenkacheln geben. Kohlsuppe über das Brot gießen, mit reichlich geriebenem Käse und etwas frisch gemahlenem Muskat bestreuen und 10 Min. im sehr heißen Ofen überbacken.

Weg führt durch das wichtigste Reisanbaugebiet Italiens, die Lomellina, die Gegend von Vercelli. Im Hintergrund sieht man noch die verschneiten Alpen und unter den Füßen liegen Pfade, die oft unter Wasser stehen. Hier wird die berühmte Froschsuppe serviert und die Pilger sind gehalten, vor Vercelli ihre Pilgertaschen mit Fröschen zu füllen und sie in der Klosterküche abzuliefern.

Die liguro-keltische Siedlung Vercelli ist im Jahre 43 v. Chr. unter die Herrschaft Roms gelangt. Im 4. Jahrhundert gründet hier der Hl. Eusebius den ersten Bischofssitz in Padanien. Seit dem 12. Jahrhundert kann sich die Stadt als Mitglied der *Lega*

Froschsuppe Vercelli

Geh auf dem Pilgerweg durch die Lomellina nach Vercelli, sammle die zahlreichen Frösche am Weg und bring sie in die Klosterküche, wo die berühmte Froschsuppe zubereitet wird. Dort werden die Frösche gut gesäubert und in reichlich Salzwasser gekocht, dem Zitronensaft beigefügt wurde. Nach 45 Min. Frösche aus dem Wasser nehmen und im Mörser zusammen mit Knoblauch, Basilikum und Petersilie zerkleinern. Die zerkleinerte Froschmasse in das Kochwasser geben, Lorbeerblätter dazutun und aufkochen lassen. Nach 10 Min. alles durch ein Sieb passieren. Brotscheiben in Olivenöl rösten, in Suppenteller geben und Froschsuppe darüber gießen. Mit geriebenem Käse und frisch gemahlenem Pfeffer überstreuen.

Tourismustipp Vercelli

Die von Antonio Borgogna im 19. Jh. gegründete Pinakothek zeigt Meister der piemontesischen Malerei: **Museo Civico Borgogna**, Via Borgogna 8, Vercelli. Tel. 0161 256512. Öffnungszeiten: Dienstag — Freitag 14.30—17 Uhr, Samstag und Sonntag 9.30—12.30 Uhr.

Das reiche archäologische Erbe der Region wird ausgestellt im **Museo Camillo Leone**, Via Verdi 30, 13100 Vercelli. Tel. und Fax: 01 61—25 32 04, geöffnet Dienstag-Donnerstag; Samstag 15—17.30 Uhr; Sonntag 10—12 Uhr; montags geschlossen.

Lombarda selbst verwalten und sie erhält 1228 die erste Universität des Piemont. In der Biblioteca Capitolare findet sich das *Vercelli-Book*, das älteste Buch in englischer Sprache.

Weiter geht es durch flaches Land, durch Reisfelder, vorbei an den Reisspeichern von Mortara und dem reizvollen barocken Städtchen Vigevano, bis die Pilger am breiten Ticino die alte italienische Hauptstadt Pavia erreichen.

Die Cella di S. Michele von Viverone (12. Jh.).

Pavia

Pavia kann man sich nicht nähern, ohne an die Vergangenheit zu denken. Was ist geblieben von der italienischen Hauptstadt der Kaiserin Adelheid? Was zeigt sich noch aus langobardischer Zeit?

In Borgo Ticino empfängt uns eine Gedenktafel, die 1559 für den Einzug des spanischen Königs Philipp II. angebracht wurde: „O tu che entri in queste mura/e tu che passi toccando il limitare della porta/piega il ginocchio e di: salve o novella Roma" („O Du, der Du in diese Mauern eintrittst/ und Du, der du die Schranke dieses Tors durchschreitest/ beuge Dein Knie und sprich: Heil Dir, o

Vigevano, Der Dom Sant'Ambrogio (erbaut 1532–1606).

neues Rom"). Das also ist der nicht ganz bescheidene Anspruch der Stadt.

Eine gedeckte Brücke, nach dem Zweiten Weltkrieg nach alter Vorlage wieder aufgebaut, führt direkt zur Kirche San'Andrea, einer Kirche, die alle deutschen Könige, die Italien für sich beanspruchten – angefangen von den Karolingern über die Ottonen bis zu den Staufern – als Pilger betreten mussten, um sich hier die italienische Krone aufsetzen zu lassen.

Pavia war schon für die Kelten ein wichtiges Zentrum. Nach der Eroberung durch die Römer erhält die Stadt den Namen *Ticinum*, nach dem Fluss, der die Stadt durchquert. 271 n. Chr. schlägt hier Kaiser Aurelian die bis nach Italien vorgedrungenen Alemannen. 452 fallen die Hunnen unter Attila über Pavia her und zerstören die Stadt. Bald ist sie wieder aufgebaut, doch sie kommt nicht zur Ruhe. Drei Jahre lang belagern die Langobarden Ticinum, bis sie es 527 erobern können und zur Hauptstadt ihres Reiches machen. Erst im 7. Jahrhundert ändert sich der Name in Pavia. 924 wird Pavia von den Ungarn dem Erdboden gleichgemacht, neu errichtet und mit stärkeren Mauern versehen. Aus Anlass

Die Ponte Coperto di Pavia wurde zur Römerzeit erbaut, im Mittelalter mit einem Dach versehen und nach ihrer Zerstörung im 2. Weltkrieg anhand alter Pläne wieder aufgebaut.

seiner Krönung gibt Friedrich Barbarossa Pavia den Status einer freien Reichsstadt. 1359 wird Pavia von den Visconti aus Mailand erobert, die an Stelle des alten Kaiserpalastes einen neuen errichten. 1525 kommt es in Pavia zu einer entscheidenden Schlacht zwischen Kaiser Karl V., der hier seine Besitzungen verteidigt, und dem französischen König Franz I. Die Franzosen werden geschlagen, ihr König wird gefangen und in Madrid in die Residenz des Kaisers verbracht, wo er in einem Friedensvertrag zusichern muss, sich künftig aller Kriege zu enthalten.

Als Karl V. im Jahre 1559 abdankt, kommt Pavia mit dem Herzogtum Mailand an seinen Sohn Philipp II. von Spanien. Dies ist der Grund für die Ehrentafel in Borgo Ticino. Im 18. Jahrhundert wird

Zuppa pavese

Pro Person 2 Scheiben Brot in Butter rösten, in Suppenteller geben, darüber 2 ganz frische Eier aufschlagen und mit reichlich geriebenem Parmesan überstreuen. Mit kochender Fleischbrühe übergießen.

die Stadt österreichisch und kommt erst mit dem Risorgimento und der Einigung Italiens in der Mitte des 19. Jahrhundert an Italien.

Dieser kurze Blick in die Geschichte zeigt, dass auch Pavia eine Reise wert ist. Auf dem Rundgang durch die Stadt zeigt sich der Dom immer noch geschlossen *per restauro* und niemand kann sagen, wann die Arbeiten beendet werden. Eine andere Kirche ist aber geöffnet und die muss man auch gesehen haben: *San Pietro in Ciel d'Oro*, Sankt Peter im Goldenen Himmel. Es ist dies eines der frühesten Gotteshäuser der Stadt und hier, in der Krypta, ist der berühmte Philosoph Boethius begraben, der im 5. Jahrhundert in Pavia gelehrt hat, ebenso wie der Kirchenlehrer Augustinus und der Langobardenkönig Luitprand, der für diese besonderen Reliquien ein Vermögen an die Sarazenen hat zahlen müssen.

Piacenza

Den Po entlang führt der historische Weg auf der Strada Statale 224 nach Piacenza. Piacenza ist heute ein apokalyptischer Verkehrsknotenpunkt geworden: Autobahnen, Eisenbahnen machen Lärm, ein mittelalterlicher Pilger hätte sicher ge-

Pavia, S. Pietro in Ciel d'Oro; nach der Chronik von Abt Beda Venerabilis wurden zwischen 722 und 725 die Reliqien des Hl. Augustinus nach S. Pietro in Ciel d'Oro verbracht. Hier ruhen auch die Gebeine von Severinus Boethius und von König Luitprand.

dacht, er sei leibhaftig in die Hölle geraten. Umbraust vom Lärm und zugedeckt von den Abgasen haben die Monumente überlebt und vor einigen Jahren hat eine gnädige Stadtverwaltung sogar einer verkehrsfreien Innenstadt zugestimmt, die es den Menschen erlaubt, sich wieder auf die alten Straßen zu wagen.

Piacenza ist ursprünglich eine etruskische Stadt. Im Jahre 219 v. Chr. stellt sie sich der Invasion des Hannibal entgegen und wird unter dem Namen *Colonia Pacentia* eine römische Kolonie. Nun ist sie Grenzstadt gegen die Gallier, die in Oberitalien leben, und von diesen wird sie im Jahre 200 v. Chr. auch zerstört. Die Römer bauen die Stadt wieder auf, wie immer in einem solchen Fall schöner und prächtiger denn je. In der Völkerwanderungszeit wird die Stadt dann von den Goten erobert, später von den Langobarden, bis sie 774 an die Karolinger fällt. Nach dem Frieden von Konstanz mit Friedrich Barbarossa wird Piacenza im 12. Jahrhundert freie Reichsstadt, doch schon 1337 wird die Stadt von den Visconti für Mailand erobert und teilt von da an das mailändische Schicksal.

Der romanische Dom ist einen Besuch wert, auch der *Palazzo del Commune*, die *Piazza dei Cavalli* und das Lokalmuseum, das über die Geschichte informiert. In der Kirche *Santa Maria di*

Tourismustipp Piacenza

Im **Palazzo Farnese** findet sich im Appartamento della Duchessa eine reichhaltige Pinakothek mit Meistern des 16.–19. Jhs. Die Skulpturensammlung zeigt schwergewichtig die Scuola di Piacenza aus dem 12. Jh., die Steinmetze aus ganz Europa beeinflusste. Ausgestellt werden auch etruskische Exponate, insbesondere eine Bronzeleber, die zum Sterndeuten und Wahrsagen verwendet worden sein soll. Museo Civico, Piazza Citadella 29. Tel. 05 23/32 82 70, Öffnungszeiten: Dienstag–Sonntag 9.30–13 Uhr, Freitag–Sonntag 15–18 Uhr, montags geschlossen.

Campagna mag man sich daran erinnern, dass hier Papst Urban V. im Jahr 1095 den ersten Kreuzzug ausgerufen hat.

Von Piacenza über den Cisa-Pass nach Aulla

Auf der Via Emilia geht es weiter nach Fiorenzuola d'Arda. Die Via Emilia ist heute die Strada Statale Nr. 9 und so ist es ratsam, erst vor Fiorenzuola wieder zu Fuß zu gehen, die Innenstadt ist hier verkehrsfrei. In Fiorenzuola hat der dänische König Eric Svendsson ein Hospiz für die skandinavischen

Pilger errichtet. Hier durfte, wer skandinavischen Ursprunges war, soviel Wein trinken, wie er wollte; es darf davon ausgegangen werden, dass die königliche Stiftung reichlich genutzt wurde. Seinen Namen hat das Städtchen zu Ehren eines Pilgers, Florence de Tours, der im 6. Jahrhundert nach Rom pilgerte und hier ein Wunder wirkte. Dem Heiligen Pilger wurde im 13. Jahrhundert eine sehenswerte Kirche errichtet.

Die Francigena führt auf der Via Emilia, d.h. der Strada Statale Nr. 9, sodann nach Fidenza. Auch Fidenza ist verkehrsfrei, und man sieht es dem Städtchen an, dass es sich entlang dem Pilgerweg entwickelt hat: es ist nur wenige Straßen breit und unendlich lang. Dem Hl. Donninus, der hier geköpft wurde, ist der Dom geweiht. Dieser Dom mit seiner Skulpturenfassade ist ein Juwel der romanischen Baukunst. Wir sehen die biblischen Geschichten, die Geschichten der Heiligen, aber auch Herakles mit dem nemäischen Löwen oder Dietrich von Bern mit Sintram, Guntram und dem Drachen oder die getreuliche Darstellung der Hölle und des Jüngsten Gerichts.

In Fidenza muss man sich entscheiden. Viele Pilger sind nach Parma gegangen um von hier aus den Cisa-Pass in Angriff zu nehmen. Der historische Weg aber ist kürzer und führt direkt nach Fornovo Taro, dem Ort, wo ein einfacher Eremit aus Mitleid mit den Pilgern im 12. Jahrhundert eine Brücke über den großen Fluss baut.

Der Weg steigt nun das Tal empor und man kann gut begreifen, dass der Cisa-Pass zum Pflichtprogramm des Giro d'Italia gehört. Auch wer zu Fuß ist und sich nicht auf dem Rad abmühen muss, spürt die Anstrengung. Mächtige mittelalterliche Schlösser sichern das Tal des Taro, denn der Durchzug von Pilgern war hier willkommen, nicht aber jener von fremden Heeren, die bloß Elend brachten. In Berceto, der letzten Stadt vor der Passhöhe, fin-

Fidenza, Eingang des Doms San Donnino.

Eine schöne Wanderung auf nicht immer leicht zu findenden Pfaden führt nach Pontremoli. Im Schloss Pignaro ist eine Sammlung der vielen Menhire zu besichtigen, die hier in der Lunigiana gefunden wurden. Diese Menhire hatte man lange vergessen und erst der Bauboom in den sechziger Jahren des 20. Jahrhunderts hat dazu geführt, dass viele von ihnen ausgegraben werden konnten. Dabei sind die alten Chroniken voll davon, denn die Bewohner des Bistums Luni, die schon den römischen Göttern nie getraut hatten, wollten keine Christen sein und verehrten noch Jahrhunderte

Links: Herakles kämpft mit dem Nemeischen Löwen; Detail aus der Skulpturenfassade des Doms von Fidenza.

Tourismustipp Parma

Der **Palazzo Ducale** geht in seiner Bausubstanz im Wesentlichen auf die Farnese zurück. Die heutige Gestaltung ließ Erzherzogin Maria-Luisa von Österreich nach der Abdankung Napoleons I. durchführen. Sehenswert ist auch der herzogliche Park nach einem Projekt von Ottavio Farnese aus dem 16. Jh. Öffnungszeiten: Montag—Samstag 8—12 Uhr (Palazzo), 7—17 Uhr (Park). Tel. 05 21—21 88 82, Fax 05 21—21 88 75.

Einen Einblick in die Welt des Parfüms von 1870—1950 gibt die **Collezione Borsari.** Primo Museo Italiano della Profumeria, Via Trento 30/A. Tel. 05 21—77 10 11.

den wir einen Dom aus dem 12. Jahrhundert, der dem Hl. Moderannus geweiht ist, einem Bischof aus Rennes, der 703 auf der Via Francigena nach Rom gepilgert war. Neben dem Dom hat die Diözesanverwaltung ein Pilgerbüro eingerichtet, das Karten des Cisa-Passes vertreibt. Hier ist vom *Club Alpino Italiano (C.A.I.)* auch ein Wanderweg eingezeichnet, der es erlaubt, die Autostraße zu meiden.

Nach Berceto wird die Landschaft gebirgig und die Karte des *C.A.I.* leistet gute Dienste. Auf der Passhöhe finden sich mehrere Hospize, allerdings nicht die alten, von denen die Chroniken berichten, sondern solche aus den sechziger und siebziger Jahren des 20. Jahrhunderts. Sie sind alle geschlossen, denn die erhofften Touristen bleiben schon lange aus.

Der Abstieg in die Toscana führt durch lichten Wald und immer wieder erfreut ein neues Panorama das Auge. Die erste Station auf der toskanischen Seite des Passes ist Monte Lungo oder nach anderen Quellen Monte Bardone, das alte *Mons Langobardorum.* Hier stand einst ein Kloster, das dem Hl. Benedikt geweiht war. Die Chronik berichtet, dass es im Jahre 596 von den Langobarden zerstört worden sei. Irische Pilger haben es wieder aufgebaut und unter die Leitung des streitbaren Abts Columban des Klosters Bobbio gestellt.

nach der Christianisierung ihre alten Heiligen Steine. Das Poenitentiale des Columbanus, das diese Riten mit Höllenstrafen belegt, beschreibt die Praktiken der alten Religion sehr anschaulich. Das Schloss, das die Menhire heute beherbergt, gehörte den Malaspina, die von hier bis nach Aulla in jedem Ort eine Burg unterhielten, um den Weg abriegeln zu können.

Vom Schloss steigt man hinunter in die mittelalterliche Stadt und dort sollte man nicht versäumen, in der Taverne hinter dem Dom die Spezialität des Ortes zu essen: *Testaroli al Pesto,* flache Teigplätzchen an einer Basilikum-Knoblauch-Sauce. Viele Pilgerberichte sprechen von diesen Testaroli, die man sonst in ganz Italien nicht bekommen kann.

Tourismustipp Pontremoli

Im **Museo delle Statue Stele** kann die Entwicklungsgeschichte der Menhire, deren Darstellung im Museum Aosta begonnen hat, weiterverfolgt werden. — In der ganzen Lunigiana wurden neolithische und bronzezeitliche Steinstelen gefunden. Die Sammlung dieser Stelen wird im Schloss Pontremoli ausgestellt. **Castello del Piangaro**, Tel. 01 87/83 14 39, Öffnungszeiten: Winter: 9—12 Uhr und 14—17 Uhr, Sommer: 9—12 Uhr und 16—19 Uhr.

ein goldener Schein leuchtet. Man sucht nach der Ursache und findet in dem Bett, in dem der Pilger geschlafen hat, ein Kruzifix mit einem schwarzen Christus. Von da an wird das Pilgerkruzifix bis zum heutigen Tag in Pontremoli hoch verehrt.

Wer die Magra entlang in die Lunigiana hinuntersteigt, kommt von Städtchen zu Städtchen,

Links: Berceto, der Dom S. Moderanno (12. Jh.), Detail.

Rechts: Menhirkopf aus dem Bistum Luni (spätere Bronzezeit).

Pontremoli ist berühmt für ein Pilgerwunder: Eines Tages, so heißt es, ist ein französischer Pilger unterwegs nach Rom und findet für Gotteslohn Unterkunft bei einer frommen Frau. Sie gibt ihm eine Kammer unter dem Dach. Als sie am nächsten Morgen nach ihm schaut, ist der Pilger schon weitergezogen. Vor ihrem Haus aber sammeln sich die Bewohner von Pontremoli, weil über dem Dach

eines reizvoller als das vorherige. Schon Nikulas von Munkathvera hat von dieser Gegend geschwärmt und glücklicherweise hat sich seither nicht gar zu viel verändert. Sogar der Pilgerweg ist gut markiert. Von Pontremoli aus geht es nach Filattiera, und dann nach Villafranca in Lunigiana. Villafranca ist eine jener Siedlungen, in denen sich die Pilger nach ihrer Rückkehr aus Rom als Freie

Blick auf Pontremoli mit Pilgerbrücke und Castello del Pignaro.

ansiedeln durften, ohne Steuern bezahlen und Militärdienst leisten zu müssen, mit der einzigen Pflicht, sich zu vermehren und Handel zu treiben. Und natürlich hat hier die Familie Malaspina wieder ein Schloss.

Von Aulla nach Lucca

In Aulla müssen sich die Pilger wieder entscheiden, denn es stehen wieder zwei mögliche Wege zur Verfügung: der Weg des Sigeric zum Meer hin und der Weg durch die apuanischen Alpen, den Karl der Große bevorzugte. Der Weg des Sigeric ist weniger strapaziös für die Fußpilger des Mittelalters, der Weg Karls bei den heutigen Verkehrsverhältnissen bei weitem der reizvollere.

Variante 1: Am Meer entlang

Dies ist die Route des Sigeric. Wer diesem Weg folgt, kommt von Aulla zunächst nach Santo Stefano di

Oben: Die romanische Kirche von Santo Stefano di Magra; in ihr haben zwei Menhire ihren Platz gefunden.

Pilgerkirche von Robbio S. Pietro (erbaut 1236).

127

Magra. Hier ist ein Halt in der Kirche obligatorisch. Die Renovation ist im Frühjahr 2000 abgeschlossen worden und wirklich geglückt. Und was wir hier sehen, mag auch erstaunen: Neben dem Taufstein steht ein alter Menhir und ganz oben im Hauptkirchenschiff ist ein weiterer Menhir eingemauert. So hat man hier den alten Glauben mit dem neuen versöhnt.

Auf der Strada Statale 62 gelangt man nach Sarzana, der Stadt, aus der Napoleon stammt. Nach dem Untergang von Luni war Sarzana Hauptort und Bischofssitz, bis der Franzosenkaiser, als er seine alte Heimat eroberte, den Bau von La Spezia befahl und weltliche und kirchliche Verwaltung dorthin verlegt wurden. – Durch ein Gewirr von Autobahn und Schnellstraßen erreicht man Luni. Von der einstigen reichen Hafenstadt, die ihr Geld mit dem Verschiffen des Carrara-Marmors für den Bau der Monumente des römischen Imperiums verdient hat, ist außer den etwa mannshohen Ruinen des Amphitheaters kaum etwas geblieben. Am Meer entlang geht es nun unter den Steinbrüchen von Carrara nach Massa, Pierasanta, und Capezzano. Hier verlässt die Via Francigena wieder das Meer und führt nach Camaiore und San Martino di Freddiano. Immer wieder ist durch die Olivenhaine ein herrlicher Blick auf die toskanischen Hügel zu erhaschen und im Hintergrund glitzert

das Meer beim Strand von Viareggio. Von San Martino aus ist es ein kurzer Abstieg nach Lucca.

Variante 2: Durch die apuanischen Alpen

Wer den Weg Karls des Großen nimmt, muss auf das Meer verzichten und wird dafür durch eine eindrucksvolle Alpenlandschaft entschädigt. Diese Variante führt von Aulla zunächst nach Equi Terme. Und dies ist auch der Grund, weshalb der Kaiser diesen Weg wählte. Denn wann immer es

Stadtmauer von Lucca.

möglich war, wärmte er seinen gichtigen Körper in einem warmen Bad. Heute gehört die Anlage einer italienischen Krankenkasse und die Heilerfolge halten an.

Der Weg führt weiter nach Codiponte mit seiner besonders eindrucksvollen Kirche aus dem 8. Jahrhundert. Die Kapitelle haben noch nichts von der Raffinesse einer entwickelten Romanik, aber dennoch eine Ausstrahlung, wie sie intensiver kaum sein könnte. Was die Kapitelle zeigen, sind die alten Motive der heidnischen Stelen, die sich hier in der Lunigiana aus den Menhiren entwickelt haben. Über Piazza a Serchio und Castelnuovo di Garfagnana führt die Francigena nach Lucca. An diesem Weg ist eines der mittelalterlichen Pilgerwunder zu bestaunen, die Brücke Della Maddalena, die der Sage nach von der Gräfin Mathilde von Canossa

Mesciua

Je 250 g Kichererbsen, 250 getrocknete Bohnen und 100 g Zweikorn über Nacht einweichen. In leicht gesalzenem Wasser das Zweikorn und die Kichererbsen zirka 3 Std. kochen lassen. Nach ungefähr 30 Min. die Bohnen aufsetzen und 2 Std. kochen lassen. Wenn alles gar ist, die Bohnen und ihre Brühe in den Topf mit den Kichererbsen und dem Zweikorn geben und weitere 15 Min. kochen lassen. Salzen, pfeffern. Die Mesciua in die Suppenschüssel gießen, mit Olivenöl und Pfeffer würzen und servieren.

Ponte della Maddalena oder Ponte del Diavolo (erbaut um 1300), die den Fluss Serchio auf der Höhe des Dorfes Borgo a Mozzano überquert.

Lucca, die Basilica San Frediano, die den berühmten „Volto Santo" beherbergt.

Luccca, die mit Eichenbäumen bewachsene Torre dei Guinigi (14. Jh.), eines der Wahrzeichen der Stadt.

gebaut worden ist. Das romanische Bauwerk beeindruckt bis heute durch seine Dimension, aber auch durch die Eleganz der Bögen, die über den Fluss Serchio geschlagen wurden.

Lucca

Lucca, die Stadt des Lichts, die Leuchtende, ist ein kleines irdisches Pilgerparadies. Man betritt die Stadt durch eines der Prunktore, die die heute noch intakte Stadtmauer zieren, und ist sofort in einer anderen Zeit – wenn, ja wenn man vor 10.00 Uhr oder nach 17.00 Uhr kommt, denn sonst schwirren Massen von Touristen vorbei, die von ihren Reiseleitern mit farbigen Schirmen von Sehenswürdigkeit zu Sehenswürdigkeit gehetzt werden.

Die Stadt Lucca hat sich früh zu einem wichtigen Knotenpunkt auf der Via Francigena entwickelt. Das *Itinerarium Sancti Willibaldi* (723 – 726) nennt sie als festen Anlaufpunkt für die Romreisenden: *„Weiter nach Rom ziehend kamen sie nach Lucca, eine Stadt in Tuszien."*

Im Laufe der Zeit füllt Lucca sich immer mehr mit Pilgerherbergen und Reliquien, die zur Andacht und Verehrung einladen, darunter die Gebeine des Angelnkönigs Richard, der auf der Pil-

gerfahrt nach Rom gestorben war und in Lucca bestattet ist.

Überhaupt ist Lucca der englisch-irischen Welt besonders verbunden. Der Erbauer der Kathedrale, die später dem Hl. Martin geweiht werden wird, ist ein irischer Pilger. Schon in Irland hat er sich als Prediger und Missionar einen Namen gemacht und er wird bis heute als St. Finnian hoch verehrt. Er beschließt in hohem Alter, eine Pilgerfahrt nach Rom zu unternehmen. Von allen Gegenden, die er durchschreitet, ist es die Lunigiana, und zwar vor allem das Gebiet der apuanischen Alpen, die dem Heiligen am besten gefällt. Er beschließt daher, nach Rom zu marschieren und anschließend in die Lunigiana zurückzukehren, um hier als Eremit seine Tage zu beschließen. Dies muss um das Jahr 580 gewesen sein. Er kommt nach Rom, besucht die vorgeschriebenen Kirchen und stattet auch dem Papst einen Besuch ab, dem er von seinem Vorhaben berichtet. Der Papst aber hat mit dem Kirchenmann anderes vor: der Bischofssitz von Lucca ist verwaist und Finnian wäre ein geeigneter Amtsträger. Der Papst befiehlt Finnian, Bischof von Lucca zu werden, und macht ihm das Amt mit dem Hinweis schmackhaft, dass er von dort aus jeden Tag die apuanischen Alpen betrachten könne. Finnian gehorcht und wird noch 26 Jahre lang die Geschicke der Stadt leiten.

Tourismustipp Lucca

Nach dem Besuch der Kirchen ist ein Spaziergang auf der Stadtmauer besonders eindrucksvoll. Die Kunstschätze des Doms San Martino werden im **Museo dell'Opera del Duomo** ausgestellt, Via dell' Arcivescovato, Lucca. Tel. 05 83/49 05 30. Öffnungszeiten Mai – Oktober: 9.30–18 Uhr, November: 10–13 Uhr und 15–18 Uhr.

Im **Palazzo Cenami**, Via Roma 20 Lucca, werden 30 Maschinen gezeigt, die nach Originalentwürfen von Leonardo Da Vinci gefertigt wurden und einen Eindruck vom Genie dieses Künstlers verschaffen. Öffnungszeiten: täglich 9.30–19.30 Uhr, Dezember geschlossen.

Ein Wahrzeichen der Stadt ist der Turm der **Villa Guinigi**, auf dem Eichenbäume wachsen. Die 1418 erbaute Ville beherbergt ein sehenswertes Museum: Via della Quarquonia, Lucca. Tel. 05 83/4 60 33, geöffnet täglich, außer montags, 9–14 Uhr.

An der Via di Poggio ist das Geburtshaus des Komponisten Giacomo Puccini in ein Museum verwandelt worden: **Casa di Puccini**, Corte San Lorenzo, 9 (Via di Poggio) – Lucca. Tel. 05 83/58 40 28

Eine unermessliche Sammlung geistlicher Literatur und Zeugnisse aus der Pilgerzeit finden sich in der **Biblioteca Archivescovile Capitolare Feliniana**, Via Arcivescovato. Tel. 05 83/45 22 03, geöffnet werktags 9.30–12.30 Uhr.

Mosesfresco im Dommuseum von Lucca.

Wer jedoch denkt, in Lucca auf das Andenken eines St. Finnian zu stoßen, wird lange suchen. Die Leute hier haben den Heiligen San Frediano genannt, weil es einfacher über die Zunge geht. Als San Frediano aber wird der Heilige in Lucca hoch verehrt, und so sind auf wunderbare Weise aus einem Heiligen zwei geworden: ein Saint Finnian in Irland und ein San Frediano in Lucca.

In der Kathedrale des San Frediano wird ein Heiligtum verehrt, das die Phantasie ganzer Pilgergenerationen beflügelt hat: der *Volto Santo*, das Heilige Gesicht, ein Kruzifix, das auf den ersten Blick anders ist als die Kruzifixe, die wir normalerweise kennen. Christus ist nicht nackt, sondern in ein langes römisches Gewand gekleidet, und er blickt streng und mit offenen Augen auf die Gläubigen. Und groß ist die Figur – mehr als zwei Meter hoch.

Die dazugehörige Legende erzählt, dass einst ein Mann namens Gualfredo, Bischof der Diözese Subalpino, nach Jerusalem reiste. Dort erschien ihm eines Nachts ein Engel und sprach zu ihm: *„Erhebe Dich, o Diener Gottes, geh schnell ins Hospiz, das gleich neben dem Deinen liegt, und suche den heiligsten Schöpfer unseres Heils, das Antlitz unseres Erlösers, geschnitzt von Nicodemus, und wenn Du es gefunden hast, verehre es mit allem schuldigen Respekt. Geh in das Haus des Seleucus, dieses christlichsten Mannes, das Mauer an Mauer neben dem Hospiz steht, in dem Du wohnst, und dort, an einem geheimen Ort, wirst Du das Heiligtum finden...“* – Gualfredo gehorcht dem Befehl des Engels, findet das Kruzifix und überlegt, wie man das Kunstwerk nach Italien bringen könne. Schließlich entscheidet er sich für den Transport auf dem Meer. Als er im Hafen von Luni ankommt, entbrennt eine Auseinandersetzung zwischen den Leuten von Lucca und jenen von Luni um die Fracht des Schiffes. Schließlich löst Bischof Giovanni von Lucca das Problem: Er gibt die Statue den Bewohnern von Lucca und dem Bischof von Luni dafür *„mit reinem*

Herzen ein Glasfläschchen, das er gefunden hatte, mit dem kostbaren Blut Christi.“ Die Leute von Luni aber sind nicht zufrieden und so einigt man sich auf ein Gottesurteil. Die Statue wird auf einen Wagen geladen und zwei ungezähmte Ochsen werden angespannt. Dort, wo die Ochsen sie hinbringen, soll sie bleiben. Natürlich gehen die Ochsen bis Lucca. So *„zog das Bildnis unseres Herrn in Lucca ein, im Jahre 742 nach der Fleischwerdung Christi, zur Zeit von Karl und Pippin, den leuchtenden Königen, und es wurde in die Kirche des Hl. Martinus gebracht in der Nähe des Stadttors auf der östlichen Seite.“*

Das Kruzifix ist nun am richtigen Ort und sofort beginnt es Wunder zu wirken: Ein Pilger – so erzählt die Legende – hat dem Kruzifix einmal etwas schenken wollen, aber er war ein Musiker ohne Geld. So kommt er auf die Idee, dem Bildnis des Herrn auf seiner Laute ein Lied zu spielen und dazu zu tanzen. Der Herr, gerührt über die Gabe des armen Pilgers, spricht zu ihm und sagt: *„Nimm meine Silberstrümpfe, damit Du etwas an den Beinen hast.“* Der Pilger nimmt die Strümpfe von der Statue, zieht sie an und marschiert weiter. Doch er kommt nicht weit, denn die Gläubigen von Lucca merken schnell, dass ihrem Heiligtum etwas fehlt. Sie holen den Musikanten ein, behaupten, er sei ein Kirchenschänder und setzen ihn auf die Folter. Der erzählt zwar seine Geschichte, doch niemand glaubt ihm. Da spricht das Kruzifix noch einmal: *„Zieht mir die silbernen Strümpfe des Musikanten an.“* Man versucht es, doch die Strümpfe sind viel zu groß für die Statue und so gilt die Unschuld des armen Pilgers als erwiesen.

Über Lucca wäre noch viel zu berichten: 180 v. Chr. wird die Stadt zusammen mit Florenz römische Provinz und bald ein wichtiger Knotenpunkt des römischen Straßennetzes. Hier treffen sich die Via Clodia, die Via Cassia und die Via Emilia, und ein solcher Ort wird schnell durch Handel reich.

In karolingischer Zeit ist Lucca die Hauptstadt des Herzogtums Toscana und lebt vom Seidenhandel, bald auch von Bankgeschäften. Immer wieder gibt es Konflikte mit der Nachbarstadt Pisa und schließlich ist es die Stadt Florenz, die sich gegen beide Konkurrentinnen durchsetzen kann. Im Jahre 1805 kommt Lucca noch einmal zu besonderen Ehren: Napoleon macht aus Lucca die Hauptstadt eines neuen Fürstentums, das er für seine Schwester Elisa gründet.

Wer all die historischen Gebäude besichtigen und all die Geschichten hören will, sollte sich für Lucca mehrere Tage Zeit nehmen; selbst wer schnell nach Rom gelangen will, sollte durch Lucca nicht einfach hindurcheilen.

Der Weg von Lucca nach Rom

Von Lucca nach San Gimignano

So schön sich die Altstadt von Lucca präsentiert, so schrecklich werden heute die Außenquartiere vom Verkehr heimgesucht. Man ist versucht zu raten, in welchem Kreis der Hölle aus Dantes Divina Commedia man sich gerade befindet, wenn man in der heutigen Zeit versucht, die Stadt auf dem alten Pilgerweg zu verlassen. Und der Weg in ländlichere Gefilde ist nicht etwa kurz, denn die Stadt breitet sich aus und verschlingt auch Gemeinden, die früher beschaulich auf dem Lande lagen.

In Altopascio erinnern wir uns an das Spital der Herzogin Mathilda, von dem Nikulas von Munkathvera spricht, und an die Ordensritter des Tau, die von hier aus die Pilger in ganz Europa betreut haben. Bereits im Jahre 952 ist hier ein Pilgerhospiz nachgewiesen und nach der Jahrtausendwende sprechen sich die Portionen, die hier serviert werden, in ganz Europa herum und ziehen Pilger nach Altopascio. Das ummauerte Städtchen hätte bis heute die ganze Stimmung des Mittelalters erhalten, doch haben Raumplaner gleich vor dem Stadttor eine Industriezone errichten lassen, die die mittelalterliche Geruhsamkeit vollständig erdrückt.

Der Weg führt weiter über Ponte a Cappioano, Fucecchio und unter der lärmenden Autobahn hindurch nach San Miniato Basso. Wer mag, steigt, wie es wohl viele Pilger getan haben, hoch nach San Miniato al Monte, einem reizvollen mittelalterlichen Städtchen, wo Friedrich Barbarossa und Friedrich II. ein Schloss haben errichten lassen.

Vor uns liegt nun die toskanische Hügellandschaft, die so viele Maler inspiriert hat. Der Weg führt nach Coiano und weiter nach Santa Maria

Chianni. Dies ist der Kreuzungspunkt der Via Francigena mit der Straße nach Volterra. Wir kommen in die Provinz Siena, die Aussicht wird immer großartiger und bald ist San Gimignano erreicht.

Von San Gimignano nach Siena

San Gimignano ist ziemlich genau zwischen Lucca, Pisa, Volterra und Siena gelegen und deshalb treffen sich hier schon früh Händler aus all diesen

Zuppa di saragi

Eine feuerfeste Form mit gerösteten Brotscheiben auslegen, vorgekochte weiße Bohnen und gehackte schwarze Oliven darüber geben und Fischsud darüber gießen. Pro Person eine ca. 600 g schwere Goldbrasse darauf legen, mit reichlich Olivenöl, Weißwein und etwas Zitronensaft übergießen, salzen, pfeffern und 20 Min. in den heißen Ofen schieben.

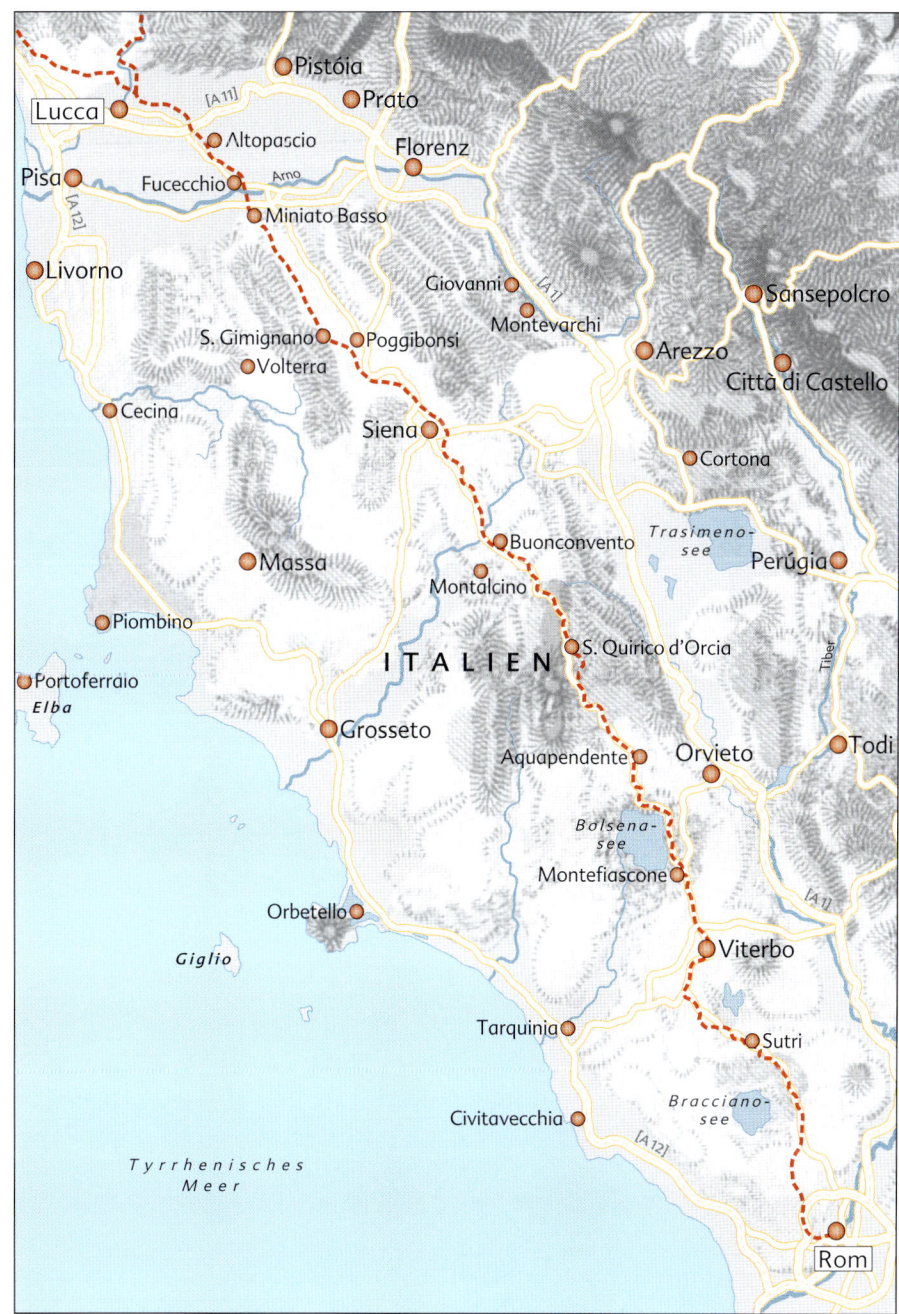

An der Piazza del Duomo in San Gimignano. Von den ursprünglich 72 Türmen der Stadt stehen heute noch 14, die gemäß einem Dekret des Podestà von 1647 erhalten wurden.

Tourismustipp San Gimignano

Nach dem Besuch des Doms geht man auf die andere Seite des Platzes. Das **Museo Civico** im Rathaus aus dem 14. Jahrhundert zeigt Fresken von Taddeo di Bartolo. Die Sala Dante erinnert an den Besuch des Dichters in der Stadt anlässlich des ersten Jubeljahres von 1300. Werke von Benozzo Gozzoli zeigen das Leben der Stadtpatronin Santa Fina. Sehenswert auch die Malerei von Fra Filippo Lippi. Palazzo del Popolo, Piazza del Duomo, San Gimignano. Öffnungszeiten: 1. November—28. Februar: 9.30—12.50 Uhr und 14.30—16.50 Uhr (24.—31. Dezember von 9—13.30 Uhr); 1. März — 31. Oktober: 9.30—19.30 Uhr; montags geschlossen.

Orten und machen aus San Gimignano eine reiche Handelsstadt. Seit etruskischer Zeit ist der Ort besiedelt. Im Mittelalter erwirbt er 349 das Stadtrecht und erhält 998 die erste Stadtmauer. Früh schon zeigt sich der Konflikt zwischen der lokalen reichen Kaufmannschaft und dem Bischof von Volterra, der auch die weltliche Oberhoheit beansprucht.

Wer heute nach San Gimignano kommt, sieht von weither die Skyline der Stadt, die sich auf ihrem Hügel mit ihren Familientürmen in den Himmel reckt. Was heute so reizvoll anzuschauen ist, geht auf einen seltsamen Beschluss des Stadtrates zurück, der die reiche Kaufmannschaft dazu anhalten wollte, bescheidenere Häuser zu bauen, und deshalb deren Breite und Tiefe reglementierte. Über die Höhe fand sich aber zunächst nichts im

Reglement und so begannen die Familien ihre Häuser aufzustocken. Daraufhin erging ein zweiter Beschluss, dass kein Privater ein Haus bauen dürfe, das den Turm La Rognosa des Rathauses überragt. Gegen Ende des 13. Jahrhunderts verschlechterte sich die Wirtschaftslage, und was als Konkurrenz des Bauens begonnen hatte, mündete oft in erbitterte kriegerische Zwiste, die von den verfeindeten Familien von ihren Wehrtürmen aus ausgetragen wurden. – Als in der Pestepidemie 1348 drei Viertel der Bevölkerung starben, begab sich die Stadt unter die Herrschaft von Florenz. Aus der Zeit der florentinischen Herrschaft datieren die Meisterwerke von Taddeo di Bartolo, der Bilderzyklus von Benozzo Gozzoli zum Leben der Hl. Fina, der Stadtheiligen von San Gimignano, und die Fresken des Florentiners Ghirlandaio.

Für die Pilger standen zur Zeit der Hochblüte der Stadt nach einer Zählung von 1261 schon neun Hospize zur Verfügung, darunter das Hospital *San Bartolo*, das Hospital *San Giovanni* der Malteserritter, das Hospital der *Cavalieri di Gerusalemme*

Minestra di ceci allo zafferano

1 Tasse Kichererbsen über Nacht einweichen. Abgießen und in Salzwasser ½ Std. kochen. Abgießen und 1 Tasse der Brühe aufbewahren. In einem Kochtopf gehackte Zwiebeln in Butter andünsten, Kichererbsen zugeben und gehackte Pfefferminze, Thymian und frisch gemahlenen Pfeffer dazutun; mit Fleischbouillon übergießen. Aufkochen und auf kleinem Feuer weiterkochen lassen. Vor dem Servieren Safran in der beiseite gestellten Erbsenbrühe auflösen und in die Suppe rühren.

des gleichen Ordens, das Hospital *San Jacopo al Tempio* der Tempelritter, dazu noch einige klösterliche Institutionen. Eine mittelalterliche Chronik berichtet, dass die Pilger hier ein Gewürzbrot mit Nüssen erhalten haben, das in süßen Gewürzwein getunkt war. Der Pilgerweg führt direkt zum Dom, wo Fresken von Bartolo de Fredi und Lippo Memmi mit den Geschichten des Alten und Neuen Testaments vertraut machen. In der *Cappella di Santa Fina* wird die Geschichte der Heiligen in Fresken von Ghirlandaio dargestellt.

Der Pilgerweg führt dann an der Kirche Santa Chiara vorbei zur Stadt hinaus. Durch toskanische Hügellandschaft geht es nach Colle Val d'Elsa, Molino di Aiano, Abbadia a Isola, Monteriggioni und schließlich nach Siena.

Siena

Siena ist heute eine der schönsten italienischen Städte. Die Auseinandersetzungen zwischen Kaiser und Papst haben die Stadt den Vorrang in der Toscana gekostet, den sie Florenz überlassen musste. Dafür hat Siena sein Antlitz bewahrt, das es sonst wohl verloren hätte.

Das antike *Sena Julia* macht lange wenig von sich reden. Rotari, der Langobardenkönig, errichtet hier im 7. Jahrhundert das Bistum Siena. In fränkischer Zeit bekommt es einen eigenen Grafen, 1175 macht es sich unabhängig. Papst Alexander III., der selbst aus Siena stammt, zieht seine

San Gimignano.

Oben: Blick auf Colle di Val d' Elsa.

Seite gegenüber: Siena, Torre del Mangia (14. Jh.).

Rechts: Toskanische Landschaft an der Via Francigena bei Siena.

Heimatstadt in den Konflikt mit Friedrich Barbarossa hinein, in dem die Stadt schließlich im kaiserlichen Lager landet, wohl vor allem deshalb,
weil ihre Rivalin Florenz päpstlich gesinnt ist. Nach
dem Untergang der Stauferkaiser wird die Stadt
1270 von Karl von Anjou erobert.

Seine Blütezeit erlebt Siena im 13. und 14. Jahrhundert. Jetzt entstehen alle die Bauten, die wir
heute noch bewundern können, allen voran der
Dom, mit dessen Bau man 1136 beginnt und der
seine heutige Gestalt von Nicola Pisano erhält.
Doch dieses Monument ist bald zu klein und man
beginnt schon damit, ein noch viel größeres Gotteshaus zu errichten, als 1348 die Pest Siena heim-
sucht und alle Arbeiten eingestellt werden müssen. Niemals wird ein so großes Gotteshaus benötigt werden und bald zeigt sich auch, dass das neue
Bauwerk mit einer unsicheren Statik errichtet worden ist, sodass einige Teile wieder einstürzen.
Siena kann nach der Pestepidemie seine Selbstän-
digkeit bewahren, doch zu seinem früheren Glanz
findet es nicht zurück. 1555 wird es von den Spa-
niern erobert und 1559 an das Erzherzogtum Toscana abgetreten.

Für die Pilger sind andere Geschichten vielleicht
wichtiger. 1347, ein Jahr vor Ausbruch der Pest,
wird in Siena die Hl. Catharina als Tochter eines
Wollfärbers geboren. Im Alter von sieben Jahren
entscheidet sie sich für eine spirituelle Heirat mit
Jesus Christus und verweigert die Ehe, die ihre Eltern für sie im 12. Lebensjahr arrangieren. Mit 16

Ginestrata alla senese

Pro Person 1 frisches Eigelb nehmen und mit
einem Gläschen trockenem Vinsanto aufschlagen. Zimt, etwas Korianderpulver, ein
wenig Muskatnuss und eine Prise Gewürznel-
kenpulver zugeben. Mit gut erwärmter Hüh-
nerbrühe verdünnen und heiß servieren.

tritt sie dem Dominikanerorden bei; sie hat häufig
Visionen und erlebt Zustände der Entrückung. Ihr
Orden sendet sie nach Pisa, wo sie 1374 die Pflege
der Pestkranken übernimmt, selbst angesteckt
wird und wunderbarerweise überlebt. Im Jahre
1376 bewegt sie den Papst Gregor XI. zur Rückkehr
aus der avignonesischen Gefangenschaft nach
Rom. Als die französischen Kardinäle 1378 den
neuen Papst Urban VI. ablehnen und einen Franzosen als Clemens VII. zum Gegenpapst ernennen,
stellt sich Catharina entschieden auf die Seite des

römischen Papstes und beginnt eine ausgedehnte Reisetätigkeit an die europäischen Fürstenhöfe, um ihren Standpunkt darzulegen. Auf Wunsch des Papstes verlässt sie Siena und zieht nach Rom, wo sie 1380 stirbt. Sie ist die Patronin Italiens.

Für die Pilger ist in Siena allenthalben gesorgt. Schon im 9. Jahrhundert ist ein Hospiz beim Dom ausgewiesen. Bei der großen Treppe finden wir das Hospital Santa Maria della Scala, das erstmals im Jahre 1090 in einem Dokument auftaucht. Domenico di Bartolo hat den Pilgersaal mit wundervollen Fresken dekoriert und der Raum ist so prachtvoll, dass man sich kaum vorstellen kann, dass hier Arme und Kranke gepflegt wurden und die Pilger ihre wundgelaufenen Füße kurieren konnten. Überhaupt sind die Pilger bald nicht nur begeistert über die Heiligtümer, die sie hier finden, sondern auch über die Schönheiten der Stadt. Und man erzählt sich in der ganzen Christenheit, was es hier zu sehen gibt: Das Rathaus muss man gesehen haben, den Hauptplatz, auf dem sich das Wettkampfturnier des Palio abspielt, und die Torre del Mangia, das weltliche Wahrzeichen der Stadt. Und dann gilt es auch die eleganten und schönen Frauen in Siena zu bewundern, von denen beispielsweise Abt Nikolaus von Munkathvera zu berichten wusste.

Der Dom S. Maria Assunta in Siena, eine der größten Leistungen der toskanischen Spätromanik (Mitte 12. Jh. begonnen).

Dom zu Siena, Detail.

Dom zu Siena, Detail.

Von Siena nach Bolsena

Die Via Francigena verlässt Siena durch die Porta Tufi und bleibt zunächst auf den Hügeln, bis sie nach Monteroni d'Arbia ins Arbiatal hinunterführt. Über Serravalle führt der Pilgerweg dann in die Hügel von Montalcino, die berühmt sind für ihre vorzüglichen Weine. Hier liegt Buonconvento; hier starb am 24.8.1313 Heinrich VII. von Luxemburg, seit 1312 Römischer Kaiser, in den Dante alle seine ghibellinischen Hoffnungen gesetzt hatte. Der alte Marktflecken beeindruckt durch seine Stadtmauer aus Ziegelsteinen, die im 14. Jahrhundert errichtet wurde. Für die Bedürfnisse der Pilger ist ein *Ospedale della Santa Scala* nachgewiesen, das sich viele Jahrhunderten durch eine besonders

köstliche Küche ausgezeichnet haben soll. Kurz ist der Weg nach San Quirico d'Orcia: einer voretruskischen Siedlung, die im Mittelalter Stadtrecht erlangte. An der Kirche San Quirico erfreut das Auge ein wundervolles romanisches Portal mit zwei Drachen.

Die Francigena führt nun ganz durch etruskisches Land. Sie kommt vorbei an den alten Thermen von Bagno Vignoni, in denen schon die Hl. Catherina von Siena gebadet hat. Weiter geht es nach Radicofani, dessen Verteidigungsturm von Papst Hadrian IV. errichtet wurde. Die Via Cassia führt nach Acquapendente, das bei Nikulas von Munkathvera und in den *Annales Stadenses* Erwähnung findet. In Acquapendente ließ Papst Gregor XIII. im Jahre 1580 im Rahmen der gegenrefor-

Siena, Piazza del Campo
(der sog. Muschelplatz).

Siena, Inneres des Doms.

matorischen Bewegung eine Pilgerbrücke errichten, den *Ponte Gregoriano*. Von hier aus sieht man schon den Bolsenasee am Horizont, das Etappenziel.

Bolsena

Bolsena, das alte *Volsini*, ist eine Etruskersiedlung und bis heute stolz auf diese Vergangenheit. Der See hat eine besondere Eigentümlichkeit, doch der wird man nur inne, wenn man sich Zeit nehmen kann: Er hat Gezeiten, wie das Meer. Je nachdem, ob Ebbe oder Flut ist im Bolsenasee, steigt oder sinkt der Wasserspiegel um bis zu 30 cm.

Den Pilgern wird hier die Geschichte der Ill. Cristina erzählt. Cristina, die Tochter eines römischen Präfekten Urbanus, sei 292 auf Befehl des Vaters mit einem Stein an den Füßen in den See geworfen worden, weil sie sich zum Christentum bekannte. Der Stein habe sie aber nicht in die Tiefe gezogen, sondern wie ein Schiff ans Ufer gebracht. Er wird heute noch als Altarstein in der Grotta Santa Cristina verwendet und man sagt, auf dem Stein sei das Gesicht Cristinas zu sehen, das die Heilige in ihrer Angst auf dem See in den Stein gepresst habe. Im 11. Jahrhundert wird eine Kathedrale für sie errichtet.

1263 geschieht in Bolsena wieder ein Wunder. Ein deutscher Priester ist auf der Via Francigena unterwegs, rastet in Bolsena und muss hier, wie jeden Tag, die Messe lesen. Als er bei der Eucharistie die Hostie bricht, kommt ihm das Blut des Herrn entgegen. Das Wunder ist so überzeugend, dass Papst Urban IV. für die ganze katholische Welt das Fest *Corpus Domini* verordnet.

Von Bolsena nach Viterbo

Den lieblichen Bolsenasee entlang führt die Via Francigena nach Montefiascone. Wir befinden uns hier in einer besonderen Weingegend, die eine ganz spezielle Geschichte zu erzählen weiß. Im Jahre 1111 reiste der Römische Kaiser Heinrich V. nach Rom. In seinem Gefolge war ein Graf Johannes Fugger, der in italienischen Quellen immer mit seinem verstümmelten Namen Defuk oder Deuc aufgeführt wird. Dieser Graf soll ein besonderer Weinliebhaber gewesen sein, und um nicht an zweifelhaften Orten einkehren zu müssen, ließ er seinen Diener immer eine Tagreise vorauseilen und den Wein kosten. An jede Taverne, die einen guten Wein ausschenkte, hatte er mit Kreide das Wort EST zu schreiben, handelte es sich um einen

San Quirico d'Orcia.

ganz edlen Tropfen, die Worte EST EST. In Montefiascone fand der treue Diener Martin den Wein so gut, dass er EST EST EST an die Türe schrieb. Sein Herr war von dem Getränk ebenso begeistert, blieb in Montefiascone und trank so viel, dass er daran starb. Der noble Weinliebhaber ist in der Kirche S. Flaviano begraben und auf dem Grabstein findet sich der sinnreiche Spruch: *„Per il troppo EST! Qui giace morto il mio signore Giovanni Deuc"*. Von den 24000 Scudi, die der Graf der Stadt hinterließ, wird jedes Jahr in feierlicher Prozession eine Flasche *EST EST EST* auf das Grab Defuks gegossen.

Montefiascone ist aber nicht nur für seine Weine berühmt. Die Stadt war auch eine Rückzugsmöglichkeit für Päpste, die dem gefährlichen Rom entfliehen mussten. Die Festung Rocca di Papa zeugt von den Zeiten, als das Papsttum grundlegend ge-

fährdet war; sie war die letzte italienische Wohnstätte des Papstes vor dem avignonesischen Exil und wiederum die erste nach der Rückkehr nach Italien.

Von Montefiascone aus gibt es zwei Möglichkeiten, Viterbo zu erreichen, und wer Glück hat, schreitet zunächst auf alter Pflasterung. Doch welche Variante auch immer man nimmt, vor Viterbo

Tourismustipp Bagno Vignoni

Etwas ganz Besonderes sind die mittelalterlichen Thermen von Bagno Vignoni bei San Quirico D'Orcia. Hier kurierte Lorenzo il Magnifico seine Gicht, badeten Papst Pius II. und die Hl. Katharina von Siena. Wo wir in jeder italienischen Stadt die Piazza finden, steht hier das alte Schwimmbecken.

Gegenüberliegende Seite:
Buonconvento, das Rathaus.

143

Oben: Leitungssystem zu den mittelalterlichen Thermen von Bagno Vignoni.

Gehöft bei Bolsena.

Oben: Die Heiliggrabkirche
San Giovanni Val di Lagi.

Blick auf den Bolsenasee und
die Isola Marta.

Blick auf Montefiasone.

ist es mit der Romantik vorbei und es beginnt die Jetztzeit mit ihren Schnellstraßen und Autobahnen. Wer sich aber bis ins Zentrum durchgekämpft hat, wird belohnt.

Viterbo war in etruskischer Zeit unter dem Namen *Surrena* schon eine bedeutende Stadt. Sie behält ihren Namen auch noch nach der römischen Besatzung um erst im 8. Jahrhundert als *Castrum Viterbi* in den Dokumenten aufzutauchen. 1207 hält Papst Innozenz III. in Viterbo ein Konzil ab. Bald wird Viterbo Residenz des Papstes. Clemens IV. lässt hier einen Palast errichten, von dem aus er den deutschen Kronprätendenten Konra-

din, als der auf der Via Cassia vorbeizieht, exkommuniziert.

Die mittelalterliche Stadtmauer ist in Viterbo ebenso erhalten wie der Palast der Päpste oder das Quartier San Pellegrino, in dem die Pilgerhospize zu finden waren. Hier herrscht eine unverfälschte mittelalterliche Architektur. Was aber fehlt, ist das Treiben der Händler, der Tavernenwirte, das Sin-

Fagioli di Sutri in greppa

600 g Bohnen über Nacht einweichen. In Salzwasser aufkochen. In einer Kasserolle Knoblauch und 200 g gehackte Pancetta in gutem Olivenöl erhitzen. Die gekochten Bohnen zugeben, salzen, pfeffern und 20 Min. ziehen lassen. In jeden Suppenteller einen halben Hering legen und die Bohnen darüber gießen. In der Fastenzeit lässt man den Speck weg und gibt fein geschnittenen Pecorino-Käse über die heißen Bohnen.

Tourismustipp Bolsena

Eine Ausstellung über die vorgeschichtliche Besiedlung des Bolsenasees, Funde aus der Etruskerzeit und eine einmalige Keramiksammlung aus dem 13. — 16. Jh. zeichnen das **Museo Civico di Bolsena** aus. Rocca Monaldeschi, Tel. 0761 798632, Öffnungszeiten: Sommer : Dienstag — Sonntag 9.30—13.30 Uhr und 16—20 Uhr; Winter: täglich außer Dienstag 9.30—13.30 Uhr.

gen und das Feilschen der Pilger, all jene Geräusche und Gerüche, die diesen alten Gassen einst Leben gegeben haben.

Von Viterbo nach Rom

Der Weg von Viterbo führt landschaftlich reizvoll am Lago di Vico und dann am Lago di Bracciano vorbei. Der historische Wegverlauf liegt unter dem Asphalt der Strada Statale Nr. 2, doch es gibt Wanderwege, die die Schönheiten der Landschaft Latiums erschließen helfen. Obwohl das nahe Ziel kaum mehr eine Rast zuzulassen scheint, lädt die Gegend zum Verweilen ein. San Lorenzo Nuovo lohnt ebenso den Aufenthalt wie das Städtchen Sutri, das gerade noch nicht von dem sich ständig ausbreitenden Rom verschluckt worden ist. Hier finden wir eine Kathedrale, die 1207 von Papst Innozenz III. geweiht wurde, Reste der Stadtmauer und überhaupt eine Beschaulichkeit, die man so nahe bei Rom nicht vermuten würde.

Rom

Die letzte Etappe nach Rom wird schnell gegangen. Nach Sutri haben die Pilger keine Augen mehr für die Landschaft. Das etruskische Veii, das am Weg liegt, interessiert niemanden: Was lockt, ist der

Tourismustipp Montefiascone

Die sehenswerte Kirche **San Flaviano** wird bereits in einem Brief von Papst Leo IV. aus dem 9. Jahrhundert erwähnt. Hier werden die Reliquien des Stadtheiligen verehrt. Heute erhebt sich eine gotische Kirche auf der romanischen Krypta. Sodann lohnt der Aufstieg zur Rocca dei Papi, der Fluchtburg von Papst Innocenz III., schon wegen der Aussicht über den See.

Mons Gaudii, der Freudenberg, der Monte Mario, von dem aus die Pilger ein erstes Mal die Heilige Stadt und die Kirche des Apostels Petrus erblicken können.

Und dann, kaum ist dieser magische Moment vorbei, stellen sich ganz praktische Fragen: Wie komme ich zu einer Unterkunft? Wo kann ich etwas essen? Was muss ich bezahlen? Werde ich

Tourismustipp Viterbo

Nebst der Besichtigung des unfertigen Papstpalasts sollte man sich unbedingt einen Spaziergang durch das alte Pilgerquartier San Pellegrino gönnen. Hier findet sich über weite Teile noch das mittelalterliche Ambiente, das die Rompilger seinerzeit erlebten. Im **Museo Civico** wird die Geschichte Latiums seit dem 8. Jahrhundert v. Chr. wieder lebendig. Piazza F. Crispi, Tel. +39 761 34 08 10, Öffnungszeiten: Winter 9—18 Uhr, Sommer 9—19 Uhr, montags geschlossen.

Viterbo, Pilgerquartier.

Viterbo, Papstpalast (erbaut 1255–1267).

nicht übervorteilt? Und spätestens jetzt wird sich der fromme Pilger an die Gruselgeschichten erinnern, die ihm über den Charakter der Römer auf dem Weg erzählt worden sind: etwa die von der listigen Äbtissin, die in der Nähe des Lateranpalastes ein geistliches Hospiz betrieb und ihre Gäste aushorchte, ob sie vermögend waren, um diese Information ihrem Bruder, einem Arzt, weiterzugeben, der die reichen Pilger dann vergiftete und sich mit seiner geldgierigen Schwester deren Schätze teilte.

Die Pilgerfahrt in die ewige Stadt ist seit alter Zeit mit einem besonderen Besichtigungsprogramm

verbunden. Seit dem 12. Jahrhundert und immer wieder neu aufgelegt, steht dem interessierten Pilger ein ausführlicher touristischer Reiseführer zur Verfügung, die *Mirabilia Urbis Romae*, die Wunder Roms. Aufgeführt sind die 10 Bäder, die 12 Triumphbögen und die 7 Hügel, außerdem Friedhöfe, Paläste, Kirchen, Theater und Brücken und dazu alles, was es für die Seele braucht, namentlich auch jeder neue Ablass, ob päpstlich genehmigt oder nicht.

Obligatorisch ist der Besuch der fünf patriarchalen Kirchen, so genannt, weil die wichtigsten Patriarchen bei ihren Rombesuchen in ihnen logierten: St. Peter (für den Patriarchen von Konstantinopel), San Paolo (für den Patriarchen von Alessandria), San Lorenzo (für den Patriarchen von Jerusalem), Santa Maria Maggiore (für den Patriarchen von Antiochia) und San Giovanni in Laterano als Sitz des Papstes.

Darüber hinaus sind die Orte des Martyriums der ersten Christen zu besuchen: das Kolosseum und seine unterirdischen Friedhöfe, die Katakomben an der Via Appia, das Gefängnis Mamertino auf dem Forum Romanum, wo Petrus und Paulus

Tourismustipp Isola Farnese

Kurz vor dem Einzug in die turbulente Stadt Rom findet sich noch eine Insel der Ruhe, die Isola Farnese, mit einem Schlösschen der Orsini, das später der Familie Farnese gehörte, und einem Kirchlein mit hübschen Fresken aus dem 15. Jahrhundert. Von Isola Farnese führt ein guter Fußweg ins etruskische Veii, das der römischen Expansion im Wege stand. Von der etruskischen Stadt ist kaum etwas erhalten geblieben, aber der Ort lässt die Größe der untergegangenen Kultur erahnen.

Stadttor von Sutri.

Coda alla vaccinara

Petersilie, Knoblauch, Zwiebel und 1 Karotte klein hacken und 100 g Speck fein würfeln. 2 kg Ochsenfleisch (Schwanz und Wange) in kleine Stückchen schneiden, waschen und in kochendes Wasser geben. Wenn das Wasser erneut zu kochen beginnt, das Fleisch herausnehmen. In einer Kasserolle aus Ton 100 g Speck, Schmalz und die gehackten Gemüse einen Augenblick andünsten lassen und dann die Fleischstücke zugeben. Umrühren und das Fleisch von allen Seiten gut anbräunen. Salzen, pfeffern und weiterbraten; dabei nach und nach 1 Glas Weißwein dazugießen. Das Ganze zugedeckt auf kleinster Flamme zirka 4 Std. köcheln lassen. Am Ende der Kochzeit die in kleine Stückchen geschnittenen Selleriestangen hinzufügen und noch ½ Std. auf dem Herd weiter köcheln lassen. Das Fleisch auf den Servierteller legen, die Sauce darüber gießen und heiß servieren.

gefangen gehalten waren, das Kirchlein *Quo Vadis* an der Via Appia, in dem Jesus dem Apostel Petrus erschienen war, die Kirche *San Pietro in Montorio*, wo der Apostel sein Martyrium erlitten hatte, *San Pietro in Vincoli*, das die eisernen Fesseln des Apostels hütet. Ebenso steht die Heilige Treppe auf dem Besichtigungsprogramm, die in der Sancta Sanctorum bei *San Giovanni* zu finden ist.

Im Laufe der Zeit wird Rom mit vielen wertvollen Reliquien beschenkt, die die Rompilger besuchen können, so die Geißelungssäule Christi, die von den Kreuzfahrern 1223 nach Rom gebracht wird und nun bei der Kirche Santa Prassede steht. In San Pietro wird die Heilige Lanze verehrt, die der Legionär Christus bei der Kreuzigung in die Rippen gestossen hat.

Aber der wahre Schatz Roms ist die *Veronica*, das Schweißtuch, mit dem eine fromme Frau dem Herrn auf dem Weg nach Golgatha das Gesicht abgewischt hat und auf dem nun das Gesicht Christi erkennbar ist. Jeder, der das Schweißtuch der Veronika gesehen hat, soll 3000 Jahre Ablass erhalten, wenn er in Rom wohnt, 6000 Jahre, wenn er aus der Umgebung stammt und gar 12000 Jahre bzw. ein Drittel all seiner Sünden, wenn er aus dem fernen Ausland nach Rom gereist ist (*Mirabilia Urbis*).

Wenn es sich der Pilger finanziell leisten kann, nimmt er sich in Rom einen Fremdenführer, der ihm die christlichen und heidnischen Sehenswürdigkeiten der Stadt erklärt. Diese Führer heißen *Periegeti* und sind, ähnlich wie heute, an den Portalen der wichtigsten Kirchen zu finden. Sie können die Anzahl der Wunder, die Namen, Orte und Legenden der verschiedenen Heiligen in verschiedenen Sprachen herunterbeten, die Inschriften auf den heidnischen Monumenten übersetzen und manchmal gar für die Pilger abschreiben, damit sie sie als Souvenir nach Hause nehmen können. Die Periegeten kennen die saubersten Gasthöfe, wissen, wo es das beste Essen gibt, und können auch die Dienste einer gestrandeten Pilgerin ver-

Rom, Blick auf den Petersdom im Jubeljahr 2000.

mitteln, die dem einsamen Pilger für ein paar Münzen etwas Liebe in einer Sprache verkaufen kann, die er auch versteht.

Im Jahr 1300, dem ersten Heiligen Jahr, ist die Zahl der Kirchen in Rom schon auf 300 angewachsen. Seit dem 7. Jahrhundert logieren die Pilger in eigenen Pilgerkolonien, etwa der *Schola Saxorum*, dem heutigen Hospital Santo Spirito, oder in der *Schola Langobardorum*, der heutigen Kirche San Giustina, in der *Schola Francorum* oder in der der Friesen in der Gegend von San Michele in Borgo, die besonders arm ist und nur geistliche Mahlzeiten in Form von Gebeten liefern kann. Diese Kolonien oder *Scholae* haben in der Regel eine eigene Kirche, ein Hospiz für die gesunden und ein Spital für die kranken Pilger sowie einen Friedhof.

Neben solchen nationalen Einrichtungen gibt es aber auch Hospize, die für alle offen sind, insbesondere das Lazarushospital auf dem Monte Mario.

Für die normalen Pilger ist die Unterkunft in Rom dennoch oft ein Problem. In Heiligen Jahren oder zu kirchlichen Festen ist es meist aussichtslos, eine Gratisunterkunft zu finden. Doch auch gegen Geld ist ein Bett oft kaum zu erhalten. In einer Stadt von 50'000 bis 100'000 Menschen mehr als eine Million Pilger unterzubringen, ist ein Ding der Unmöglichkeit. Viele sind froh, wenn sie nur einen trockenen Unterschlupf finden, denn gar manche müssen im Freien übernachten oder auf den Treppen der Kirchen, die ihnen Heil versprechen und wo sie sich den Tod holen.

Nach den Erfahrungen des ersten Jubeljahres werden von verschiedenen Bruderschaften *Opere pie* ins Werk gesetzt, d.h. Pilgerunterkünfte für Pilgermassen gebaut. Von ihnen entstehen bis zum Jahre 1675 gut 100 Einrichtungen, dazu 30 Spitäler und 30 Nationalhospize. Eine der herausragenden Gründungen ist das Hospital von *Santa Maria della Pietà*, das 1550 vom Spanier Angelo Bruno gegründet wird und armen Rompilgern nicht nur Unterkunft und Nahrung verschafft, sondern auch Kleidung anbietet, damit sie die heiligen Stätten in Würde besuchen können.

Die wichtigste Gründung ist jedoch die „Erzbruderschaft der Heiligsten Dreieinigkeit" der Pilger

Carciofi alla giudea

Gut gesäuberte junge Artischocken ganz in reichlich gutem, nicht zu heißem Olivenöl braten; salzen und pfeffern. Wer mag, gibt etwas klein gehackte Minze zu.

Rom, der Petersdom.

des Hl. Filippo Neri, die für das Heilige Jahr 1550 gegründet wird. Im Hospiz der *Santissima Trinità* wird noch das biblische Ritual der Fußwaschung praktiziert. Es wird hier ausreichend Essen gegeben und die Betten sind gut.

Trotz all dieser Einrichtungen lässt sich der Bettennotstand in Rom nie ganz beheben. Pilger, die entlang ihren Wegen durch ganz Europa immer irgendwie Unterkunft gefunden haben, pflegen schon früh zu allen Pilgerheiligen zu beten, um wenigstens einen gedeckten Schlafplatz zu erflehen. Viele dieser Gebete sind an die sog. Heilige Roms gerichtet, an Francesca Romana, eine Adeligen mit Namen Francesca Bussa de'Leoni, die ihr ganzes Leben der Wohltätigkeit an den Pilgern widmet und gegen Ende ihres Lebens die Kongregation der *Oblate della Santissima Vergine* gründet.

Über sie wird erzählt, dass sie im Alter von 12 Jahren, wie damals üblich, von ihrem Vater aus finanziellen Gründen mit einem reichen Kaufmann verheiratet wird. In der Nacht vor ihrer Hochzeit erscheint ihr der Pilgerheilige San Alessio im Traum um es ihr zu erleichtern, ihr Schicksal als Kindfrau anzunehmen. Ihr Schwiegervater ist einer jener noblen Römer, die Wesentliches für die Pilger geleistet hatten. Das Hospital von San Salvatore ist seine Gründung und er arbeitet dort auch immer wieder persönlich bei der Betreuung der armen Fremden. Francesca erlernt von ihm die Pflege der Pilger und kann bald die Leitung des Hospizes selbst übernehmen. Zusammen mit anderen frommen Frauen bestellt sie auch ein Feld in der Nähe von San Paolo fuori le Mura, wo sie Gemüse und Früchte zieht, die sie, auf einem Esel reitend, an die Armen verteilt. Berühmt wird Francesca aber besonders für die von ihr erfundene Heilsalbe auf der Basis von Thymian, Majoran, Öl und Wachs, die bis heute im Konvent an der via Tor de'Specchi beim Kapitol nach ihrem Rezept zubereitet wird und gute Dienste leistet bei Verletzungen, aber auch bei Fußkrankheiten.

Ausklang

So findet die Pilgerfahrt ihr Ende. Der Ablass ist erworben, die Füße sind gepflegt, die heiligen Souvenirs gekauft, überhaupt ist alles getan, was ein Pilger in Rom für Seele und Körper tun kann.

Doch dies ist nur die erste Hälfte. Denn in Rom zu sein, am Ziel zu sein ist erst der halbe Weg. Deshalb, und auch wegen der exorbitanten Preise, ist der Aufenthalt in Rom oft nur kurz. Dann geht es weiter nach Jerusalem oder nach Santiago de Compostela und wieder zurück nach Hause, nochmals den gleichen Weg, nochmals die gleichen Gefahren, nochmals die gleichen Entbehrungen. Erst dann, wenn auch dieser zweite Teil getan ist, ist die Pilgerfahrt vollendet.

Und möglicherweise wird die Pilgerin, wird der Pilger auch zu Hause die Pilgerfahrt nicht ganz beenden, sondern sich dahin einstellen, dass das ganze Leben des Menschen auf Erden einer Pilgerfahrt gleicht, und vielleicht einer der vielen Pilgerbruderschaften beitreten oder sonst ein frommes Werk tun und so für Wohl und Erhalt künftiger Pilgergenerationen sorgen.

Gegenüberliegende Seite:
Rom, Kuppel im Petersdom.

Anhang

Quellentexte

Übersetzung aus dem Lateinischen mit Anmerkungen des Verfassers in Klammern

ITINERAR DES BISCHOFS SIGERIC VON CANTERBURY (990) VON ROM BIS ZU SEINEM BISCHOFSSITZ

Als unser Erzbischof Sigeric in Rom ankam, begab er sich zunächst zur Kirche des Hl. Apostels Petrus, dann zur Kirche Santa Maria in Saxia; zu San Lorenzo in Piscibus; zu San Valentino al Ponte Molle; zu Sant'Agnese fuori le Mura; zu San Lorenzo fuori le Mura; zu San Sebastiano; zu SS. Vincenzo e Anastasio; zu San Paolo alle Tre Fontane; zu SS. Bonifazio e Alessio; zu Santa Sabina; zu Santa Maria in Cosmedin; zu Santa Cecilia in Trastevere; zu San Crisogono; zu Santa Maria in Trastevere; zu San Pancrazio; sodann ins Haus der Hl. Mutter Gottes Santa Maria Rotonda (Pantheon); zu SS. Filippo e Giacomo; zu San Giovanni in Laterano; zu Santa Croce in Gerusalemme; zu Santa Maria Maggiore; zu San Pietro in Vincoli und zu San Lorenzo in Panisperna.

Dies sind die Etappenorte von Rom bis zum Meer: I Die Stadt Rom, II San Giovanni in Nono, III Baccano, IV Sutri, V Forcassi, VI Santa Valentina (bei Viterbo), VII Montefiascone, VIII Bolsena, IX Acquapendente, X San Peitr in Pal (verschwundene Ortschaft, ehemals am Fluss Paglia direkt unter Radicofani), XI Le Briccole, XII San Quirico d' Orcia, XIII Torrenieri, XIV Ponte d'Arbia, XV Siena, XVI Borgo Nuovo, XVII Gracciano d'Elsa, XVIII San Martino Fosci, XIX San Gimignano, XX Santa Maria a Chianni, XXI San Pietro a Coiano, XXII San Genesio, XXIII Fucecchio, XXIV Ponte a Cappiano, XXV Porcari, XXVI Lucca, XXVII Pieve di Camaiore, XXVIII Luni, XXIX San Stefano di Magra, XXX Abbazia di San Caprasio, XXXI Pontremoli, XXXII Montelungo, XXXIII Berceto, XXXIV Fornovo sul Taro, XXXV Costa Mezzana, XXXVI Fidenza (Borgo San Donnino), XXXVII Fiorenzuola, XXXVIII Piacenza, XXXIX Corte San Andrea, XL Santa Cristina, XLI Pavia, XLII Tromello, XLIII Vercelli, XLIV Santhia, XLV Ivrea, XLVI Poley, XLVII Aosta, XLVIII Saint-Rhémy-en-Bosses, XLIX Bourg Saint Pierre, L Orsières, LI Saint Maurice d'Agaune, LII Aigle, LIII Vevey, LIV Lausanne, LV Orbe, LVI Yverdon, LVII Pontarlier, LVIII Nods, LIX Besançon, LX Cussey-sur-l'Oignon, LXI Seveux, LXII Grenant, LXIII Humes, LXIV Blessonville, LXV Bar-sur-Aube, LXVI Brienne-la-Vieille, LXVII Donnement, LXVIII Fontaine-sur-Coole, LXIX Châlons-sur-Marne, LXX Reims, LXXI Corbeny, LXXII Laon, LXXIII Sérancourt-le-Grand, LXXIV Doingt, LXXV Arras, LXXVI Bruay-la-Bussière, LXXVII Thérouanne, LXXVIII Guines, LXXIX (?), LXXX Sombre.

(Im Manuskript fehlt eine Mansio mit der Registernummer LXXIX. Vermutlich hat sich der Autor verzählt und die Mansio hat nie existiert).

DAS TAGEBUCH DER PILGERFAHRT DES NIKULAS VON MUNKATHVERA, ABT VON THINGOR, ISLAND (1154)

Man sagt, dass man sieben Tage braucht, um mit dem Schiff um Island herum zu fahren, wenn man einen starken, günstigen Wind hat und wenn dieser im richtigen Moment seine Richtung ändert. Wenn nicht, so braucht man länger. Gleich verhält es sich für die Reise von Island nach Norwegen und man braucht eine gleich lange Reisezeit.

Von Norwegen aus geht die erste Etappe der Reise nach Aalborg in Dänemark. Die Pilger nach Rom berichten, dass man von Aalborg nach Viborg (im Original: Vé-bjorg) zwei Tage braucht.

Dann braucht man eine Woche bis Haddeby (Heidaboer). Sodann eine kurze Distanz bis Schleswig (Sles-vik) und darauf einen Tag bis Eiden (Aegisdyrr). Hier grenzt das Königreich Dänemark an das Land Holstein in Deutschland (Saxland) und an die slawische Welt. Von hier aus ist es ein Tag nach Itzehoe (Heitsinna-boer) in Holstein. Dann überquert man die Elbe bei Stade (Stoth-Borg). In Deutschland ist die Bevölkerung viel freundlicher als in Skandinavien und die Skandinavier haben noch viel zu lernen. Bei Stade findet man den Bischofssitz in der Kirche der Hl. Mutter Gottes.

Dann sind es zwei Tage bis nach Werden. Sodann eine kurze Distanz bis nach Nienburg (Nyo-Borg), dann kommt Minden (Mundi-Borg), wo der Bischofssitz in der Peterskirche zu finden ist. Hier ändert sich die Sprache. Dann zwei Tagreisen bis Paderborn (Poddubrunnar). Hier ist der Bischofssitz in der Kirche des Hl. Liborius, wo sich auch die Reliquien des Heiligen finden.

Dann sind es vier Tage bis nach Mainz (Meginzo-Borg). Zwischen diesen beiden Orten liegt ein Dörfchen namens Horhausen. Ein anderes heißt Killandr und dort Gnita Heath, wo Sigurd den Fäfnir getötet hat (eine Episode aus der Gnitaheibr-Saga).

Es gibt eine zweite Straße von Stade nach Mainz: Nimm die östlichste Straße durch Deutschland in Richtung Harsefeld, dann nach Walsrode, dann nach Hannover, dann nach Hildesheim, wo der Bischofssitz auf den Resten des Hl. Gotthard in der Kirche der Mutter Gottes zu finden ist. Dann nach Gandersheim, von da nach Fritzlar, dann nach Arnsburg, und du bist nicht weit von Mainz, dem Ort, wo wir vorher waren.

Die Skandinavier reisen über diese beiden wichtigen Straßen und diese treffen sich in Mainz. Es sind die Straßen, die die meisten nehmen. Es gibt aber auch noch eine andere Straße von Norwegen nach Rom: von Friesland nach Deventer oder nach Utrecht, und dort bekommen die Pilger den Pilgerstab und die Pilgertasche und sie werden gesegnet für ihre Pilgerfahrt nach Rom.

Von Utrecht über Arnheim braucht man zwei Tagreisen nach Köln, wo der Bischofssitz im Petersdom ist. Der Kaiser empfängt seine Krone aus den Händen des Erzbischofs von Köln in der Kirche in einer Stadt, die Aachen heißt. Von Köln aus sind es drei Tagreisen den Rhein entlang bis nach Mainz, wo der Bischofssitz in der Kirche der Hll. Stefan und Martin ist. Dann eine Tagreise nach Worms (Vormizo-Borg), wo der Bischofssitz in der Kirche der Hll. Peter und Paul ist. Dann eine Tagreise nach Speyer (Spira), wo sich der Bischofssitz in der Kirche der Mutter Gottes befindet. Dann eine Tagreise nach Selz (Sels-borg), dann eine Tagreise nach Straßburg (Stransborg), wo der Bischofssitz in der Marienkirche ist. Dann sind es drei Tagreisen bis Basel (Boslara). Dann entfernt man sich vom Rhein und kommt nach einer Tagreise bis Solothurn. Dann eine Tagreise nach Avenches (Wifflisborg); die Stadt war wichtig, bis die Söhne von Lothbräck sie zerstörten (Episode aus einer germanischen Sage), aber heute ist sie ganz unbedeutend. Dann eine Tagreise nach Vevey (Vivis), das am See des Hl. Martin (Martins vatn) liegt und wo sich die Straßen vereinigen von jenen, die nach Süden gegen den Grossen Sankt Bernhard gehen mit jener der Franken aus Nordfrankreich, jener der Flamen, jener der Südfranzosen, jener der Engländer, der Deutschen und der Skandinavier. Dann eine Tagreise nach St. Maurice d'Agaune (Mauritius borg), wo der Heilige mit seiner ganzen Legion von 6666 Mann begraben liegt. Dann kommt Bourg St. Pierre (Patrs Kastali). Von

St. Maurice d'Agaune sind es drei Tagreisen bis zum Hospiz des Großen St. Bernhard (Bjanardz spitali). Dieses ist auf den Gipfel des Berges gebaut. Auf dem Pass ist das Hospiz St. Peter und oft auch im Sommer am Olafstag (29. Juli) liegt noch Schnee auf den Felsen und der See ist gefroren.

Im Süden des Passes liegt Etroubles (Throelaborg). Dann kommt Aosta (Augusta), eine gute Stadt. Der Bischofssitz ist in der Kirche Sant'Orso, wo der Heilige ruht. Dann kommt Ponte San Martino (Marteins kamrar). Dann kommt Ivrea (Joforey). Von hier sind es zwei Tagreisen bis Vercelli (Frith-soela), dort ist der Bischofssitz in der Kirche St. Eusebio, wo der Heilige ruht. Dann, östlich, weg von der Straße nach Rom sind es zwei Tagreisen nach Mailand (Mèlans-borg).

Wenn du auf der direkten Straße nach Rom reist, sind es zwei Tage Weges nach Pavia (Papey). Dort ist der Thron für die Krönung der Kaiser in der Kirche San Siro, in der der Heilige ruht. Hier sah der Bischof Martin (von Tours) seine Kindheit und er hat hier eine Kathedrale (die ihm gewidmet ist). Dann ist es eine Tagreise nach Piacenza (Plazinza), wo der Bischofssitz in der Kirche Santa Maria ist. Zwischen Pavia und Piacenza fließt ein großer Fluss, den sie Po nennen. Nach diesem kommt der, der die Straße von Saint Gilles (in der Provence) gegangen ist, auf den Weg (nach Rom). Südlich davon ist das Hospiz von Eric (von Dänemark = Eric spitali). Dann findet sich ein Fluss, der Taro (Tàr) genannt wird; es ist ein großes Wasser und alle Abfälle, die hineingeworfen werden, gehen sofort zu Boden (und das Wasser bleibt sauber.) Im Süden ist Borgo Val di Taro (Tàrs-borg). Dann muss man eine Bergkette überwinden, die Montebardone (Muntbard) heißt. Lombardia ist der Name der Region, die im Süden vom Appennin, im Norden von den Alpen begrenzt wird; die Grenzen der Alpen im Westen sind in der Region von Stura, im Osten die Lagune in der Region von Venedig. Auf dem Apennin liegt ,Fracka skâli' und ,Crucis markaör'.

Dann kommt Pontremoli (Montreflar), Dann ist es eine Tagreise bis zur Kongregation der Heiligen Maria (Santa Maria di Arbaritulo, bei Aulla; = Maio gilldi). Dann kommt Luni (Luna) und mit der Stadt die Region Lunigiana (Luna sandar); man kann zehn Meilen in dieser Lunigiana marschieren und überall gibt es Städte und eine herrliche Aussicht. Zwischen der Kongregation der Heiligen Maria und Luni liegen San Stefano di Magra (Stephanus Borg) und das Schloss von Maria (Sarzanal = Mario Borg). Einige sagen, dass es in der Lunigiana (Luna sandar) war, wo Gunnar mit den Schlangen eingeschlossen wurde (eine Geschichte aus dem Kreis der Nibelungensaga). Dann im Süden davon liegt ‚Kjofor(m)unt' (Mont Chevrol = Capriglia, aus der Chanson d'Ogier). In Luni kommt der Weg zusammen mit jenem aus Spanien und von Santiago de Compostela.

Es ist eine Tagreise zwischen Luni und Lucca (Luka); dort ist der Bischofssitz in der Kirche Santa Maria und dort ist das Cruzifix, das Nicodemus nach dem Ebenbild des Herrn geschnitzt hat (Volto santo). Es hat zweimal gesprochen. Einmal hat es seine Beinkleider einem Armen gegeben, ein anderes Mal hat es für einen verleumdeten Mann Zeugnis abgelegt.

Im Süden von Lucca ist jene Stadt die Pisa genannt wird. Hierher kommen Händler mit großen Schiffen aus Griechenland und Sizilien und Ägypter, Syrer und Berber. Im Süden ist ein Dorf, genannt ‚Arn Blakr' (schwarzer Arno). Dann findet man das Hospiz von Mathilde (Matilldar spitali, in Altopascio); mit ihm hat sie ihr Gelübde erfüllt, das sie auf dem Monte Cassino getan hatte, ein Hospiz zu bauen. In jedem kann man eine Nacht übernachten.

Dann kommt ‚Martinus borg' (BorgoMarturi = Poggibonsi?). Dann kommt ‚Semunt' (Monte Maggio?). Dann kommt Siena (Langa Syn), eine gute Stadt, wo der Bischofssitz in der Kirche Santa Maria ist; hier sind die Frauen sehr schön.

Es sind drei Tagreisen von hier bis San Quirico (Klerka borg); ein weiterer Tag bis Acquapendente (Hanganda borg). Dann steigt man auf den Berg, der ‚Clemunt' (Radicofani?) genannt wird; auf seiner Spitze gibt es ein Schloss, das ‚Mala Mulier' heißt, ‚böse Frau' wie wir sagen, da sind die Leute von schlechtester Natur. Acquapendente liegt im Süden von ‚Clemunt'. Von hier nach Norden bis zum Appennin heißt es Toscana.

Dann sind es zwölf Meilen bis Bolsena (Kristino borg), wo die Heilige (Christina) ruht und ihre Spuren auf einem Stein abgebildet sind. Dann sind es acht Meilen bis Montefiascone (Flavians borg). Dann ist es eine Tagreise bis Viterbo (Biternis borg). Hier sind die Bäder von Bullicame (Thithreks bath). Dann sind es zehn Meilen bis Sutri Maggiore (Sutarin micli); dann eine Tagreise bis Sutri Minore (Sutarin litli = Baccano); dies liegt in der Nähe des Monte Mario (Feginsbrecka), des Freudenbergs, der bei Rom liegt.

Man sagt, dass Rom vier Meilen in der Länge messe und zwei in der Breite. Es gibt fünf Bischofssitze. Einen bei der Kirche San Giovanni Battista (in Laterano); hier kann niemand am Hauptaltar eine Messe feiern, wenn er nicht mindestens als Weihbischof ordiniert ist; hier ist der Sitz des Papstes und man bewahrt das Blut Christi auf, das

Kleid Mariens und einen Großteil der Knochen von Johannes dem Täufer; hier ist die Vorhaut von Christus und die Milch aus der Brust von Maria, aufbewahrt in einer großen goldenen Vase. Ein zweiter Bischofssitz findet sich bei der Kirche Santa Maria (Santa Maria Maggiore). Hier muss der Papst an den Weihnachtstagen die Messe feiern. Der dritte findet sich bei der Kirche der Heiligen Stefano und Lorenzo; hier muss der Papst die Messe feiern am achten Tag nach Weihnachten und für das Fest der beiden genannten Heiligen. Zwei Meilen von hier gegen Osten ist die Kirche Sant'Agnese, die ruhmreichste in der ganzen Stadt. Constanza, die Tochter des Kaisers Constantin hatte sie errichten lassen, jene, die den Glauben schon vor ihrem Vater angenommen und ihn um Erlaubnis gebeten hatte, zu Ehren der Hl. Agnes eine Kirche zu errichten, was ihr der Vater, auf Anraten von Papst Silvester, außerhalb der Stadt zu tun erlaubte. Von hier muss man vier Meilen nach Westen gehen, ins Innere der Stadt, um zum Durchgang zu kommen, der genannt wird ‚ante portam Latinam' (Porta Latina); hier ist die Kirche von San Giovanni Apostolo. In kurzer Distanz von der Kirche San Giovanni findet man den Palast, der dem Kaiser Diocletian gehörte. Dann kommt die Kirche Santa Maria (Santa Maria in Domnica); dann die Kirche von San Giovanni e San Paolo Martiri, Männer aus dem Gefolge von Constanza. Dann gibt es die Kirche Allerheiligen (das Pantheon), groß und prächtig; sie ist in ihrem oberen Teil offen, wie die Kirche vom Heiligen Grab in Jerusalem. Im Osten der Stadt ist die Kirche von San Paolo (fuori le mura)), hier ist ein Kloster mit einer Festung rund herum, die außerhalb von Rom liegt. Hier ist der Ort, der ‚Catacumbas' genannt wird. All dies befindet sich auf der anderen Seite des Tibers (Tifr), der durch die Stadt Rom fließt und der früher Albula hieß. Das Schloss des Cresczenzo (die Engelsburg) ist das größte der Stadt auf dieser Seite des Flusses und es ist ziemlich reich. Dann kommt der Markt (porticus) von Sankt Peter, dem Apostel, ziemlich breit und lang, und hier die verehrte Kirche von Sankt Peter, riesig groß und prunkvoll; hier gibt es die vollkommene Befreiung von allen Sündenstrafen für alle Menschen. In die Kirche Sankt Peter tritt man ein von Osten, in der Mitte der Kirche ist ein Altar und hier, unter dem Altar, ist der Sarkophag des Hl. Petrus und hier wurde er gefangen gehalten. ‚Ecclesia Petri, CCCCLX pedum a foribus longa ad sanctum altare, sed lata CCXXX pedum', ist nahe bei dem Ort, wo heute der Hauptaltar steht. Hier stand das Kreuz, an dem Petrus sein Martyrium erlitt. Im Altar ist die Hälfte der Knochen der Apostel Petrus und Paulus aufbewahrt, während die andere Hälfte in der Kirche San Paolo (fuori le mura) liegt. Immer noch im Hauptaltar werden fünfundzwanzig Knochen jener Schüler Christi gehütet, welche Petrus bis nach Rom folgten. In der Peterskirche ist der Altar von Papst Silvester, in dem er ruht. Auch der Altar des Hl. Gregor ist in der Peterskirche. Der Obelisk von Sankt Peter, außerhalb im Osten, steht in der Nähe der Kirche. Leute, die des Glaubens würdig sind, haben gesagt, dass niemand so gebildet ist, dass er mit Sicherheit alle Kirchen Roms kennen könne. Rom wird der Teil nördlich des Tibers genannt und Laträn (Laterano) jener im Süden, während alles zusammen Röamborg (Stadt Rom) heisst ....

Eric (Svendson, König von Dänemark) hat eine Schenke in Lucca gegründet, damit jede Person nordischer Sprache solange gratis Wein trinken könne, bis sie er genug hat.

DER WEG PHILIPPS II. AUGUST VON ROM NACH FRANKREICH BEI SEINER RÜCKKEHR VOM DRITTEN KREUZZUG (1191)

Als der König von Frankreich nun abmarschierte, ging er zunächst zum Petersdom, dann über die Bischofstadt Sutri, dann über Viterbo, dann über Montefiascone, dann über Bolsena (Santa Cristina), dann über Acquapendente, dann über Radicofani, dann über Briccione, dann über San Quirico d'Orcia, dann über Buonconvento, dann über die alte Bischofsstadt Siena, dann über Castello San Michele, dann über Castelfiorentino, dann

über San Genesio (bei Ponte a Elsa) und Fucecchio(Arne Blanca) und Ponte a Cappiano (Aqua Negra) und über die Gelsa und über Altopascio (das Spital der Mathilde von Canossa) und über die Bischofsstadt Lucca und (auf der Via Aurelia) über den Monte Castellaccio und Massa Carrara (San Leonardo) nach Luni, der verdammten Bischofsstadt, und Sarzana und über Caprigliola und Pontremoli und über den Cisapass und über Montelungo (San Benedetto) und über Monte Marino (bei Berceto). Da endete die Toscana und es begann Italien. Dann ging er über die Via Cassia in Richtung Mailand, nach Fornovo Taro und Fidenza (San Donnino) und Fiorenzuola d'Arda zur Bischofsstadt Piacenza, dann über Mortara und Robbio und die Bischofsstadt Vercelli, dann durch das Aosta-Tal (das Tal der Dora Baltea), sodass er kurz vor Weihnacht in Frankreich ankam.

Literaturangaben

Allgemeine Literatur

Alberto Alberti/Giovane Montagna, Il Sentiero del pellegrino sulle orme della via Francigena. Sansorigo: Cooperativa Cercate 1999.

Arnold Angenendt, Das Frühmittelalter. Stuttgart: Kohlhammer 1990.

Annuari del Centro Studi Romei. De strata Francigena. A cura di Renato Stopani, Basilica di San Miniato al Monte, Firenze.

– Dalla via di Sigeric alla pluralità dei percorsi. Poggibonsi 1999.

– Ricerche sulle vie del Pellegrinaggio nel Medioevo. Poggibonsi 2000.

– Studi e Ricerche sulle vie del Pellegrinaggio nel Medioevo. Poggibonsi 1999.

Francesco Barocelli, Romea – La via dei pellegrini. Parma: Collana 1988.

Carlo Bianco, La Musica Peregrina. Torino: Edizione Gribaudo 1996.

Arno Borst, Lebensformen im Mittelalter. Berlin: Ullstein 1973.

Gianfranco e Claudio Bracci, La Via Francigena 1000 anni dopo. Firenze: Edizione NaturArte 1998.

Giovanni Caselli, La via Romea, Cammino di Dio. Milano: Edizione Giunti 1990.

Paolo Caucci von Saucken, Pilgerziele der Christenheit. Stuttgart: Belser 1999.

Marina Cepeda Fuentes, La Cucina dei Pellegrini da Compostela a Roma. Torino: Edizione Paoline 1999.

Jean Chélini/Henry Branthomme, Les Chemins de Dieu. Paris: Hachette 1982.

Peg Coghlan, Irish Saints. Cork: Mercier Press 1999.

Giancarlo Corbellino/Luca Grazioli, La Via Francigena, Camminaeuropa – 1. Milano: Mondadori 1996.

Robert Delort, Les croisades. Paris: Éditions du Seuil 1988.

Alain Demurger, Vie et mort de l'ordre du Temple. Paris: Editions du Seuil 1989.

Francesco Dufour, Le Strade Cristiane Per Roma. Via Francigena, Via Romea. Milano: Mondadori 1998.

Norman Foster, Die Pilger, Reiselust in Gottes Namen. Frankfurt a.M.: Krüger 1982.

August Franzen/Remigius Bäumer, Papstgeschichte. Freiburg im Breisgau: Herder 1988.

Horst Fuhrmann, Einladung ins Mittelalter. München: Beck 1987.

Ludovico Gatto, Breve Storia degli Anni Santi. Rom: Newton & Compton 1999.

Aaron J. Gurjewitsch, Stumme Zeugen des Mittelalters. Weltbild und Kultur der einfachen Menschen. Köln: Böhlau 1997.

Regis Hanrion, Guide des pèlerinages européens. Paris: Éditions Fayard 1999.

Diethard H. Klein, Das große Hausbuch der Heiligen. Aschaffenburg: Pattloch 1984.

Fernando e Gioia Lanzi, Les Pèlerinages romains. Paris: Éditions Fayard 1999.

Jacques Le Goff, Kultur des europäischen Mittelalters. Zürich: Droemer-Knaur 1970.

Jacques Le Goff, Der Mensch des Mittelalters. Frankfurt a. M.: Campus 1989.

Riccardo Matteschi, Con la Croce o con la Spada. Firenze: Bonechi 1990.

Erna und Hans Melchers, Das Große Buch der Heiligen. Geschichte und Legende im Jahreslauf. München: Cormoran 1996.

Norbert Ohler, Reisen im Mittelalter. Zürich: Artemis 1986.

Norbert Ohler, Pilgerstab und Jakobsmuschel. Wallfahren in Mittelalter und Neuzeit. Zürich: Artemis-Winkler 2000.

Mario D'Onofrio, Romei e Giubilei. Il pellegrinaggio medievale a San Pietro (350 – 13509. Milano: Electa 1999.

Raymond Oursel, Pèlerins du Moyen Age. Paris: Éditions Fayard 1978.

Genovefa Palombo, Giubileo Giubilei – Pellegrini e pellegrine, riti, santi, immagini per una storia dei sacri itinerari. Roma: RAI-ERI 1999.

Régine Pernoud, Les saints au Moyen Age. Paris: Plon 1984.

Hans Conrad Peyer, Viaggiare nel Medioevo – Dall'ospitalità alla locanda. Bari: Laterza 1999.

Claudio Rendina, I Papi – Storia e Segreti. Rom: Newton & Compton 1983.

Bernhard Schneider, Alltag in der Schweiz seit 1300. Zürich: Chronos 1991.

Renato Stopani, A Roma per il Giubileo del 1575 lunga la Via Francigena. Firenze: Le Lettere 1999.

Renato Stopani, La via Francigena. Storia di una strada medievale. Firenze: Le Lettere 1998.

Claudio Strinati, I Giubilei, Roma, il sogno dei pellegrini. Milano: Edizione Giunti 1999.

Piero Tarallo/Gian Maria Grasselli, Antiche vie del Giubileo – Sette itinerari italiani di arte e spiritualità. Milano: Rizzoli 1998.

Der Weg durch England

Jonathan Keates/Angelo Hornak, Canterbury Cathedral. London: Scala Books 1996.

Der Weg durch Frankreich

P. Bougard/Y.-M. Hilair/A. Nolibos, Histoire d'Arras. Arras: Editions le Téméraire 2000.

Alain Chevalier, Louis de Luxembourg – Evêque de Thérouanne. Thérouanne 1999.

M.M. Davy, Initiation a la symbolique romane. Paris: Flammarion 1977.

Patrick Demouy, Basilique Saint-Rémi de Reims. Reims: La goélette 1997.

Georges Duby, Saint Bernard – L'art cistercien. Paris: Flammarion 1979.

André Duwez, A la Recherche du Passé – Histoire documentaire. Erny-Saint-Julien 1996.

Andre Duwez, La Morinie oubliée . Chronique, Histoires, Généalogies. Privatdruck, St. Omer 1995.

Dominique Guéniot, Mémoire de Champagne. Langres 1999.

P. Lami, Résumé de l'Histoire de la Picardie. Amiens 1825.

Jackie Lusse, Naissance d'une cité – Laon et le Laonnais. Presses universitaires de Nancy 1992.

Bernard Peugniez, Routier cistercien – Abbayes et sites. Moisenay: Editions Gaud 2001.

Alain Saint-Denis, Apogée d'une cité – Laon et le Laonnais. Presses universitaires de Nancy 1994.

Der Weg durch die Schweiz

Léonard-P. Closuit, Passage de Bonaparte au Grand Saint-Bernard en mai 1800. Martigny: Pillet 1999.

Philippe Fleck, Abtei St. Maurice im Wallis – Die Augustiner Chorherren. Strasbourg: Éditiond du Signe 1997.

Walter Heim, Kleines Wallfahrtsbuch der Schweiz. Freiburg: Kanisius 1980.

G. Kaenel/P. Croddi, 10 000 ans de Préhistoire, 10 ans de recherches archéologiques en Pays de Vaud, Ausstellungskatalog Lausanne 1991/1992.

Lothar E. Kaiser, Die Basilika der Abtei Saint-Maurice. Lindenberg 1998.

Frédéric Künzi, Bonaparte - Bincentenaire du passage des Alpes. Fondation Pierre Gianadda, Martigny 2000.

Marcel Michelet, Dieu sur les Montagnes. Saint Bernard de Menthon. Martigny: Edition du Gd. St. Bernard 1961.

Max Mittler, Pässe, Brücken, Pilgerpfade. Historische Verkehrswege in der Schweiz. Zürich: Artemis 1988.

F. Mottas, De la Plaine de l'Orbe en Franche-Comté, voie romaine et chemin saunier. Archäologie der Schweiz 9, Bern 1986.

Lucien Quaglia, La Maison du Grand-Saint-Bernard des origines aux temps actuels. Martigny: Pillet 1972.

Lucien Quaglia, Saint Bernard de Montjou, Patron des alpinistes. Aosta: Imprimerie Valdôtaine 1995.

Schweizerische Gesellschaft für Ur- und Frühgeschichte, Das Zeitreise-Buch. Archäologische und historische Ausflüge in der Dreiseenregion und im Jura. Basel 2002.

Schweizerische Verkehrszentrale – Pro Patria, Römerwege. Bern: Benteli 1992.

Schweizerische Verkehrszentrale – Pro Patria, Säumergenoss. Bern: Benteli 1994.

Silvia Tenderini, Ospitalità sui passi alpini – Viaggio attraverso le Alpi, da Annibale alla Controriforma. Torino 2000.

Jean-Marie Theurillat, L'Abbaye de Saint-Maurice d'Agaune. Sion: Vallesia 1954.

Verdivalli, La Valle del Gran San Bernardo. Torino: Kosmos 1996.

Prévôt Bernard Vouilloz, Musée de l'Hospice, Col du Grand-Saint-Bernard. Martigny 2000.

J.-L. Voruz, Hommes et Dieux du Néolitique. Les statues-menhirs d'Yverdon. Yverdon 2000.

Carine Wagner, Le Chablais dans les passées archéologiques. Monthey: Association du Chablais 1998.

Pierre-Olivier Walzer, Vie des Saints du Jura. Montreux: L'Age d'Homme 1990.

Der Weg durch Italien

Don Antonio Agostani, Le Chiese di Acuapendente. Acquapendente 1987.

Gabriella Anodal, Caterina da Siena, Patrona d'Europa. Casale Monferrato: Piemme Religione 2000.

Corinna Bagatti/Marta Brignalli, Guida del pellegrino in Terra di Siena. Siena: Edizione Alsaba 1999.

Lucia Baracchini, Dal Medioevo ad oggi: Pontremoli, luogo d'incontro. Pontremoli: Centro Editore 1998.

Maria Cristina Bastei, La via Francigena nel territorio parmense. Parma: Proposte Editrice 1996.

Robert Berton, Les Chapiteaux et les Stalles médiévaux d'Aoste. Aosta: Imprimerie Valdotaine 1996.

Don Giuseppe Bertozzi, Berceto e il suo Duomo – Note di Storia e di arte. Parma 2000.

Mario Bezzini, Strada Francigena. Percorsi nell'X secolo fra Siena, Poggibonsi e San Gimignano. Siena: Il Leccio 1992.

Mario Bezzini, Strada Francigena-Romea, con particolare riferimento ai percorsi Siena-Roma. Siena: Il Leccio 1996.

Oddone Bongiovanni, Espace, Temps, Culture en Vallée d'Aoste. Aosta: Imprimerie Valdôtaine 1996.

Richard Bösel/Christoph Frommel, Borromini e l'universo barocco. Milano: Electa 1999.

Agostino Canotto, Storia della valle d'Aosta. Quart: Musumeci Editore 1993.

Agostino Canotto, Vallée d'Aoste, les châteaux et le château de Fénis. Quart: Musumeci Editore 1995.

Paolo Carra, Millenium, Storie dell'anno 1000 nella Marca d'Ivrea. Ivrea: Assoc. amici museo del Canadese 1994.

Tersilla Gatto Chanu, Leggende e racconti della Valle d'Aosta. Rom: Newton & Compton Editori 1997.

Don Siro Cobianchi, Vie di Fede in Provincia di Pavia. Certosa di Pavia: Torchio de'Ricci 1999.

Grazioano Concioni, San Martino di Lucca – La Basilica medioevale. Lucca, 1994.

Il corriere Romeo. Halbjahreszeitschrift zu Tradition, Tourismus, Natur und Kultur auf der Via Francigena.

Diocesi la Spezia, Sarzana-Brugnato, Itinerari Giubilari 1 – 5. La Spezia 2000.

Langton Douglas, Storia politica e sociale della Repubblica di Siena. Siena: Betti Editrice 2000.

Aldo Ferrarsi, Itinerario di Sigerico nella Provincia di Pavia. Pavia: Fondazione Banca del Monte di Lombardia 1999.

Ivo Ferrero, Passegiate Archeologiche in Canavese ed in Valle d'Aosta. Aosta: Cossavella editore 1994.

Faustino Gianani, La Basilica di S. Petro in Ciel d'Oro di Pavia. Pavia 1983.

Gian Maria Grasselli/Pietro Tarallo, Guida ai monasteri d'Italia. Casale Monferrato: Piemme-Pocket 1994.

Luigi Grazioli, Il Trekking della Lunigiana. Parma. Pero Amighetti Ed. 1999.

Wayland Kennte/Elizabeth Young, Alto Lazio – Guida a una terra da scoprire. Roma 1993.

Benny Lai, Affari del Papa. Roma: Editori Laterza 1999.

Guglielmo Lera, La Via Francigena nel territorio lucchese mille anni dopo. Lucca: Franco Barghini 1995.

Luca Macchi, San Miniato al Tedesco. San Miniato: Covero Ed. 1988.

Roberta Martinelli, La Via Francigena, Il Volto Santa di Lucca. Lucca: Maria Pazzini Facci Ed. 1997.